Giebel

Dichter Kaiser Philosophen

Marion Giebel

Dichter Kaiser Philosophen

Ein literarischer Führer
durch das antike Italien

Mit 55 Abbildungen
und 1 Karte

Philipp Reclam jun. Stuttgart

RECLAM TASCHENBUCH Nr. 20156
Alle Rechte vorbehalten
© 1995, 2007 Philipp Reclam jun. GmbH & Co., Stuttgart
Umschlaggestaltung: büroecco!, Augsburg, unter Verwendung
eines Fotos von Richard Nowitz (Getty Images)
Gesamtherstellung: Reclam, Ditzingen
Printed in Germany 2007
RECLAM ist eine eingetragene Marke
der Philipp Reclam jun. GmbH & Co., Stuttgart
ISBN 978-3-15-020156-5

www.reclam.de

Inhalt

Anhang

Vorwort

»Wir fühlen uns auf irgendeine Weise bewegt von den Orten, an denen Spuren vorhanden sind von Menschen, die wir lieben oder bewundern. Mich wenigstens erfreut meine Lieblingsstadt Athen nicht so sehr durch die prächtigen Bauten und die erlesenen Kunstwerke des Altertums als vielmehr durch die Erinnerung an bedeutende Persönlichkeiten: wo sie gewohnt haben, wo sie lehrten, wo sie sich im Gespräch zu ergehen pflegten, und mit Anteilnahme betrachte ich mir auch ihre Grabstätten« (Cicero, *de leg.* 2,2).

So äußert sich Titus Pomponius Atticus, als er mit Cicero auf dessen heimatlichem Boden in Arpinum über die Gesetze diskutiert. Die Landschaft, in die er hinausblickt, ist ihm teuer, weil hier sein Freund geboren und aufgewachsen ist. Wie Atticus dachten die meisten gebildeten Römer, die auf ihren dienstlichen oder privaten Reisen nicht versäumten, die Sehenswürdigkeiten zu besichtigen: Meisterwerke der Kunst, Naturwunder, vor allem aber historische Stätten.

»Wir denken bisweilen intensiver und aufmerksamer an berühmte Männer, wenn uns bestimmte Orte an sie erinnern«, sagt Cicero ein andermal und erinnert Atticus daran, wie er selbst mit ihm nach Metapont kam, der alten Griechenstadt im Süden Italiens, und dort, bevor er seinen Gastfreund aufsuchte, zu dem Haus ging, in dem Pythagoras bis zu seinem Tode gelebt hatte. Als Cicero Quaestor in Sizilien war, machte er sich auf, um vor den Toren von Syrakus das Grabmal des Archimedes zu suchen. Es waren ihm einige

Verse im Gedächtnis, die besagten, dass sich auf dem Grabstein des berühmten Mathematikers eine Kugel mit einem Zylinder befände. Und Cicero entdeckt wahrhaftig das völlig von Gestrüpp umgebene Grab, das er mit Haumessern freilegen lässt. Er sagt später darüber: »So hätte die angesehenste Stadt Großgriechenlands, einst der Hort der Gelehrsamkeit, das Grabmal ihres klügsten Sohnes nicht mehr gekannt, wenn nicht ein Mann aus Arpinum gekommen wäre, um sie darüber zu belehren« (*Tusc.* 5,64 ff.).

Mit welcher Liebe und Begeisterung die Römer auf den Spuren der Vergangenheit wandelten, erfahren wir immer wieder. Griechenland, vor allem Athen war das erste Ziel, aber auch im eigenen Land gab es Plätze, die man der Menschen wegen besichtigte, die dort gelebt hatten. Das bescheidene, ja ärmliche Haus und der Bauernhof, die Wohnstatt des Manius Curius Dentatus, der als siegreicher Heerführer drei Triumphe gefeiert hatte und nachher dorthin zurückgekehrt war, regte schon Cato den Älteren zum Nachdenken an (Plut. *Cat. mai.* 2). Der Sieger über Hannibal, Scipio Africanus der Ältere, hatte ein Landhaus in Liternum (nahe Cumae), wo er 193 v. Chr. gestorben war. Zweieinhalb Jahrhunderte später besuchte Seneca dieses Haus. Auch ihn beeindruckte der Gegensatz zwischen der Größe des Mannes und dem schlichten Domizil, besonders mit Blick auf den Luxus seiner eigenen Zeit. Mit Verehrung besichtigte man auch das Haus in Nola, in dem Augustus sein Leben beschlossen hatte. Am Grabe Vergils in Neapel feierte der Dichter Silius Italicus jedes Jahr den Geburtstag des großen Poeten. In der Spätantike wurde ganz Rom zu einer verehrungswürdigen Stätte, der selbst die nun im Osten oder im Norden des Reiches residierenden Kaiser ihre Reverenz erwiesen.

So hat es Tradition, in Italien antike Stätten zu besuchen, die mit der Erinnerung an bedeutende Persönlichkeiten verbunden sind. Auf solch eine italienische Reise wollen wir uns begeben, sei es, dass wir wirklich aufbrechen, oder dass wir durchs Lesen »unserer Seele Augen geben«, wie sich der Reiseschriftsteller Philon von Byzanz ausdrückt. Und wir wollen uns bewegen lassen von jenem besonderen Gefühl, von dem Atticus sprach und das wir definieren können als ein Staunen über etwas eigentlich Selbstverständliches, das jedoch vielfach verlorengegangen ist: Jemand, von dem wir in der Schule im Geschichtsunterricht gehört haben, dessen Texte wir mit mehr oder weniger Mühe übersetzt haben, auf dessen Namen wir immer wieder stoßen – ebendieser ist kein blutleerer Schatten, er hat wirklich gelebt, und hier sind die Spuren seiner Existenz zu finden. Es sind Spuren eines beschaulichen oder eines kämpferischen Lebens, das in friedlichem Alter oder in einer Katastrophe geendet hat, im Exil, oder durch den Mordbefehl eines Tyrannen. Was wir finden, sind freilich nur Überreste; nichts, was sich mit einem voll eingerichteten Goethehaus vergleichen ließe. So müssen wir uns die Erinnerungsorte selbst ausstatten und dabei die überlieferten Lebensdaten und vor allem die Texte zu Hilfe nehmen. Dazu sollen die folgenden, in sich abgeschlossenen Kapitel anleiten, indem sie römische Persönlichkeiten, in zeitlicher Reihenfolge von Catull bis Augustinus, vorführen. Ausgehend von einer Stätte, zu der sie eine Beziehung haben, wird ein Lebensbild gezeichnet, das keine Literaturgeschichte ersetzen, sondern zur Beschäftigung mit den Werken in Original und Übersetzung hinführen soll. Wie sich Cicero in seiner tuskulanischen Villa mit gleichgesinnten Freunden zu angeregten Gesprächen und Diskussionen traf – die in der Literatur immer wieder gestaltete Situation des *otium*, der schöpferischen Muße –, so kann sich der Besucher der antiken Stätten mit den hier vorgeführten Autoren ein Stelldichein geben. Nachdem er auf Ciceros Tusculanum an philosophischen

Gesprächen teilnahm, mag er auf dem Sabinergut des Horaz behagliche Geselligkeit genießen und Geschichten hören wie die von der Landmaus und der Stadtmaus. Dann könnte er die Geburtsstadt des »Sängers der zärtlichen Liebe« besuchen und in Sulmona der wechselvollen Schicksale Ovids gedenken. Aufheiterung schaffen die Satiren des Juvenal, der in Rom an einer Straßenkreuzung seine – und nicht nur seine – Zeitgenossen karikiert.

Zu mancherlei Begegnungen lädt die Bucht von Neapel ein. Die Sibylle von Cumae weissagt in ihrer Grotte, Kaiser Nero trifft sich in Baiae mit seiner Mutter Agrippina zu einem Souper, und in der darauffolgenden Nacht geschehen düstere Dinge, die weitreichende Folgen haben, auch für den Philosophen Seneca. Pompeji und den Vesuv kennt jeder, aber es lohnt sich auch, einen Mann kennenzulernen, der beim Ausbruch dieses Vulkans ums Leben kam und ein staunenswertes Werk hinterlassen hat, keine Verse, keine philosophische Prosa, sondern eine Enzyklopädie des Wissens: Es ist Plinius der Ältere. Um sich bewusst zu sein, dass die römische Welt nicht nur die heidnischen Dichter und Denker umfasst, sollte man nicht versäumen, nach Ostia zu gehen, um dort in einem der Häuser Augustinus und Monica bei ihrem letzten Gespräch zu treffen. Und da alle Wege immer wieder nach Rom führen, lädt das Kapitol zur Begegnung mit Marc Aurel ein, der uns, ungeachtet aller Wechselfälle des Lebens, zu einer Haltung froher innerer Gelassenheit, zu der »Heiterkeit der Seele«, aufruft. Wenn man sie auf einer solchen Reise, wenigstens für eine Weile, erlangen könnte, wäre dies kein geringer Gewinn.

Dieses Buch ist Gunter Giebel gewidmet, dem Lebens- und Reisegefährten, der mich allzu früh verlassen musste.

Marion Giebel

Dichter Kaiser Philosophen

Erstes Kapitel

Catull in Sirmione am Gardasee
»Ich hasse und liebe«

Wer von Norden kommend nach Italien reist, erlebt am Gardasee »die Herrlichkeit der neuen Gegend« (Goethe), den Süden, mit Gärten und Olivenhainen, glitzernder Wasserfläche und antiken Ruinen. An seinem Südrand öffnet sich der Gardasee zu einem breiten Becken. Eine schmale Landzunge ragt in den See hinein: die Halbinsel Sirmione mit dem gleichnamigen Ferienort. Schon zur Zeit der Römer war Sirmio wegen seiner Thermalquellen und der bezaubernden Lage beliebt. An der Spitze der Halbinsel, dort, wo man den schönsten Blick über den See hat, liegen die Ruinen einer imposanten römischen Villa, die »Grotten des Catull«.

> *Salve, o venusta Sirmio, atque ero gaude*
> *Gaudete vosque, o Lydiae lacus undae:*
> *Ridete quidquid est domi cachinnorum*

Sei mir gegrüßt, mein liebliches Sirmio, freu dich
deines Herrn
freut auch ihr euch, ihr Wellen des Gardasees,
seid fröhlich, ihr guten Geister meines Hauses!

(*carm.* 31)

Die sogenannte Villa des Catull in Sirmione am Gardasee

So begrüßt der Dichter Catull seine Heimat, als er von einem längeren Aufenthalt aus Kleinasien heimkehrt. Er sehnt sich danach, endlich in seinem Haus, im eigenen Bett von allen Strapazen auszuruhen. Befand sich hier, in diesem ausgedehnten Ruinenkomplex, die Villa des Catull? Zwar bezeichnet dieser sich als den Herrn von Sirmio, doch hat man Zweifel daran geäußert, dass eine solch große Luxusvilla dem Poeten gehörte, der von sich sagte, er habe nur Spinnweben im Beutel, und seine Gäste müssten zum Abendessen alles selber mitbringen, vom Wein bis zu den Mädchen. Aber wenn Catull in Rom auch nicht im Überfluss lebte, gar so ärmlich, wie er sich in Dichterpose darstellte, wird es nicht gewesen sein.

Ein englischer Gelehrter, Timothy P. Wiseman, aus seiner Heimat mit der Erforschung alter Häuser und ihrer Geschichte vertraut, hat alle Zeugnisse über Catulls Familie, die *Valerii Catulli,* zusammengetragen. Sie gehörten zum Landadel Oberitaliens, besaßen ein Stadthaus in Verona und waren so angesehen und begütert, dass sie den Imperator Julius Caesar während der Winterpause der gallischen Feldzüge bei sich bewirteten, samt seinem zahlreichen Gefolge. In der Kaiserzeit verfügte die Familie über einen hohen Rang und weitreichende Verbindungen; sie stellte Senatoren und Konsuln, erwarb durch Handelsbeziehungen großen Reichtum und gehörte schließlich sogar zur engsten kaiserlichen Umgebung.

Zu einer solchen Familie passt die Villa von Sirmio, die dann in der Kaiserzeit so prächtig ausgebaut wurde. Der ältere, noch schlichter gehaltene Teil des Hauses aber ist nach der Bauart der Mauern um die Mitte des 1. Jahrhunderts v. Chr. zu datieren: Hier kann also Catull gewohnt und seine müden Glieder nach der langen Reise ausgestreckt haben. Dieser kleine ältere Teil bildete später nur den Vorbau zu einem großartigen Gebäude mit Innenhof

Die sogenannte Villa des Catull in Sirmione

und Schwimmbad im luxuriösen Stil der Kaiserzeit. Um das neue Haus am Abhang des Ufers zu errichten, waren ausgedehnte Unterbauten, Substruktionen, nötig, mit Gewölben und Pfeilerwerk, die den Bau bis zur Höhe der bereits bestehenden Villa erhoben, etwa 30 m über dem See. So entstand eine große Plattform, 180 m lang und 105 m breit, auf der die Empfangs-, Erholungs- und Wohnräume Platz fanden. Sie waren mit dem alten Wohntrakt durch Säulen- und Wandelgänge verbunden, die einen rechteckigen Gartenhof, das Peristyl, einschlossen. Ein Vorbau gegen das Festland hin bot ein pompöses Entree. Die hohen Pfeiler und Bogengänge, die inmitten eines Olivenhaines noch erhalten sind, geben der Villa nun ihr charakteristisches Aussehen. Von den Räumen selbst liegen viele heute

unter der Erde, wo sich Gewölbe, Gänge und Grüfte auf-
tun, Reste eines Mosaikfußbodens aufschimmern oder ein
Stück Marmor erglänzt. Im Laufe des Mittelalters wurde
die Villa, wie so viele verlassene römische Gebäude, von
Erde und Schlamm begraben und vergessen. Der Grund
hob sich allmählich, Bäume wuchsen durch die geborste-
nen Dächer hinaus, Buschwerk umwucherte die Mauern.
Und als man in der Renaissance die Bauwerke so tief unter
der neuen Erdoberfläche wiederentdeckte, wollte man es
nicht glauben, dass sie einst über der Erde standen. Man
hielt sie für unterirdische Räume, die im Sommer Kühle
spenden sollten, oder, angesichts der Reste der Fußboden-
heizung, für Bäder. So bekam die Villa von Sirmio ihren
Namen »Le grotte di Catullo«.

Der Gardasee, der im Sommer paradiesisch anmutet, ist
im Winter stürmisch und kalt. So zog sich Catulls Familie
in der kühlen Jahreszeit in ihr Stadthaus nach Verona zurück, wo Catull um 84 v. Chr. geboren ist. Seine Heimat,
die Transpadana, das Land jenseits des Po, gehörte damals
noch zur Provinz Gallia Cisalpina. Ihre Einwohner erhielten erst im Jahr 49 auf Betreiben Caesars das volle römische Bürgerrecht und damit die Aufhebung des Provinzial-
status. Ob das leidenschaftlich-reizbare Temperament des
Poeten Catull und seine Dichtung voll glühender Leiden-
schaftlichkeit mit einem gallischen, d. h. keltischen Ur-
sprung in Verbindung zu bringen sind, muss Spekulation
bleiben. Seine Vorfahren können auch römisch-italische
Siedler gewesen sein. Sein Vater gehörte jedenfalls zu den
Honoratioren von Verona und konnte dem Sohn, als er
dem Herkommen gemäß zur Vollendung seiner Ausbildung nach Rom ging, genügend Empfehlungen mitgeben.

Der junge Catull studiert in Rom Rhetorik und Rechtswissenschaft und geht dann im Gefolge eines hohen Regie-
rungsbeamten, eines Prätors, nach Bithynien in Kleinasien.

So konnte ein junger Mann eine vielversprechende Karriere beginnen; man denkt an die jungen Engländer, die einst in die Kolonien gingen. Man weitete nicht nur seinen Horizont, sondern knüpfte Kontakte und konnte dabei so manche Nebeneinkünfte verbuchen. Die römischen Provinzgouverneure standen in dem Ruf, in puncto finanzieller Ausbeute – oder Ausbeutung – Beträchtliches zu leisten.

Doch als Catull zurückkehrt (aus diesem Anlass verfasst er sein Sirmio-Gedicht), nutzt er seine Chancen nicht, sich um ein Amt zu bewerben und die traditionelle Berufslaufbahn in Rom zu beginnen. Er schließt sich vielmehr einer Gruppe junger Männer an, die ebenso wie er ihr Ideal nicht darin sehen, auf dem Forum in Rom oder beim Militär Karriere zu machen und dann einen Platz im Senat einzunehmen. Sie widmen sich der Verskunst und haben hochgesteckte Ziele. Die jungen Poeten wollen Roms Dichtung zu einem solchen Rang erheben, dass sie sich mit der griechischen messen kann. Das bedeutet: keine Gelegenheitspoesie, kein Dichten nach Feierabend, sondern Verzicht auf die herkömmliche bürgerliche Existenz zugunsten der Dichtung, etwas völlig Neues in Rom, ein Affront gegen die geheiligten Vätersitten. Man kennt die Gruppe unter dem Namen Neoteriker, die Neutöner; sie sehen sich als *poetae novi*, als Poeten, die einem neuen Dichtungs- und Lebensideal anhängen.

Was es in Rom an Versdichtung gab – die Epen des Naevius und Ennius, die Satiren des Lucilius –, stammte aus vergangenen Jahrhunderten, war »mittelalterlich«. Die Neoteriker nahmen sich die hellenistische Dichtung zum Vorbild, die nach ihrem Hauptort die alexandrinische hieß. Ihr bekanntester Vertreter war Kallimachos gewesen (um 310–240), Vorsteher der Bibliothek von Alexandria. Er war der Typus des *poeta doctus*, des gelehrten Dichters, der mit mythologischen Anspielungen und feinziselierter Sprache

Gaius Iulius Caesar. Porträtbüste aus dem 1. Jh. n. Chr.
Pergamonmuseum, Berlin

ein gebildetes Publikum ansprach. »Ein großes Buch, ein großes Übel«, lautet ein bekannter Ausspruch von ihm. Er propagierte damit die Abkehr von traditionellen Formen wie dem Heldenepos und die Hinwendung zu kleinen Dichtwerken wie der Verserzählung, in denen es nicht auf das Was, sondern auf das Wie ankam: auf die eigene Formung und den persönlichen Ausdruck.

Die Dichter um Catull, die dieses hellenistisch-alexandrinische Stilideal übernahmen, leisteten damit der lateinischen Sprache einen bedeutenden Dienst, der am besten in einem Bild ausgedrückt wird, das später Vergil gebrauchte. Er vergleicht das Dichten und das Formen der Sprache mit der Tätigkeit der Bärin, die ihr noch unförmiges neugeborenes Junges leckt und es damit sozusagen »in Fasson bringt«. Die noch junge lateinische Dichtersprache erhielt durch die Arbeit der Neoteriker einen Reichtum an Versmaßen, einen Feinschliff des Ausdrucks mit einer Vielfalt an Schmuck und Zierrat, der die Verse funkeln lässt wie ein kostbares Mosaik (was uns heute freilich das Übersetzen oft so mühsam macht). Eine solche Dichtweise kommt in Gefahr, allzu artifiziell zu werden, l'art pour l'art, und auf einen engen Kreis von Kennern beschränkt zu sein: Die Werke der Neoteriker sind untergegangen, und die Namen ihrer Dichter begegnen uns nur noch als Adressaten von Catulls Gedichten.

Catull aber hat sich des aus der alexandrinischen Dichtung entlehnten Rüstzeugs bedient, um etwas Neues zu schaffen, das die Zeit überdauern sollte. Er macht seine eigenen Gefühle, seine Stimmungen und Leidenschaften zum Thema seiner Dichtung, wie es in Rom vor ihm noch niemand getan hatte. Er ist damit nur mit den großen frühgriechischen Lyrikern zu vergleichen, mit Archilochos, Alkaios und Sappho, die in ihrem Ich die Welt spiegelten. Mit ihnen gemeinsam hat er auch die stete Einbeziehung eines Gegenübers: Seine Verse sind Gruppenlyrik, gerichtet an einen Kreis von Gleichgesinnten. Auch wo er scheinbar nur sich selbst, sein einsames Ich anspricht (»*Miser Catulle* – Catull, du Armer«; *carm.* 8), weiß er sich verbunden mit einem mit- und nachfühlenden Leser, worin wir heute die Grundsituation der Lyrik sehen. Wie die frühgriechischen Lyriker verfügt Catull über eine breite Skala von Tönen: Da gibt es nicht nur »poetische Gefühle«, wie in einem Frühlings- und Reiselied: »*Iam ver egelidos refert tepores* – Wieder bringt nun der Frühling laue Lüfte …« (*carm.* 46).

Es findet sich auch der scharfe Ton der Invektive, wie einst bei Archilochos: »Doch du wirst meinen Jamben nicht entgehen« (Frg. 3). Mit Tadel und Kritik reagiert Catull auf die politische Situation seiner Zeit in den Jahren 59–54, als Caesar alle Macht im Staate an sich zog. Nicht nur, dass er aus der *res publica* eine *res privata* machte, er besetzte auch alle Stellen mit seinen Günstlingen, und die meisten von ihnen waren allem Anschein nach keine honorigen Existenzen. Der reizbare Poet äußert sich drastischer. Er bezeichnet die Günstlinge Caesars als Hurer, Fresser und Spieler und nimmt auch Caesar selbst gegenüber kein Blatt vor den Mund. Er nennt ihn »schwuler Romulus« und fragt ihn, ob er, der »einzigartige Feldherr«, deshalb ins ferne Britannien gezogen sei, damit sein Günstling Mamurra, den er Mentula (»Schwänzlein«) nennt, alle Schätze des Landes an sich rafft und durchbringt, wie er das schon in Gallien getan habe. »Du siehst es und erträgst es? Aber du bist selber ein Hurer, Fresser und Spieler« (*carm.* 29). Harte Worte, zumal wenn man bedenkt, dass Caesar der Gastfreund von Catulls Vater in Verona war. Offenbar hat der Vater den Sohn dazu gebracht, sich bei Caesar zu entschuldigen. Sueton berichtet, dass Caesar den Dichter an demselben Tage, an dem jener ihn um Verzeihung gebeten hatte, zu Tische lud und auch mit seinem Vater nach wie vor gastfreundliche Beziehungen unterhielt (*Iul. Caes.* 73). Aber Catull ließ sich nicht mundtot machen. Seine Kritik an den politischen Zuständen beruhte nicht so sehr auf persönlicher Animosität, sondern spiegelte die Empörung einer jungen Generation, die sich um ihre Zukunft gebracht sah, seit »die üblen Gesellen, Schwiegervater und Schwiegersohn« (*carm.* 29), den Staat ruiniert hatten, das heißt seit Pompeius und Caesar ihre unheilige Allianz geschlossen hatten, um die Macht im Staat an sich zu bringen (60 v. Chr., 54 v. Chr. neu befestigt). So erklärt Catull mit aller Deutlichkeit:

> *Nil nimium studeo, Caesar, tibi velle placere*
> *nec scire utrum sis albus an ater homo.*

> Wenig liegt mir daran, o Caesar, dir zu gefallen
> Oder zu wissen auch nur, ob du nun weiß oder
> schwarz.
>
> (*carm.* 93, Übers. W. Eisenhut)

Ob Caesar, der ja selbst ein Meister der Sprache war, dieses geschliffene Epigramm zu würdigen wusste? Thornton Wilder hat in seinem Roman *Die Iden des März* Caesar sagen lassen: »Ich gestehe, dass ich über eine Schwäche erstaunt bin, die ich in mir erwachen fühle, eine betörende Schwäche. Oh, von einem Menschen wie Catull verstanden zu werden, gefeiert werden von ihm in Versen, die nicht so bald vergessen wären!«
Catull aber stellte Caesar in Aussicht:

> *irascere iterum meis iambis*
> *inmerentibus, unice imperator.*

> Über meine unschuld'gen Jamben wirst du dich
> wieder ärgern, o einzigartiger Feldherr!
>
> (*carm.* 54, Übers. W. Eisenhut)

Es gehört zur Kunst Catulls, dass wir geneigt sind, die Personen mit seinen Augen zu sehen. Das gilt für Caesars Gefolgsleute, und es gilt noch mehr für eine Frau, die für alle Zeiten mit Catull verbunden bleibt, mit der er in einer Grande Passion lebte und litt: Lesbia.

> *Vivamus, mea Lesbia, atque amemus*
> *rumoresque senum severiorum*
> *omnes unius aestimemus assis!*
> *soles occidere et redire possunt:*
> *nobis, cum semel occidit brevis lux,*
> *nox est perpetua una dormienda.*
> *da mi basia mille, deinde centum,*
> *deinde mille altera, dein secunda centum …*

> Lass uns, Lesbia, leben, lass uns lieben
> und für alles Gezeter strenger Greise
> lass uns nicht einen einz'gen Heller geben!
> Sonnen sinken und können wiederkehren:
> doch wenn unseres Lebens kurzes Licht losch,
> deckt die ewige, eine Nacht uns Schläfer.
> Gib mir tausend und aber hundert Küsse,
> dann noch tausend und nochmals hundert Küsse!

(carm. 5, Übers. O. Weinreich)

In Carl Orffs Vertonung *Catulli Carmina* hat dieses Liebesgedicht mitreißenden Ausdruck gefunden. »*Da mi basia mille* – Gib mir tausend Küsse«: ein Vorklang des Italienischen, in das der volkstümliche, von Catull verwendete Ausdruck für Kuss – *basium* statt *osculum* – Eingang gefunden hat und seitdem von poetischer Wirkung ist (»Un bacio – ancora un bacio – un altro bacio« im Liebesduett Othellos und Desdemonas und in den letzten Worten des Helden in Verdis *Otello*).

Wer war die Frau, die Catull in solch glühenden Versen feierte und die ihn »himmelhochjauchzend und zu Tode betrübt« gemacht hat? Lesbia nennt er sie und begründet damit den dichterischen Brauch, Pseudonyme, »Huldigungsnamen«, einzuführen für Frauen, die nicht nur die Geliebten, sondern auch die Musen der Dichter waren. So nannten später die Elegiendichter Properz und Tibull ihre Damen Cynthia und Delia, nach einem Beinamen des Musengottes Apollo (vom Berge Cynthus und von Delos). Catull gibt mit seiner Namenswahl ein Lebensprogramm kund. Nach Sappho von Lesbos nennt er seine Geliebte (im Übrigen ein Hinweis darauf, dass dem Namen noch nicht das Stigma der »lesbischen Liebe« aufgeprägt war). Die griechische Dichterin weihte ihr Dasein der Dichtung und der Liebe; es erschien wie ein Leben auf den Inseln der Seligen, weit entfernt vom rauen Alltag. Ein solches Leben erträumt sich Catull; Sappho verkörpert zugleich sein Ideal einer eigenständigen Dichterexistenz, wie er es gemeinsam mit seiner Lesbia verwirklichen will. Mit ihr will er leben, lieben und dichten, sie wird ihn inspirieren, denn sie ist gebildet, sie versteht sich selbst auf die Musenkunst und verdient es, nach der berühmten Dichterin genannt zu werden.

Wer Lesbia war, erklärt den Spätergeborenen ein Autor des 2. nachchristlichen Jahrhunderts (Apuleius, *Apologie* 10). Damals wusste es jeder, denn in der römischen Gesellschaft gab es keine Geheimnisse (man denke an Ciceros Korrespondenz). Und warum hätte Catull auch verheimlichen sollen, dass seine Lesbia eine der faszinierendsten Frauen Roms war? Clodia hieß sie und war aus der altadligen Familie der Claudier. Ihr Urahn Appius Claudius war der Erbauer der Via Appia; das Geschlecht hatte Feldherrn, Konsuln und Triumphatoren gestellt. Die jüngsten Vertreter machten der Familie freilich weniger Ehre, vor allem ein Bruder Clodias, Clodius Pulcher, der als Volkstribun eine agitatorische Politik betrieb, Cicero in die Verbannung brachte und das öffentliche Leben in Rom durch gewaltsame Umtriebe und Bandenkämpfe lähmte. (Moderne Versuche, ihn als Anwalt des Volkes darzustellen, müssen fragwürdig bleiben angesichts des Schadens, den er der römischen Republik zufügte, indem er sie durch seinen Straßenterror der Alleinherrschaft zutrieb.) Clodius hatte drei Schwestern, und der *communis opinio* zufolge handelt es sich bei Catulls Geliebter um die mittlere Clodia, die Gattin des Quintus Caecilius Metellus Celer, der 60 v. Chr. Konsul war. Sie ist, wenn auch keine absolute Gewissheit darüber besteht, doch wohl die gleiche Clodia, die Cicero in seinen Briefen erwähnt und die er in seiner Rede für Marcus Caelius porträtiert hat. Es wäre seltsam, wenn es zu gleicher Zeit in Rom zwei solche Frauen gegeben hätte, für die Goethes Wort über Helena passt: »bewundert viel und viel gescholten«. Aus Ciceros Briefen lernen wir Clodia kennen als eine anziehende Frau – ihre großen, strahlenden Augen werden gerühmt, freilich mit einem Nebensinn: *Boopis*, die Kuhäugige, wird sie genannt, wie Juno, die Gattin und Schwester Jupiters; man sagte Clodia nämlich ein inzestuöses Verhältnis zu ihrem Bruder nach. Man erfährt aber auch, dass sie sich politisch betätigte, soweit das einer Frau möglich war, als Unterhändlerin für ihren Bruder, dem sie dann die Unterstützung versagte, als er zu radikal wurde. Aus brieflichen Andeutungen Ciceros geht auch hervor, dass ihre Ehe nicht allzu glücklich war, weil ihr Gatte, obwohl politisch und militärisch bewährt, ihr als Persönlichkeit offenbar nicht gewachsen war (vgl. *Att.* 2,1,5 Ende).

Sie suchte einen Ausgleich auf gesellschaftlicher Ebene, indem sie ein großes Haus führte und sich mit interessanten Männern umgab, mit dem jungen Marcus Caelius Rufus, einem glänzenden Redner und aufstrebenden Politiker, und mit dem Dichter Catull. Auch die anderen Mitglieder von Catulls Freundes- und Dichterkreis scheinen bei ihr und ihrem Bruder verkehrt zu haben, eine literarische Bohème, die mit ihrer Forderung einer freien Dichterexistenz bei den braven Bürgern Anstoß erregte. Man erzählte von rauschenden Festen im Hause der inzwischen verwitweten Clodia auf dem Palatin, von Gartenfesten am Tiber, Strandpartien im Luxusbad Baiae am Golf von Neapel – Gelegenheiten zu den schlimmsten, wüstesten Ausschweifungen, mit einer Gastgeberin, die ihre Liebhaber wechselt wie andere ihre Kleider! Sie führt das Leben einer Dirne, ohne die geringste Scham. Ein solches, mit den schwärzesten Farben gemaltes Bild zeichnet Cicero von Clodia im Jahr 56 v. Chr. in seiner Rede für Caelius, den er in einem etwas undurchsichtigen Kriminalprozess verteidigte, in dem Clodia als Belastungszeugin auftrat. Hier fällt das berüchtigte Wort von der *quadrantaria*, der Viertelas-, also Dreigroschenhure Clodia, auf das Cicero genüsslich anspielt, geprägt von Caelius, dem ehemaligen Liebhaber Clodias. In späteren Jahren aber äußert Cicero brieflich mehrfach den Wunsch, mit Clodia in Verhandlungen zu treten wegen eines Grundstückskaufs. Sie scheint hier eine durchaus achtbare, wohlsituierte Dame der römischen Gesellschaft zu sein. Ist Ciceros Bild der Femme fatale also nur ad hoc gemalt, zugunsten seines Klienten Caelius, der zudem noch sein Schüler war? Und ist nicht dieses Bild ebenso wie die Gehässigkeit des Caelius vielmehr Ausdruck eines männlichen Unverständnisses gegenüber einer Frau, die nicht mit den »normalen«, den damaligen Maßstäben zu messen war?

In Clodia verkörpert sich ein selbstbewusster Frauentyp, wie er charakteristisch ist für die ausgehende römische Republik, eine Zeit des Umbruchs und der fortschreitenden

Emanzipation und Individuation. Die Frauen wollten nicht
mehr wie bisher als Objekt von Standesehrgeiz und Fami-
lienpolitik verheiratet werden und dann gezwungen sein,
nach dem altehrwürdigen Ideal der römischen Matrone zu
leben: auf den häuslichen Umkreis beschränkt, beim Wol-
lespinnen und Kleiderweben. Verständnis für Politik, Sinn
für die schönen Künste besaßen Frauen wie Männer – warum sollten sie dann nur zu Hause sitzen, erst unter der
Gewalt ihres Vaters, dann unter der ihres Gatten?

In besonderem Maße scheint dies für Clodia zuzutref-
fen, die wie ihre adelsstolzen männlichen Vorfahren das
Recht für sich beanspruchte, nach ihrem eigenen Gesetz zu
leben. Sie nahm sich Freiheiten heraus, die traditionsge-
mäß nur Männern zustanden, und dazu gehörte auch die
Wahl ihrer Liebespartner. Catull ist überglücklich, als sie
ihn erwählt, aber er kann nicht verstehen, dass sie ihn wieder verlässt. Sie muss eine schlimme, sittenlose Person
sein, wenn sie seine große Liebe verachtet und nicht ewig
mit ihm auf den Inseln der Seligen leben will. Zunächst
freilich ringt sich Catull dazu durch, Rivalen neben sich zu
dulden. Wenn dies hie und da geschieht, will er es hinnehmen und der Herrin, der Dame seines Herzens, nicht nach
Art eines Tölpels lästig fallen. Muss doch selbst Juno, die
höchste der Göttinnen, ihren Zorn dämpfen und gute Mie-
ne machen zu den vielen Liebesabenteuern ihres Götter-
gatten Jupiter … Ein erstaunlicher Ausspruch: Bisher waren es immer die Frauen, die Seitensprünge ihrer Männer
zu verzeihen hatten. Nun sieht sich ein Mann in der Rolle
der duldenden Gattin. Catull betrachtet seine Beziehung
weiterhin als ein *foedus*, eine Bindung auf Treu und Glauben, aber sein Appell an die Geliebte bleibt ohne Wider-
hall. Er muss sich eingestehen: »Doch jetzt will sie nicht
mehr.«

Miser Catulle, desinas ineptire
et, quod vides perisse, perditum ducas.
fulsere quondam candidi tibi soles,
cum ventitabas, quo puella ducebat
amata nobis, quantum amabitur nulla.
ibi illa multa tum iocosa fiebant,
quae tu volebas nec puella nolebat.
fulsere vere candidi tibi soles.
nunc iam illa non vult: tu quoque, inpotens, noli,
nec quae fugit sectare, nec miser vive,
sed obstinata mente perfer, obdura.
vale, puella! iam Catullus obdurat,
nec te requiret nec rogabit invitam:
at tu dolebis, cum rogaberis nulla.
scelesta, vae te! quae tibi manet vita!
quis nunc te adibit? cui videberis bella?
quem nunc amabis? cuius esse diceris?
quem basiabis? cui labella mordebis?
at tu, Catulle, destinatus obdura.

Unseliger Catullus, lass die Narrheiten,
und was du siehst verlor'n, lass als verlor'n gelten!
Dir glänzten einstmals Tage, leuchtend gleich Sonnen,
als du, wohin das Mädchen führte, nachfolgtest,
das du geliebt, wie keines wird geliebt werden.
Da gab es Scherze, Liebesspiele unzählig,
die dir gefielen, und die ihr nicht missfielen.
Dir glänzten wahrlich Tage, leuchtend gleich Sonnen.
Nun will sie nicht mehr – woll' auch du nicht, Haltloser;
verfolg sie nicht, die flieht, und mach dich nicht elend:
mit hartgeword'nem Sinne trag's und sei standhaft!
Fahr hin, du Mädchen! Ja, Catullus ist standhaft!
Sucht dich nicht mehr, fragt nichts nach dir, wenn du
                              abhold –

doch du wirst bitter leiden, fragt nach dir niemand.
Unsel'ge, weh dir! Welch ein Leben harrt deiner?
Wer wird dich suchen? Wer dich noch für schön
              halten?
Wen wirst du lieben? Wessen Namen dann führen?
Wen wirst du küssen? Wem die Lippen wundbeißen?
Doch du, Catullus, werde hart und bleib standhaft!

(carm. 8, Übers. O. Weinreich)

»*Vale, puella!* – Leb wohl, Mädchen!« Das war leicht gesagt, doch schwer getan. »Ich habe dich nicht so geliebt,
wie der Mann von der Straße sein Liebchen, sondern wie
ein Vater den Sohn und den Schwiegersohn liebt. Nun
habe ich dich durchschaut: Ich bin zwar immer noch
entflammt für dich, aber ich achte dich nicht mehr. Was
du mir angetan hast, bringt mich dazu, dich zwar noch
mehr zu begehren, dir aber weniger gut zu sein« (*carm.*
72). Zum ersten Mal seit Sappho, die vom Eros als dem
»süßbitteren Untier« gesprochen hatte, versucht hier
ein Dichter, die Liebe in ihrer Zwiespältigkeit und ihrem
dämonischen Charakter darzustellen. Er unterscheidet das
Lieben, das Brennen in Leidenschaft, vom Gutsein, einem
umfassenderen Gefühl der völligen Akzeptanz, und wählt
dafür einen Vergleich aus der Sphäre der Familie, in dem
das erotisch-sinnliche Element fehlt – damit man ihn
genau versteht. Was hier gleichsam tastend, sich Re-
chenschaft gebend vorgeführt wird, gewinnt vollkom-
menen Ausdruck in jenem Distichon von Hass und Liebe, von dem man gesagt hat: in zwei Zeilen ein ganzes
Leben.

Odi et amo. Quare id faciam, fortasse requiris.
nescio, sed fieri sentio et excrucior.

Hass erfüllt mich und Liebe. Weshalb das?, so fragst
du vielleicht mich.
Weiß nicht. Doch dass es so ist, fühl ich und quäle
mich ab.

(carm. 85, Übers. W. Eisenhut)

Der prägnante Zweizeiler ist im Grunde unübersetzbar,
doch spürt jeder, worum es hier geht: um elementare Gefühle, die den Menschen, trotz allen rationalen Argumen-
tierens, rettungslos überfluten – wenn er sie nicht, wie Catull, im Gedicht »aufheben« und verwandeln kann. Zu dieser Verwandlung gehört die Distanzierung: Catulls Lesbia,
die ihn nicht mehr liebt, ist seiner nicht mehr wert. Sie ist
zur Dirne herabgesunken:

> *Caeli, Lesbia nostra, Lesbia illa,*
> *illa Lesbia, quam Catullus unam*
> *plus quam se atque suos amavit omnes:*
> *nunc in quadriviis et angiportis*
> *glubit magnanimi Remi nepotes.*

Meine Lesbia, Caelius, jene Lesbia
jene Lesbia, die Catullus einzig
mehr als sich und die Seinen all geliebt hat:
jetzt in winkligen Gässchen und am Kreuzweg
saugt sie aus des erhabnen Remus Enkel!

(carm. 58, Übers. O. Weinreich)

Lesbia, nostra, sagt Catull, wörtlich: unsere Lesbia, und
bei den winkligen Gässchen – *in quadriviis* – klingt der
Spottname *quadrantaria* an: Der angeredete Caelius ist
aller Wahrscheinlichkeit nach der aus Ciceros Rede bekannte, ebenfalls ein verflossener Liebhaber Clodias. Dazu
passt das Gedicht, in dem Catull, in spöttisch-gewunde-

nem Ton, Cicero seinen Dank ausspricht (*carm.* 49). Er
sagt nicht, wofür – doch wohl weil er seinen Freund Caelius erfolgreich verteidigt und von der ungetreuen Geliebten ein ebenso schwarzes Bild gezeichnet hat wie er selbst
in jenem Gedicht von Clodia als gemeiner Dirne. Sie ist
damit abgetan und kann niemandem mehr gefährlich
werden.

Ist Catull also nicht an gebrochenem Herzen gestorben? Wir glauben es nicht, trotz des anrührenden Bildes
von seiner Liebe, die durch Lesbias Verschulden dahinsank,
»welkend wie am Wiesensaume die Blume, wenn sie streif-
te die Pflugschar« (*carm.* 11). In einem Gedicht, das durch
Personennamen auf den Winter 55/54 zu datieren ist, sagt
Catull über eine zweifelhafte Provinzschönheit, die Freundin eines Caesargünstlings:

> *Ten provincia narrat esse bellam?*
> *Tecum Lesbia nostra conparatur?*
> *O saeclum imsapiens et infacetum!*

> Von dir sagt die Provinz, du seiest hübsch?
> Mit dir wird unsere Lesbia verglichen?
> O geschmackloses und plumpes Jahrhundert.

(carm. 43, Übers. K. Büchner)

Zu dieser Zeit war die Beziehung unzweifelhaft bereits zu
Ende. Lesbia aber ist zur Kunstfigur geworden, und jene
Gedichte, in denen ihr Charme und ihre Schönheit gepriesen werden, in denen Catull liebt und leidet, finden sich in
seinem Œuvre nicht als zusammenhängender »Liebesro-
man«; sie sind – ob von der Hand des Dichters selbst oder
der seiner Freunde – eingeordnet in die Vielfalt seines
Schaffens, als eines seiner Themen, neben der ergreifenden
Klage um den jungverstorbenen, in Troja bestatteten Bruder (*carm.* 65, 68, 101) oder dem kunstvollen Kleinepos

von der Hochzeit des Peleus und der Thetis mit der Klage der verlassenen Ariadne (*carm.* 64) und einem Hochzeitsgedicht für den Freund Torquatus (*carm.* 61). Mit seinem Ausdruck leidenschaftlichen Gefühls, verbunden mit höchster Sprachkunst, hat Catull die Dichtung in Rom heimisch gemacht und der nächsten Generation, den Augusteern, den Weg gewiesen.

Zweites Kapitel

Cicero in Tusculum
Gespräche in Tusculum

»An meinem Tusculanum habe ich eine solche Freude, dass ich mich nur rundherum wohlfühle, wenn ich hier bin.« So schrieb Cicero an seinen Freund Atticus und bat ihn, ihm Marmorbüsten und Statuen sowie Bücher für seine Bibliothek zu besorgen. Sein Landhaus bei Tusculum sollte für ihn nicht nur ein *buen retiro*, ein Ort der Erholung von den Amtsgeschäften in Rom sein, sondern eine Stätte wissenschaftlicher und literarischer Betätigung, eine Insel des Geistes.

In der Gegend von Tusculum, am Fuß der Albanerberge, beim heutigen Städtchen Frascati, befand sich eine ausgedehnte römische Villenkolonie. Die Nähe zu Rom, die herrliche Aussicht und die frische Luft, die der heutige Besucher noch als angenehm empfindet, veranlasste viele Römer, sich hier anzusiedeln. Zahlreiche Reste von Mauerwerk, von Gewölben, Terrassen und Wandelgängen sind noch erhalten, doch lässt sich nicht mit Sicherheit sagen, wo Ciceros Tusculanum stand. »Scuola di Cicerone« heißt ein Platz in einer Talmulde mit einem Rund steinerner Sitzbänke. Mag es sich hierbei auch eher um die Ruinen

Marcus Tullius Cicero. Archäologisches Museum, Florenz

Das antike Theater in Tusculum

eines Theaters handeln, so ist doch bedeutsam, wie sich in einheimischer Tradition die Erinnerung an das Tusculanum Ciceros als einen Ort geistiger Vermittlung erhalten hat.

Marcus Tullius Cicero hatte seine Villa vor den Toren Roms im Jahr 68 v. Chr. erworben, als er die ersten Karriereschritte der römischen Ämterlaufbahn hinter sich gebracht hatte. 106 v. Chr. war er in dem Landstädtchen Arpinum geboren, im östlichen Latium, am Hang über dem Tal des Liris. Das heutige Arpino besitzt nicht nur ein Denkmal, sondern erinnert auch mit einem internationalen Lateinwettbewerb für Schüler und Schülerinnen an den Meister der lateinischen Sprache. Ciceros Familie stammte aus dem *ordo equester*, dem Ritterstand. Dessen Mitglieder nahmen in der politischen Rangordnung den minder geachteten zweiten Platz ein nach der Nobilität, den stadtrö-

mischen Adelsfamilien, die fast ausschließlich die höheren
Beamten für die Staatsverwaltung stellten und eifersüchtig
über ihre Privilegien wachten.

Cicero wurde zusammen mit seinem Bruder Quintus
von seinem Vater nach Rom gebracht und studierte dort
Rhetorik und Rechtswissenschaft. Dann absolvierte er unter der Obhut angesehener Männer das *tirocinium fori*,
seine Lehrzeit auf dem Forum, die ihm Einblick in die juristische und politische Praxis bot. Im Anschluss an eine
Bildungsreise nach Griechenland, wo er bedeutende Lehrer
der Rhetorik und Philosophie hörte, begann er in Rom den
cursus honorum, die Ämterlaufbahn. Er bekleidete den
Rang des Ädils und Prätors und durfte einen Sitz im Senat
einnehmen: Er gehörte nun zum Amtsadel. Als Anwalt in
aufsehenerregenden Prozessen war er schon als junger
Mann unerschrocken für Recht und Gerechtigkeit einge-
treten und hatte sich in weiten Kreisen Respekt verschafft,
auch bei den altadligen Senatoren, die zunächst auf den
Emporkömmling aus der Provinz herabsahen. Als den
»Romulus aus Arpinum« hatten sie Cicero belächelt, weil
er für die alten Römertugenden, für Uneigennützigkeit
und Pflichttreue eintrat und Eigennutz, Macht- und Ge-
winnstreben anprangerte. Als nun aber die revolutionären
Umtriebe ihres adligen Standesgenossen Catilina den Staat
erschütterten und ihre eigene Existenz bedrohten, über-
wanden die *nobiles* ihre Abneigung gegen den *homo novus*, den »neuen Mann«, und stimmten Ciceros Wahl zum
Konsul zu. Im Jahr 63 v. Chr. deckte Cicero als Konsul die
Verschwörung des Catilina auf, ließ die Schuldigen verurteilen und bannte die Gefahr für den Staat. Dankbar feierte
ihn ganz Rom als »Vater des Vaterlandes«. Doch konnte er
sich seines Triumphes nicht lange erfreuen.

Zwar hatte sein Ruhm als Redner mit den Catilinari-
schen Reden einen neuen Höhepunkt erreicht, seine politi-

sche Zielsetzung aber war zum Scheitern verurteilt. Er war bestrebt, den Auflösungstendenzen der *res publica*, des Gemeinwesens, entgegenzuwirken und alle Stände, die Nobilität wie die Ritter, zu einer Einheitsfront zu verbinden, zum *consensus omnium bonorum*, dem Zusammenschluss aller staatstreu Gesinnten. Seine Bemühungen wurden jedoch durchkreuzt zum einen vom Eigennutz der einzelnen Gruppierungen, zum andern aber vom Machtwillen der Großen, die sich nicht mehr in die althergebrachten Formen des Staatsdienstes einfügen wollten. Julius Caesar, der von sich gesagt hatte, dass er lieber der Erste in einem kleinen Dorf als der Zweite in Rom sein wolle, schloss mit dem Feldherrn Gnaeus Pompeius und dem reichen Geschäftsmann Marcus Crassus einen Dreibund, ein Triumvirat. Dieser Zusammenschluss sollte der langfristigen Durchsetzung politischer Ziele auch außerhalb der legalen Bahnen dienen. Caesar erhielt das Kommando über die gallischen Provinzen und schuf sich dort eine gewaltige Machtposition. Nach Ablauf seiner Amtszeit war er nicht gewillt, sein Kommando niederzulegen und als Privatmann nach Rom zurückzukehren. Die Folge war der Bürgerkrieg, in dem Pompeius die Heere des Staates gegen seinen ehemaligen Bündnispartner führte und dabei den Tod fand. Caesars Siege brachten ihm eine unumschränkte Machtposition in Rom: Seit dem Jahr 47 v. Chr. war er Diktator. Cicero, der vergebens versucht hatte, durch Verhandlungen den Krieg zu verhindern, hatte sich ins Lager des Pompeius begeben und war bei Kriegsende von Caesar begnadigt worden. Nun zog er sich auf seine Landgüter zurück. Mit Vorliebe weilte er auf seinem Tusculanum und widmete sich dort der Philosophie. Sie sollte ihm Trost und Heilmittel sein in jener traurigen Zeit, da die *res publica*, das Gemeinwesen, nicht mehr die *res populi* war, die Sache des ganzen Volkes, wie Cicero es in seiner Schrift vom Staat formuliert hatte, sondern sich in der Machtbefugnis eines Einzelnen befand.

Die Beschäftigung mit Philosophie, mit Künsten und Wissenschaften, war für den gebildeten Römer bislang eine Freizeitbeschäftigung gewesen, auf den Raum des *otium* beschränkt. *Otium*, die Zeit der Muße, stand im Gegensatz zum *negotium*, zu der öffentlichen Tätigkeit im Kriegsdienst, in den Amtsgeschäften, auf dem Forum und dem weiten Feld der Politik. An den Feiertagen, wenn man sich zur Erholung in seine Landhäuser zurückzog, oder in der Ruhe des Alters, pflegte man das *otium*. Man lud sich Freunde ein, diskutierte mit ihnen und las philosophische oder schöngeistige Werke. Das bedeutete zur Zeit Ciceros: Man beschäftigte sich mit den Griechen. Die große Literatur Roms, die für uns heute zur antiken Klassik gehört, begann ja erst mit Cicero und mit den Augusteern Vergil, Horaz und Livius. Die Römer lernten in der Schule Griechisch und studierten die Werke der griechischen Dichtung und Philosophie, die Klassiker. Das Griechische spielte im Geistesleben die gleiche dominierende Rolle wie bei uns im 18. Jahrhundert das Französische, bis die Weimarer Klassik eine eigenständige Geisteswelt, eine Nationalliteratur, hervorbrachte. Zu den Griechen aber hatte man in Rom ein zwiespältiges Verhältnis. Man bewunderte die Werke ihrer Kunst und ihres Geistes, sah aber auf die griechischen Zeitgenossen herab. Sie waren nicht mehr die Heroen früherer Zeiten, die bei Marathon gekämpft hatten, sondern repräsentierten die Spätblüte einer müde gewordenen Kultur. *Graeculi*, die Griechlein, nannte man sie und attestierte ihnen einen Hang zu endlosen, spitzfindigen Reden: viel Worte und wenig Taten. Doch was gab es für sie auch zu tun? Griechenland war seit langem römische Provinz. Die Griechen wiederum waren geneigt, auf die Römer herabzublicken. Sie waren die Sieger, aber reichlich unkultiviert. Es bedurfte großer Unvoreingenommenheit und Liebe zum Geistigen, damit sich jene Symbiose vollzog, die Horaz, einer der Begründer der römischen Klassik, in die Worte fasste:

Graecia capta ferum victorem cepit et artis
intulit agresti Latio.

Das unterworfene Griechenland unterwarf sich
                              seinerseits den rauen Sieger
und brachte die Künste ins bäuerliche Latium.

(*Epist.* 2,1,156 f.)

Dass dieser Übernahmevorgang nicht einseitig blieb, sondern dass auch Italien Wesentliches und Zukunftsweisendes einbrachte, ist im Besonderen das Verdienst Ciceros. Er hatte keinerlei adelsstolze Vorurteile gegenüber den »Griechlein«, sondern eignete sich mit Begeisterung und Dankbarkeit die Werke der griechischen Klassiker an. Die Geistesheroen Griechenlands, Platon und Aristoteles oder der Philosoph Poseidonios, den er auf Rhodos gehört hatte, bildeten, zusammen mit den vorbildlichen alten Römern, die sich für die *res publica* eingesetzt hatten, eine Art geistiger Ahnengalerie für den *homo novus* Cicero. Er begnügte sich aber nicht damit, den Schatz griechischer Weisheit für sich selbst zu heben, sondern wollte ihn mit seinen Landsleuten teilen. Dies bedeutete für ihn eine Aneignung in lateinischer Sprache, die »Einbürgerung der Philosophie in Rom« (Richard Harder). Dazu galt es zunächst eine Terminologie zu schaffen und die griechischen Begriffe ins Römische zu übertragen. Wenn wir heute z. B. Argumentation und Definition sagen, profitieren wir von Cicero. Es ging ihm jedoch nicht um bloße Übersetzung, sondern um eine Verschmelzung mit römischer Denkart.

So behandelte er selbst die wichtigsten Themen aus dem Umkreis der Philosophie, stellte die Meinungen der einzelnen Philosophenschulen dar und nahm dazu Stellung. Er kleidete seine Abhandlungen in ein römisches Gewand, indem er den Gesprächscharakter der platonischen Dialoge aufnahm und bekannte Persönlichkeiten der Vergangenheit, aber auch seine Freunde in einer Rahmenhandlung auftreten und sie miteinander diskutieren ließ. Die Situation des *otium*, der feiertäglichen Muße bei einem Landaufenthalt, schafft eine Atmosphäre urbaner Geselligkeit, in der jeder Gesprächspartner seine Meinung mit dem ganzen Gewicht seiner Persönlichkeit vertritt, zugleich aber auch ohne rigides Beharren die Ansicht des anderen gelten lässt. Dies entsprach den Grundsätzen von Ciceros eigenem Philosophieren. Er hatte sich keiner der streng dogmatischen Schulen angeschlossen, wie den Epikureern oder den Stoikern, sondern einer Richtung der platonischen Akademie, die sich die skeptische nannte. Cicero bezeichnete sie als *genus minime adrogans*, die am wenigsten anmaßende Schule.

Die skeptische Akademie vertrat die Ansicht, dass die menschlichen Sinneswahrnehmungen keine sichere Erkenntnis zuließen. Daher müsse man *epochĕ*, Zurückhaltung im Urteil, üben und dürfe keine allgemein verbindlichen Ansichten postulieren. Hieraus ergibt sich freilich kein Indifferentismus, sondern die Pflicht, sich um die Erkenntnis der Wahrheit nach Kräften zu bemühen, auch wenn man nur das *verisimile* finden kann, das, was jeweils den höchsten Grad von Wahrscheinlichkeit hat, da die Wahrheit selbst im Verborgenen liegt. (So lässt sich auch die berühmte Frage des Pilatus »Was ist Wahrheit?« nicht als Zynismus verstehen, sondern als Skepsis gegenüber der Überzeugung, im Besitze der Wahrheit zu sein.) Zum andern ergibt sich aus dieser skeptischen Zurückhaltung das Gebot der Toleranz gegenüber allen Andersdenkenden, die sich jener verborgenen Wahrheit auf einem anderen Wege nähern. Statt strengem Dogmatismus und rigoroser Observanz tritt Cicero für die Freiheit des Urteils ein. Sein Philosophieren ist jedoch, konsequent gesehen, der schwierigere Weg. Keine fundamentale Sicherheit – »der Meister hat's gesagt«, wie es bei den Pythagoreern hieß –, vielmehr eine lebenslange, immer wieder neu und vorurteilslos zu leistende Wahrheitssuche, die mit Persönlichkeitsbildung einhergeht und sich und den anderen bilden und formen will.

So wandelt sich auch für Cicero der Begriff des *otium*. Statt unverbindlicher Freizeitbeschäftigung, statt bloßer Ablenkung von der Misere der Gegenwart wird ihm sein *otium* zur Aufgabe, zum *negotium*. Er hat sich darüber in den Vorreden seiner philosophischen Dialoge geäußert (z. B. in *De divinatione, Von der Weissagung*, Buch 2). Bei der Aneignung der griechischen Wissenschaften, sagt Cicero am Anfang der *Tuskulanischen Gespräche*, stand in Rom die Redekunst an erster Stelle. Die Philosophie aber, meint er, liegt bis heute darnieder und fand keine erhellende Darstellung in lateinischer Sprache. Deshalb sieht er gerade darin seine besondere Aufgabe: »Wenn meine öffentliche Tätigkeit meinen Mitbürgern von Vorteil war, so möchte ich ihnen auch in meiner Muße, meinem *otium*, einigen Nutzen bringen.«

Cicero, als Politiker kaltgestellt, wird zum Erzieher, und er verspricht seinen Lesern, es werde keine *lectio* ohne *delectatio*, keine Lektüre ohne Genuss werden. Er will vor allem die Jugend ansprechen, da Philosophie für ihn eine Lebenslehre ist und kein System von trockenen Lehrsätzen. Und die Jugend kommt zu ihm auf sein Tusculanum, angezogen vom Ruhm des Redners Cicero, von dem sie profitieren will. Cicero veranstaltet, wie man heute sagen würde, mehrtägige Seminare; er nennt sie *declamationes*, Rede- und Vortragsübungen, oder nach dem Vorbild der

Griechen *scholae.* (*scholé* ist ursprünglich nicht die Schule, sondern die Muße – der Schulbesuch ist ein Privileg derer, die sich freie Zeit leisten können!)

Auf dem Tusculanum hat Cicero ein Gymnasium anlegen lassen, nach dem Muster der Übungs- und Ausbildungsstätte für die griechische Jugend. Es besteht aus zwei Anlagen mit gedeckten Wandelhallen und Bibliotheken, Hörsälen und Räumen für körperliche Ertüchtigung und Erholung, wie für Ballspiel und Baden. Am Vormittag begibt man sich ins etwas oberhalb gelegene Lyceum, das nach dem Lehrort des Aristoteles in Athen heißt. Hier werden Redeübungen abgehalten, zu Mittag erholt man sich ein wenig, und am Nachmittag steigt man hinab in die Akademie, so genannt nach Platons Wirkungsstätte. Dort weist Cicero seine Schüler in die Philosophie ein. Sein Ideal ist die Verbindung von Beredsamkeit und Weisheit: Der Mensch definiert sich für ihn durch Sprache und vernunftgemäßes Handeln.

Die in fünf Bücher eingeteilten *Tuskulanischen Gespräche* über praktische Ethik sind ein Abbild eines solchen fünftägigen Seminars, einer Scuola di Cicerone. An jedem Tag wird von einem der Hörer eine These aufgestellt, die Cicero in Frage und Antwort und im Lehrvortrag widerlegt. *Auditor* und *magister* (A. und M.) hat man die Unterredner genannt, Hörer und Lehrer. Teils im Sitzen, teils im Auf- und Abwandeln wird die Erörterung geführt. Es geht um die Fragen: Ist der Tod ein Übel? Lassen sich Schmerz und Kummer überwinden, kann man die Leidenschaften besiegen, und genügt die Tugend (*virtus*), die sittliche Vollkommenheit, für ein glückliches Leben? Trotz gewichtiger Einwände steht am Ende, allgemein anerkannt, die Überzeugung, dass der Besitz der *virtus* zu einem befriedigenden Leben ausreicht. Der Weise, der nach den Regeln der Philosophie lebt, ist frei und unabhängig von allen äußeren Umständen; er verkörpert die autonome Persönlichkeit. Die Zeiten des Bürgerkriegs und der noch andauernden Bedrohungen geben der Frage wie auch der Antwort ihr besonderes Gewicht.

Der heutige Leser wird sich vor allem von der Geschlossenheit des ersten Buches angezogen fühlen. Der Hörer stellt die These auf, der Tod sei ein Übel, und zwar für die Toten wie auch für diejenigen, die sterben müssen. Folglich ist jeder unglücklich – wir wären also alle für ein ewiges Unglücklichsein geboren. Der Magister weist jedoch Schritt für Schritt nach, dass dies nicht zutrifft. Entweder gibt es nach dem Tode keinerlei Empfindung mehr, dann ist der Tote, da er nichts entbehrt, auch nicht unglücklich. Damit ist gegeben, dass die Seele mit dem Körper zugrunde geht, wie es Demokrit und die Epikureer lehren. Bleibt die Seele aber erhalten, dann ist sie notwendigerweise unsterblich; sie ist ein Teil der göttlichen Kraft, die als ewig bewegte das All durchwaltet (eine kosmische Energie, würden wir heute sagen). Mit dieser verbindet sich die Seele wieder, nachdem sie sich vom Körper getrennt hat. Der Tod ist dann kein Untergang, sondern Übergang und Verwandlung des Lebens: *commutatio vitae* (»*Vita mutatur, non tollitur* – Das Leben wird gewandelt, nicht genommen«, sagt die christliche Kirche). Die Seele findet im Ewigen ihren ursprünglichen Platz wieder und ist dort selig. So lehrten es Platon und seine Schule. Nur zu gern hört der Schüler diese tröstliche Botschaft, der Magister aber hält es für nötig, noch in weitere Beweisgänge einzutreten und von der platonischen Hoffnung auf Unsterblichkeit abzusehen. Darauf der Hörer: »Ich will wahrhaftig lieber mit Platon irren als mit gewissen anderen das Wahre erkennen.« Der Magister stimmt zu. Gerade auf diesem Gebiet kann man nur das *verisimile* erreichen, eine plausible Annäherung an die Wahrheit. Und da die Philosophie eine Lebenslehre sein soll – *vitae philosophia dux*, Führerin im Leben, wird sie in den *Tuskulanen* genannt –, hat der Verweis auf die Seelenlehre Platons und das Vorbild des Sokrates in seinen Reden vor dem Tode ebensolches Gewicht wie zuvor das logische Deduzieren. Am Ende des ersten Gesprächstages steht fest, dass der Tod kein Übel ist. Von den unsterblichen Göttern, das heißt von unserer gemeinsamen Mutter, der Natur, wurde er für alle festgesetzt. Und diese ewige Macht ist um das Menschengeschlecht besorgt und hat es nicht erschaffen und genährt, um es in die ewige Nacht des Todes zu stürzen. Glauben wir also lieber, schließt der Magister, dass uns im Tode ein Hafen und eine Zufluchtsstätte bereitgehalten wird. Der Schüler stimmt zu, und der Lehrer meint: »Das ist recht so. Doch nun wollen wir etwas für unsere Gesundheit tun. Morgen aber und die übrigen Tage, die wir auf dem Tusculanum zubringen, wollen wir diese Gespräche fortsetzen, vor allem darüber, was dem Kummer, den Ängsten und Leidenschaften Heilung und Linderung bringt. Das ist nämlich die reichste Frucht alles Philosophierens.« Orientierungshilfe, ja Religionsersatz ist die Philosophie in einer aufgeklärten, aber unsicheren Zeit, da der Einzelne nicht erst im Tode, sondern bereits im Leben einen Hafen und Zufluchtsort braucht.

Die *Tuskulanischen Gespräche* sind im Sommer 45 entstanden, zu einer Zeit, als Cicero selbst einen besonderen Grund hatte, Heilung und Linderung von Kummer und Schmerz zu suchen. Er trauerte nicht nur um die verlorene *res publica*. Wenige Monate zuvor war seine über alles geliebte Tochter Tullia gestorben (um 79–45 v. Chr.). Nach der Geburt eines Kindes kränkelte sie und kam zum Vater auf das Tusculanum, um in der frischen Luft der Albanerberge Heilung zu finden. Ihr Zustand verschlimmerte sich jedoch und wurde hoffnungslos. Im Februar 45 starb sie auf dem Tusculanum, wenig später auch ihr Kind. Aus zahlreichen Erwähnungen in der reichhaltigen Korrespondenz Ciceros vermag man sie sich vorzustellen als eine zarte, gebildete, überaus sympathische junge Frau. Sie war wohl die Einzige, die, anders als die robuste Gattin Terentia und der etwas oberflächliche Sohn Marcus, an den geistigen Bestrebungen ihres Vaters Anteil nahm, seinen Schmerz um die verlorene republikanische Freiheit teilte und, wohl aus eigener Seelenverwandtschaft, Verständnis hatte für Ciceros intensives, oft labiles Gefühlsleben. »Meine Tochter, mit ihrer liebevollen Art, ihrem angenehmen Wesen, ihrer Klugheit im Gesichtsausdruck, in ihrer Rede und ihrem Wesen ist sie ganz mein Ebenbild«, so schreibt der Vater, der sie in seiner Verbannung schmerzlich vermisste und sich Sorgen um ihre Gesundheit machte. Sie war jedoch bei aller Zartheit innerlich festgegründet. So rühmt der Vater ihre *virtus,* ihre bewundernswerte tapfere Haltung, mit der sie ihn beim Ausbruch des Bürgerkrieges darin bestärkte, seinen Prinzipien treu zu bleiben und nicht, wie die Freunde es rieten, seiner Sicherheit zuliebe ins Lager Caesars zu gehen.

In den letzten Jahren hatten sich Vater und Tochter besonders eng aneinander angeschlossen. Cicero war von Terentia geschieden, und Tullia fühlte sich unglücklich in ihrer Ehe mit Publius Cornelius Dolabella (69–43). Aus einer altadligen Patrizierfamilie stammend, ehrgeizig, begabt und charmant, aber skrupellos, war er einer jener typischen Vertreter der »verlorenen Generation« am Ende der römischen Republik, schillernd zwischen Gut und Böse, mit einer eigenen Anziehungskraft auf Männer wie Frauen. Wie ein Curio oder Caelius schloss er sich Caesar an, um seine Aufstiegschancen wahrzunehmen und seine zerrütteten Finanzen zu sanieren. Trotz mancher Eskapaden behielt er das Wohlwollen Caesars. Nach dessen Tod ging er zu den Caesarmördern über, spielte aber sein eigenes Spiel und hielt sich widerrechtlich im Besitz der reichen Provinz Syrien, die er mit Mord und Brand ausplünderte. Hier fand er schließlich als Geächteter den Tod. Eine solche catilinarische Existenz als Gatte der zarten Tullia: ein Beispiel für die unbarmherzige patriarchalische Heiratspolitik in Rom? In der Tat war Tullia, wie damals üblich, von ihrem Vater verheiratet worden, sogar zweimal. Der erste Gatte war gestorben, von dem zweiten war sie geschieden. Den dritten aber, ebenjenen Dolabella, hatte sie sich selbst gewählt, gegen die Bedenken ihres Vaters. Während Cicero als Statthalter in Kilikien weilte, waren die beiden Damen Terentia und Tullia offenbar dem Charme Dolabellas erlegen, der zudem noch beträchtlich jünger war als Tullia. Die energische Terentia hatte der Tochter Rückendeckung gegeben, und beide stellten den Vater bei seiner Rückkehr vor vollendete Tatsachen. »Meine Tullia verheiratet sich mit Cornelius Dolabella. Wenn das nur gutgeht«, schrieb Cicero. Es ging nicht gut, denn Dolabella führte weiterhin das Leben eines berüchtigten Lebemannes und verprasste auch Tullias Mitgift. Zudem stand er im Bürgerkrieg im anderen Lager, und Tullia fühlte sich zerrissen zwischen der Parteinahme für den Vater und den Gatten. Im November 46 trennte sich Tullia trotz ihrer Schwangerschaft von ihm und kam dann zu ihrem Vater.

Er hatte bei ihr auf dem Tusculanum, wie er sagte, »eine Stätte, wohin ich mich flüchten, wo ich Ruhe finden konnte, einen Menschen, der durch sein Gespräch und seine liebevolle Art mir meine Sorgen und meinen Schmerz abnahm«.

Gespräche in Tusculum – das sind nicht nur jene fünf Bücher philosophischer Erörterungen, sondern auch die Unterhaltungen Ciceros mit Tullia. Sie war, neben einem genialen Mann aufgewachsen, geistig wie bildungs- und

wohl auch empfindungsmäßig »überqualifiziert« für ihre
Zeit und musste den daraus entstehenden Zwiespalt in ihrer Person austragen (wie später etwa Cornelia Goethe).

Tullias Tod stürzte Cicero in eine schwere Krise. Nachdem viele Tröstungsversuche der Freunde erfolglos geblieben waren, hatte Marcus Brutus die rechten Worte gefunden, indem er Cicero an seine Pflichten mahnte. Noch gab
es für ihn etwas zu tun: Er musste seinen Plan, die grie-

Marcus Iunius Brutus.
Zeitgenössische Goldmünze

chische Philosophie in römischem Gewande darzustellen,
ausführen. So konnte er sein erzwungenes *otium* im
Schatten Caesars für seine Mitbürger nutzbar machen und
selbst Linderung für seinen Kummer finden. Zum Dank
für seine Aufmunterung widmete Cicero die *Tuskulanischen Gespräche* Marcus Brutus, dem er auch schon die
rhetorischen Schriften *Orator* und *Brutus* zugeeignet hatte. Brutus war nicht nur mit Cicero, sondern auch mit Caesar befreundet, was den Ersteren aber nicht hinderte, sich
in beiden Schriften stark zu exponieren. Er preist seinen
verstorbenen Kollegen, den Redner Hortensius, glücklich,

dass er das Unheil des Bürgerkrieges und die Misere der Gegenwart nicht mehr erleben musste, und bedauert sich selbst, dass er in diese Nacht des Staates geraten sei und ihm kein ehrenvoller Abschluss seiner politischen Laufbahn vergönnt war. Vor allem aber bedauert er Brutus und die junge Generation, dass ihnen diese *misera fortuna rei publicae* alle Wege zu ruhmvoller Betätigung als Redner auf dem Forum und im Staatsdienst abgeschnitten hat. »Deinetwegen quält uns ein doppelter Kummer, dass nämlich du selbst die *res publica* entbehren musst und sie dich. Wir wünschen für dich, Brutus, einen solchen Staat, in dem du das Andenken deiner beiden glanzvollen Ahnengeschlechter erneuern und ihren Ruhm vermehren könntest.« Die beiden berühmtesten Ahnen väterlicher- wie mütterlicherseits waren Lucius Iunius Brutus, der die Königsherrschaft gestürzt, und Servilius Ahala, der einen Tyrannen getötet hatte. Was musste Brutus also tun, wenn er aufgefordert wurde, in ihre Fußstapfen zu treten? Caesars autokratische Tendenzen wurden unübersehbar, allenthalben ging das Gerücht, er strebe nach der Königswürde. Auch in den *Tuskulanen* wird Brutus an seinen gleichnamigen Ahnherrn erinnert, der die Könige vertrieben und die Freiheit begründet habe.

Noch eindringlicher aber wird auf einen anderen Verwandten des Brutus hingewiesen, auf seinen Onkel Cato (M. Porcius Cato den Jüngeren), für den die *virtus* die einzige Richtschnur seines Lebens gewesen sei. Als überzeugter Stoiker und aufrechter Republikaner hatte er schon vor dem Bürgerkrieg gegen Caesar opponiert, war dann auf Seiten des Pompeius in den Krieg gezogen und nach dessen Tod durch sein hohes moralisches Ansehen zum Haupt des Widerstandes geworden. Nach der Niederlage von Utica im Jahr 46 hatte er es abgelehnt, sich von Caesar begnadigen zu lassen. Die *clementia Caesaris*, seine vielgerühmte Mil-

Das sogenannte Grabmal Ciceros in Formia

de, sei die Haltung eines Herrschers gegenüber seinen Untertanen und nicht die eines Bürgers unter Bürgern. So gab
er sich selbst den Tod und wählte damit die Freiheit. Cicero
wie Brutus priesen sein Andenken in einer Lobschrift.
Brutus aber heiratete im Juni 45 seine Kusine Porcia, die
nicht nur die echte Tochter ihres Vaters Cato war, sondern
auch die Witwe des Bibulus, der als Mitkonsul Caesars im
Jahr 59 gegen dessen Maßnahmen Protest eingelegt und
im Bürgerkrieg gegen ihn gekämpft hatte. Brutus, der
Freund Ciceros, der Neffe des Cato, der Gatte der Porcia,
blieb er weiterhin auch der Freund Caesars? Hatte nicht

Cicero in seinem Dialog *Laelius, Über die Freundschaft,*
unmissverständlich klargemacht, dass die Verpflichtungen
der Freundschaft dort endeten, wo einer der Freunde sich
von der *virtus* lossagt? Wenn die Philosophie eine Lebenslehre ist, so kann sie nicht unpolitisch sein; die *virtus* muss
gelebt werden, wie Cato es bewiesen hatte. Brutus folgte
ihm nach, gemeinsam mit Cassius, auch er einer der Philo-
sophenschüler auf dem Tusculanum. Die Verschwörung
gegen Caesar formierte sich.

Die Tat an den Iden des März 44 veränderte die Welt.
Cicero verließ sein Tusculanum und kehrte in die Politik
zurück. Noch einmal stand er, wie einst gegen Catilina, an
der Spitze des Staates. Mit seinen aufrüttelnden *Philippischen Reden* gegen Marcus Antonius versuchte er, die *res
publica* wiederherzustellen. Doch all seine Bemühungen
waren vergebens. Ein neues Triumvirat, eine Allianz der
Caesarerben und -nachfolger, etablierte die Militärdiktatur
in Rom. Eine neue »Nacht des Staates« kam herauf, und
Ciceros Name wurde auf die schwarzen Listen gesetzt. Er
zog sich aus Rom zurück, nicht auf sein zu nahe gelegenes
Tusculanum, sondern in seine entferntere Villa bei Formiae. Man identifiziert sie vielfach mit den Ruinen eines
römischen Hauses im Garten der Villa Rubino in Formia.
Ein alter Turm, aus rohen Steinen gefügt, steht noch heute
an der Straße zwischen Gaëta und Formia, ein antikes
Grabmal: Tomba di Cicerone, Grab des Cicero, heißt es.
Hier geht ein Steg zur Küste hinunter, und hier soll es gewesen sein, wo Cicero auf der Flucht von seinen Häschern
eingeholt wurde. Er ließ seine Sänfte halten und empfing
gefasst den Todesstreich, in der sicheren Überzeugung, seinen Grundsätzen bis zuletzt treu gewesen zu sein. »*Certe
omnes virtutis compotes beati sunt* – Mit Sicherheit sind
alle, die im Besitz der Tugend sind, glücklich«, hatte er in
den *Tuskulanen* gesagt.

Drittes Kapitel

Vergil in Mantua
Saturnische Erde

Mantua me genuit, Calabri rapuere, tenet nunc
Parthenope; cecini pascua, rura, duces.

Mantua gab mir das Leben, Kalabrien raubt' es, Neapel
birgt mich, Weiden besang, Felder und Helden mein
Lied.

(aus der Probusvita, Übers. J. u. M. Götte)

Diesen Grabspruch, der sein Leben und Werk in knapper Form zusammenfasst, soll Vergil sich selbst gedichtet
haben. Er steht heute als Inschrift am Palazzo del Broletto
in Mantua. Dort an der Fassade thront Vergil auch als
Gelehrter und Patron der Stadtrepublik Mantua als Statue
aus dem Jahr 1227. Als im Jahr 1981 der zweitausend-
ste Todestag Vergils begangen wurde, meldeten sich – neben Rom – die drei Regionen Italiens zu Wort, die dem
Grabspruch entsprechend eine besondere Beziehung zu
Vergil aufweisen können: Mantua, seine Vaterstadt, Brin-
disi, Brundisium im damaligen Kalabrien, wo er auf der

Publius Vergilius Maro. Vatikanische Museen, Rom

Rückreise von Griechenland einer Fiebererkrankung erlegen ist und wo es heute noch die Casa di Virgilio gibt, sowie Kampanien, Neapel mit Umgebung, wo der Poet lange Jahre seines Lebens verbracht hat und wo man auch sein Grab zeigt. Es war die Stimme Mantuas, die sich am nachdrücklichsten zu Gehör brachte: *Gli anni padani di Virgilio* (Luigi Alfonsi), die Jahre, die er in der Polandschaft verbrachte, in der Transpadana, haben ihm seine ersten, prägenden Eindrücke verschafft, die existentielle Erfahrung von Leid, Ungerechtigkeit und Gewalt, gegen die er leise, aber unbeirrbar in allen seinen Werken seine Stimme erhob, in den *Bucolica,* den *Hirtengedichten,* in den *Georgica,* dem Werk über den Landbau, und in seinem Epos *Aeneis.*

Am 15. Oktober 70 v. Chr. ist Publius Vergilius Maro in Andes bei Mantua geboren. Seine Heimat gehörte damals noch zur Provinz *Gallia cisalpina,* dem diesseitigen Gallien (Oberitalien). Wie bei Catull, der aus Verona stammt, ist auch bei Vergil anzunehmen, dass seine Eltern von römischen Siedlern abstammten. Wie uns die antiken Viten mitteilen, betrieb Vergils Vater Landwirtschaft und arbeitete außerdem noch als Töpfer. Auch heute sieht man in Oberitalien an manchen Bauernhäusern Töpferwaren ausgestellt. Die Mutter Magia Polla gebar ihren Sohn auf dem Felde; die Erde selbst diente ihm als Wiege. Das Kind wimmerte nicht, sondern lächelte: Es stand offenbar unter göttlichem Schutz. Die Eltern pflanzten der Sitte gemäß ein Pappelreis, das rasch zu einem hohen Baum heranwuchs. Von diesem Baumreis (lat. *virga*) leitet sich die Namensform Virgil ab, die noch heute in den angelsächsischen Ländern gebräuchlich ist. Sie erschien zuerst um 400 n. Chr., als Aelius Donatus, der Lehrer des hl. Hieronymus, seinen Vergil-Kommentar herausgab, dem er auch die Nachrichten der antiken Viten und die Geburtslegenden beifügte.

Vergil erwähnt seine Vaterstadt Mantua des Öfteren; ihr will er die Siegespalmen heimbringen, die er durch seine Dichtung gewinnt (*Georg.* 3,10 ff.). Sie war damals eine ländliche Kleinstadt, aber ehrwürdig durch ihr Alter: Manto, die wahrsagende Tochter des aus der griechischen Sage bekannten Sehers Teiresias, soll sie gegründet haben. Heute erinnert ein Denkmal in einem Park an den großen Sohn der Stadt, das 1930 zu Vergils 2000. Geburtstag gestiftet wurde und seine Herkunft aus jenen Jahren deutlich erkennen lässt. Von zeitloser Gültigkeit sind die huldigenden Verse Dantes auf dem Sockel des Denkmals: »Du bist mein Meister, bist mein Leitstern. Von dir allein nahm ich den schönen Stil, der mir Ehre eingebracht hat.« Dante und Vergil: »ein Flammenbogen, der von einer großen Seele zur andern überspringt«, so hat Ernst Robert Curtius die wundersame Begegnung der beiden Dichter genannt, wie sie sich in der *Göttlichen Komödie* spiegelt. An Vergil wird man auch im Palazzo Ducale erinnert, dem prächtigen Herzogspalast der Gonzaga mit seinem Trojasaal und der Aeneastreppe. Hier wird man freilich eher an den Herzog von Mantua in Verdis *Rigoletto* denken, doch auch er huldigt Vergil: »*La donna e mobile* – O wie so trügerisch sind Frauenherzen«, jene etwas verwunderliche Feststellung aus dem Munde eines notorischen Herzensbrechers, ist ein zum Sprichwort gewordener Vergilvers (*Aen.* 4,569 f.): »*Varium et mutabile semper femina*, – Wechselhaft und stets veränderlich ist das Weib.« Oder zitiert Vergil hier bereits einen volkstümlich-sprichwörtlichen Ausdruck?

Um Vergil und seinen »Anni padani« möglichst nahezukommen, sollte man vor die Tore der Stadt hinausfahren, zum Mincio und zur Gemeinde Virgilio mit dem kleinen Ort Pietole, der Anspruch darauf erhebt, das antike Andes zu sein, der Flecken, wo Vergil geboren wurde. Hier

kann man noch die ländliche Stimmung spüren, von der
Vergil spricht:

> Hast du ein wenig Zeit, so ruh dich aus hier im
> Schatten!
> Hier umsäumt mit schwankem Schilf der Mincio
> grünend
> Rings die Ufer, es summen aus heiliger Eiche die
> Bienen.

> (*Buc.* 7,10 ff., Übers. J. und M. Götte
> auch für die folgenden Stellen der *Bucolica* und *Georgica*)

Noch heute dehnen sich hier Kornfelder, Wiesen und
Weiden, auch die Bewässerungskanäle sind noch da, mit
kleinen Holzgattern als Schleusen, wie zu Vergils Zeiten:

> *Claudite iam rivos, pueri; sat prata biberunt.*

> Schließt die Kanäle nun, Knaben! Es tranken reichlich
> die Wiesen.

So schließt das dritte der zehn *Hirtengedichte* Vergils, der
Bucolica oder *Eklogen*, das einen Sängerwettstreit zweier
Hirten erzählt. Hier in dieser Gegend soll Vergil, so will
es die einheimische Tradition, mit dem Dichten begonnen haben: An einer Wegbiegung am Mincio findet man
den Stein, auf dem Vergil gesessen haben soll (vorsorglich
durch ein Drahtgitter vor Souvenirsammlern geschützt).
Man hat von hier einen freien Blick auf die Türme und
Kuppeln von Mantua. »Über die Wiege Vergils kam mir
ein laulicher Wind: Da gesellten die Musen sich gleich zum
Freunde«, schrieb Goethe in den *Venezianischen Epigrammen.*

Der Stein, auf dem Vergil gesessen haben soll, im Hintergrund der Mincio und Mantua

Das liebliche, fruchtbare Land um Mantua, sorgsam gepflegt und fleißig bearbeitet, wurde zur Seelenheimat Vergils. Aber es ist keine bukolische Ideallandschaft, wenn auch die Hirten und ihre Liebchen in den Eklogen klangvolle griechische Namen tragen wie Tityrus und Amaryllis. Sie erinnern damit an den Schöpfer der Hirtenpoesie, den sizilischen Griechen Theokrit (geb. 305 v. Chr.). Er gehörte zu den Alexandrinern, die so großen Einfluss auf die römischen Dichter ausgeübt haben, wie wir bei Catull sahen. Vergil übernimmt von Theokrit das Szenarium, die Hirten mit ihrem Leben und Lieben, die in ihrer Mußezeit den Musen huldigen und singen, dichten und musizieren. Statt in Sizilien, das inzwischen zu einem Großlandwirtschaftsraum mit Monokulturen geworden war, siedelt Vergil seine Dichtung in Arkadien an, der griechischen Schäferlandschaft, der Heimat des Hirtengottes Pan. Ein Hirte, der unter einem Baum im Schatten gelagert die Flöte bläst

– dies wurde zum typischen Bild der Bukolik und der
späteren »Schäferpoesie«. Aber bei Vergil erhält es eine
eigene Bedeutung:

> *Tityre, tu patulae recubans sub tegmine fagi*
> *silvestrem tenui musam meditaris avena:*
> *nos patriae finis et dulcia linquimus arva.*
> *nos patriam fugimus: tu, Tityre, lentus in umbra*
> *formosam resonare doces Amaryllida silvas.*

> Tityrus, du ruhst hier unterm Dach breitästiger
> > Buche,
> Übst auf kleiner Flöte ein Lied versonnen vom Walde.
> Wir aber lassen das Land der Väter, traute Gefilde,
> Müssen das Vaterland fliehen! Du, Tityrus,
> > lehnest im Schatten,
> Lehrest den hallenden Wald Amaryllis, die liebliche,
> > rufen.

> > > (*Ecl.* 1,1 ff.)

Meliboeus und Tityrus unterhalten sich, doch sie sind keine Hirten aus einem idyllischen Arkadien, sondern italische Kleinbauern im Hier und Jetzt. Der eine, der unterm
Baum sitzt und Flöte bläst, wird geradezu schmerzhaft
kontrastiert mit dem anderen, der fort muss, vertrieben
von Haus und Hof. Nur mühsam bringt er seine Ziegen
voran, eine von ihnen hat ihre gerade geborenen Zwillings-
lämmchen auf hartem Stein liegen lassen müssen. Vertrieben ist er, muss sein sorglich gepflegtes Land einem Soldaten überlassen, der es *impius*, ehrfurchtslos gegenüber der
Erde, übernehmen und verwildern lassen wird. Er selbst
aber, der frühere Besitzer, muss ins Ungewisse, irgendwo-
hin ans Ende der Welt, denn für ihn gibt es keinen Platz
mehr in der Heimat.

Wir befinden uns nicht in Arkadien, sondern in der leidvollen Gegenwart des Jahres 41 v. Chr. Wenn Vergil auf sein Mantua hinblickt, drängen sich ihm die Worte auf:

Mantua vae miserae nimium vicina Cremonae!

Mantua, wehe, benachbart zu sehr dem armen
Cremona!

(*Ecl.* 9,28)

In der Schlacht von Philippi 42 v. Chr. hatten Marcus Antonius und Octavian, der Erbe und Adoptivsohn Caesars, die Caesarmörder Brutus und Cassius besiegt. Beide verloren das Leben; der Traum von der Wiederherstellung der *res publica* war ausgeträumt. Antonius und Octavian errichteten eine Militärdiktatur; es folgten die berüchtigten Proskriptionen, »schwarze Listen« mit den Namen der Geächteten, die das Opfer von Mörderkommandos wurden. Der erste Name auf den Listen war der Ciceros. Er hatte in seinen *Philippischen Reden* zum Kampf für die Republik und gegen Antonius aufgerufen. Wenn sich die Machthaber im Sattel halten wollten, mussten sie nun die Soldaten zufriedenstellen. So wurden Veteranenansiedlungen durchgeführt, auch in Oberitalien in der Gegend von Cremona. Die dortige Landbevölkerung wurde entschädigungslos enteignet und musste ihr Land verlassen. Da sich die Gemarkung als zu klein erwies, wurde auch die Region Mantua einbezogen. Allenthalben zogen Männer und Frauen, Kinder und Greise fort in die Fremde, Heimatvertriebene im eigenen Land. Erschütternde Szenen ereigneten sich in Rom, wo die Vertriebenen mit Weinen und Wehklagen die Tempel umlagerten. Wie die Viten berichten, war auch Vergils Familie von diesem Schicksal betroffen. Freunde des Dichters verwendeten sich für ihn bei einem der führenden Männer, bei dem hochgebildeten Asinius Pollio, vielleicht bei Octavian selbst, und Vergil erhielt sein Hofgut zurück. Dies ist der Hintergrund des Gedichts von den beiden Hirten, von denen der eine bleiben darf, der andere aber vertrieben wird. »Ein Gott hat mir diesen Frieden geschenkt«, erklärt Tityrus auf die Frage des Meliboeus und erzählt, wie er in Rom einen Jüngling sah, der ihm wie ein hilfreicher Gott erschien, denn er gab ihm auf seine Bitten die Antwort:

Pascite ut ante boves, pueri, summittite tauros.

Weidet nur, Burschen, wie sonst eure Rinder, züchtet
euch Stiere!

Niemals wird sein Anblick aus seinem Herzen entschwinden, wie einem Gott will er ihm immer opfern. Wer ist der göttergleiche Jüngling in Rom, der eine solche Machtvollkommenheit besitzt? Es gab zu dieser Zeit nur einen, auf den dies zutrifft, Octavian, den jungen Caesar; er war verantwortlich für die Verwaltung Italiens und für die Veteranenansiedlung. Er war auch mitverantwortlich für die Greuel der Proskriptionen, das Leid und Elend, das ein abermaliger Bürgerkrieg nach Caesars Tod über die Welt gebracht hatte. Und in Vergils Gedicht wird er als junger Gott gepriesen? »Welcher Gott hat uns da diesen göttergleichen Jüngling gesandt?« Das ist die Stimme Ciceros in seiner 5. *Philippischen Rede* am 1. Januar 43. Damals versuchte Cicero lobend, bittend und beschwörend den machtgierigen jungen Caesar auf der rechten Bahn, das hieß auf der Seite der Republikaner, zu halten und ihn auf die Rolle eines göttergleichen Retters festzulegen – vergebens. Nun unternimmt Vergil das Gleiche: Sein Lob ist ein Appell, eine der kühnsten Hoffnungen, die je ein Dichter aus-

sprach, mit einer Kraft, die man als »utopische Energie«
bezeichnen kann (Albert von Schirnding). Vergil zeigt sich
nicht dankbar dafür, dass er sein Land zurückerhalten hat,
wie man zuweilen meinte – er richtet seinen Blick und den
des Lesers vielmehr auf den unglücklichen Hirten, mit
solch unvergesslichen Einzelzügen wie der leidenden Krea-
tur, der Ziege, die ihre Jungen verlassen muss. Tröstlich erscheint schließlich eine Geste der Mitmenschlichkeit, als
der Glückliche den Unglücklichen einlädt, wenigstens für
diese Nacht bei ihm zu bleiben. Aber auch dadurch wird
das Leid nicht gewendet in einer heillosen Welt. Das Gedicht schließt mit dem Bild des Dunkelwerdens, der Schatten, die von den hohen Bergen fallen.

Im berühmtesten aller Vergilgedichte, dem Lied von
der Geburt eines göttlichen Kindes und der Wiederkehr
des Goldenen Zeitalters, der 4. *Ekloge*, beschwört der Dichter Hoffnungsbilder herauf, Heilserwartung in einer Zeit,
die noch weit entfernt war von der Epoche, die wir heute
mit dem Namen Vergils verbinden, der augusteischen Zeit.
Ein *euangelion* ist es, eine gute Botschaft, und so hat man
es auch mit der Geburt Jesu Christi verknüpft. Man hat
aber auch, gerade heute, den fordernden Charakter der
Hoffnungsbilder betont, die nicht utopisch, das heißt ort-
los, bleiben sollen. Wer ist nun das geheimnisvolle göttli-
che Kind? Auf diese immer wieder gestellte Frage antwortet Hermann Broch in seinem Roman *Der Tod des Vergil*.
In seinen letzten Stunden erscheint dem Dichter neben
vielen quälenden Bildern auch eine tröstliche Vision: »Und
in der Mitte des Weltenschildes ward es erblickbar in un-
endlichster Tiefe, erblickbar zum letzten und doch auch
zum ersten Male: der kampflose Friede, das menschliche
Antlitz in kampflosem Frieden, erblickbar als das Bild des
Knaben im Arme der Mutter, vereint mit ihr zu trauernd
lächelnder Liebe.«

Mit der 4. *Ekloge* und ihrem hohen Ernst einer Welt-
alterschau tritt Vergil heraus aus seinem bisherigen Kreis;
die *res Romanae,* römische Geschichte und Roms Schicksal
lassen ihn nicht mehr los. Aber er verliert die Wiesen und
Felder am heimatlichen Mincio nicht aus seiner Sicht. Sein
künftiges Schaffen vergleicht er mit einem Tempel, den er
erbauen will am Ufer des Mincio, wo dieser »in gewunde-
nem Lauf langsam dahinzieht und die Ufer mit leichtem
Schilf beschirmt« (*Georg.* 3,13 f.). Es ist die passende Umgebung für ein Werk, das in der Erde verwurzelt ist: *Georgica, Vom Landbau.* Vergil will sich auf neue Bahnen wagen und als Erster die Musen vom Gipfel des Helikon nach
Italien geleiten. Das heißt, dass er die Nachfolge des Hesiod antreten will, der um 700 v. Chr. die Gattung des
Lehrgedichts im episch-hexametrischen Stil geschaffen hat.
Hesiod hatte als Dichter von sich selbst gesprochen, er hatte von seiner Dichterweihe erzählt, als ihn die Musen beim
Weiden der Schafe am Berge Helikon besuchten. In seiner
Dichtung, den *Werken und Tagen* (*Erga*) führt er die Welt
der Bauern im Jahreskreis vor, gibt Regeln und Ratschläge
für Saat und Ernte. Aber die *Erga* sind kein Bauernkalen-
der. Hesiod will darlegen, dass das Leben von Gerechtigkeit
getragen sein muss, von frommer Scheu gegenüber den
göttlichen Mächten. Er erzählt den Mythos von der Abfolge der Weltzeitalter: Wohl ist die Goldene Zeit längst vergangen, und die Menschen leben nun mit Mühen und Plagen im Eisernen Zeitalter, doch kann auch ihnen Segen
und Gedeihen zuteil werden, wenn sie

[...] jedem sein Recht, dem Fremden und Heimischen,
geben
Ganz und gerad und sich nirgends vom Pfad des
Rechten entfernen.

(*Erga* 224 f., Übers. A. von Schirnding)

Auch bei Vergil ist das Goldene Zeitalter längst vergangen,
doch blieben noch Spuren zurück von den *Saturnia regna*,
dem stillen, friedvollen Reich des Gottes Saturn, der einst,
von Jupiter vertrieben, nach Italien kam und hier eine milde, segensreiche Herrschaft errichtete. Daher ist Italien seit
alters ein Hort einfacher, ländlich-frommer Gesinnung, in
der einst die berühmten Ahnen aufwuchsen, ein Romulus
oder die Scipionen, und kraftvolle Stämme wie die Sabiner.
Vergil ist der erste Dichter ganz Italiens, dem er in den *Ge-*
orgica einen Hymnus widmet, die *laudes Italiae* (2,136 ff.).
Als seine Heimat, die gallische Provinz jenseits des Po, in
den Jahren um 40 v. Chr. ins römische Reich eingegliedert
wurde, war dies der Schlussstein zur Einigung Italiens,
dessen Einwohner insgesamt erst im Jahr 89 v. Chr. durch
die *Lex Plautia Papiria* das volle römische Bürgerrecht erhalten hatten. Vergil vermag Italien als Einheit zu sehen,
als ein gesegnetes Land: *Saturnia tellus*, die Saturnische
Erde, die Nährerin der Feldfrucht und Mutter tüchtiger
Männer (2,173 f.).

Aber wie beim »göttergleichen Jüngling« in den *Ek-*
logen mag man sich auch hier verwundern und fragen:
Ist denn Italien eine Saturnische Erde – jenes Italien, das
Vergils Freund Asinius Pollio im Jahr 43 als verwüstet
und verödet bezeichnete, ein Opfer der endlosen Bürgerkriege?

Auch Vergil weiß dies; er beklagt, dass die Fluren brach-
liegen, die Sichel zum Schwert geschmiedet wurde und
gottloser, brudermörderischer Krieg auf der Erde wütet.
Wieder ist es die »utopische Energie«, die hinter Vergils
Worten steht. Italien, das von der Natur gesegnete Land,
muss wieder zur Saturnischen Erde werden. Und abermals
wendet er sich mit Lob und Appell an den *iuvenis*, den
Jüngling, der dem *eversum saeculum*, der aus den Fugen
geratenen Welt, zu Hilfe kommen soll:

Di patrii indigites et Romule Vestaque mater,
quae Tuscum Tiberim et Romana Palatia servas,
hunc saltem everso iuvenem succurrere saeclo
ne prohibete [...]
quippe ubi fas versum atque nefas: tot bella per orbem,
tarn multae scelerum facies; non ullus aratro
dignus honos, squalent abductis arva colonis,
et curvae rigidum falces conflantur in ensem.

Stammväter, Vaterlandsgötter! Du, Romulus, du,
                                    Mutter Vesta,
Die du den uralten Tiber und Roms Palatium schirmest,
Diesen Herrscher im Jugendglanz, wollt ihn doch nicht
                                    hindern
Retter zu sein der zerrütteten Welt!
Hier ist Recht ja und Unrecht verkehrt. Wie die Kriege
                                    auf Erden
Wachsen, so heben ihr Haupt in grausiger Zahl die
                                    Verbrechen.
Niemand ehrt noch den Pflug. Fort muss der Bauer,
                                    die Fluren
Liegen verödet. Man glüht zum mordenden Schwerte
                                    die Sichel.

(*Georg.* 1,498 ff.)

Während der jugendliche Herrscher sich mit Hilfe der
Götter um den Frieden bemühen soll, will er, der Dichter,
in seinem Gedicht erzählen vom Ackerbau, von der Pflege
der Bäume, von Weinbau und Viehzucht, auch von der
Vorbildlichkeit des Bienenstaates – von den friedlichen Tätigkeiten des Menschen, der die Erde kultiviert und im
Rhythmus eines naturgemäßen Lebens zu sich selbst findet. Dass dies keine »Agrarromantik« ist, sondern ein
ernstes Anliegen, verstehen wir heute besser als vergangene Generationen.

Während Vergil die *Georgica* vollendete, hatte sich die Welt verändert. Noch einmal forderte die Bürgerkriegsfurie blutige Opfer: Die einstigen Freunde und Bündnispartner Antonius und Octavian hatten sich zerstritten und kämpften um die Vorherrschaft. Im Jahr 31 wurde der Kampf endgültig entschieden: Octavian, der Führer Italiens, siegte in der Schlacht von Actium gegen Antonius, den Herrn des Ostens, und dessen Gefährtin und Kampfgenossin Kleopatra. Beide gaben sich nach der Einnahme von Alexandria den Tod. Auf der Rückreise nach Rom trifft Caesar Octavian mit Vergil zusammen, der ihm sein Gedicht vom Landbau vorträgt. Maecenas, Gönner des Vergil und Freund des Octavian, hatte die Begegnung vermittelt. Eine denkwürdige Zusammenkunft, denn noch bevor der Sieger in Rom eintrifft und dort seinen großen Triumph feiert (*feriae Augusti*, Ferragosto), stellt ihm der Dichter vor Augen, was nach dem militärischen Sieg nun seine Aufgabe ist: eine neue Ordnung im Innern zu schaffen, das Fundament zu legen für eine bessere Zukunft – einen dauerhaften Frieden, damit die Erde in Ruhe bebaut werden kann. Schon in den *Eklogen* hatte Vergil von dem Pflanzen von Bäumen und dem Aufziehen von Stieren gesprochen und damit eine lange, ungestörte Friedenszeit gefordert. In den Viten heißt es, Vergil und Maecenas hätten sich abgewechselt beim Vortrag des langen Werkes in vier Büchern. Und der Hörer Octavian stimmte sich ein auf das Werk des Friedens – und auf eine neue Existenz als Augustus, der Erhabene – ein anspruchsvoller Ehrentitel, der ihm verliehen wurde und für den Goethes Wort gilt: »Erwirb ihn, um ihn zu besitzen!«

Und Augustus war in der Tat nicht mehr Octavian, der skrupellose Machthaber zur Zeit der Proskriptionen. Er bemühte sich nach Kräften, die Wunden des Bürgerkriegs zu heilen. Die neue Staatsform, die er Rom gab, war aus seiner Sicht die wiederhergestellte Republik, die aber gegen Missbrauch, das heißt Parteienhader und neuen Bürgerkrieg, gesichert war durch eine monarchische Spitze. Sie wurde verkörpert durch den Princeps, wörtlich der Erste Mann, ein »Staatspräsident« mit weitreichenden Vollmachten und dem Oberbefehl über die Heere. Dieser Prinzipat sollte für Jahrhunderte Bestand haben und auch unfähige Träger überdauern. Dass er nicht mehr die *res publica* der Vorfahren war, dass die Meinungsbildung nicht mehr auf dem Forum in der Öffentlichkeit stattfand, sondern in Gremien, die Augustus überwachte – das mochten die Spätergeborenen beklagen, die nicht unter dem Elend eines jahrzehntelangen blutigen Bürgerkriegs gelitten hatten. Die *Pax Augusta* ließ die ganze römische Welt aufblühen, und wir vermögen noch heute in den antiken Ruinen der Städte rings ums Mittelmeer die Spuren einer friedlichen Zeit zu erkennen, in der es sich angenehm leben ließ, oft besser als in vorausgegangenen und sogar in nachfolgenden Epochen. *Saturnia tellus,* die friedliche, segenspendende Erde Vergils wird zum Bildnis in der Gestalt der *Tellus* an der *Ara pacis,* dem Friedensaltar des Augustus in Rom.

Von seiner Seelenlandschaft Arkadien, mit den Zügen seiner Heimat um Mantua, ging Vergils Blick auf Italien, die *Saturnia tellus magna virum,* das fruchtbare Land, zugleich die Heimat tüchtiger Männer der Vorzeit. Auch hier spielt also das Geschichtliche hinein, Geschichte und Mythos. Hierher kommt der Held von Vergils größtem Werk, seiner *Aeneis.*

Arma virumque cano Troiae qui primus ab oris
Italiam fato profugus Laviniaque venit
litora

Singen will ich von Kämpfen und von dem Mann, der
zuerst von
Trojas Gestade, vom Schicksal verbannt, zu Laviniums
Küste,
Nach Italien kam –

(*Aen.* 1,1 ff., Übers. W. Plankl / K. Vretska)

Vergil lässt seinen Trojanerhelden Aeneas jedoch nicht sogleich an »Laviniums Küste« landen, in der Gegend des
späteren Rom, wohin ihn Sage und Dichtung früherer Zeiten geführt hatten. Vergils Aeneas betritt Italien zuerst bei
Cumae. Dort landet die Flotte, und während die Mannschaft für das Nötige sorgt, steigt ihr Führer, der *pius Aeneas*, zur Akropolis von Cumae hinauf, zum ragenden Heiligtum des Apollo, und wendet sich dann zur Grotte der
Sibylle. Von der Seherin geführt, tritt er den Weg in die
Unterwelt an, wo er seinen Vater Anchises trifft. Dieser
kündet ihm sein Schicksal und seine Bestimmung. Im
»Abstieg zu den Vätern« wird Aeneas vom Trojaner zum
Römer; er legt die Last der Vergangenheit ab und erhält
die Einweihung zu einem neuen Leben, einem Leben voller
Kampf und Mühsal, aber letztendlich im Einklang mit einer höheren Ordnung, seien es die Götter, die Vorsehung
oder die Geschichte.

Vergil benutzt die Gegend um Neapel als Bühne für
das sechste Buch der *Aeneis,* den Kern- und Angelpunkt
seines Epos. Er selbst hatte hier, zwischen Neapel und Puteoli, seinen Aufenthalt genommen; das milde Klima
Kampaniens war seiner schwachen Gesundheit auf die
Dauer zuträglicher als die heimatliche Poebene mit ihren
feuchten und kalten Wintern. In einem Vergil zugeschrie-
benen Gedicht ist die Rede von seinem Freund und Lehrer,
dem epikureischen Philosophen Siro, und dessen Häus-
chen, das er, Vergil, nun dankbar bewohnt. Hier lebte und

Ara Pacis. Relief der Tellus

dichtete er, dem epikureischen Lebensideal entsprechend, in stiller Zurückgezogenheit. Die von der Philosophie erstrebte *galḗnē*, die »Meeresstille der Seele«, hatte er mit dem Blick auf den Golf von Neapel gewissermaßen bildlich vor Augen. Die nähere und weitere Umgebung mit ihren zahlreichen geschichts- und mythenträchtigen Orten bot ihm vielerlei Anregungen. Baiae erinnerte an Baius, den Steuermann des Odysseus. Das Kap Misenum hatte seinen Namen von Misenus, dem Trompeter des Aeneas, der hier, wie ein Sühnopfer zur Beschwichtigung der Götter, kurz vor der Landung den Tod gefunden hatte. Das altehrwürdige Cumae, im 8. Jahrhundert v. Chr. gegründet, war die älteste und nördlichste Griechensiedlung auf dem italischen Festland. Zu ihr gehörte die Tochtergründung Parthenope mit ihrer Neustadt Neapolis. Auch den Kult des Apollon hatten die Griechen aus ihrer Heimat mitgebracht, und seit dem 5. Jahrhundert befand sich hier ein Orakelheiligtum des Gottes, in dem, ähnlich wie in Delphi, eine Priesterin in göttlicher Ekstase weissagte. Während dort die Pythia waltete, war es hier eine der prophetischen weisen Frauen, die ihren Namen Sibyllen daher hatten, weil sie *Diòs boulé*, den Ratschluss des Zeus, verkündeten. Sie hatten meist ihren Sitz in Griechenland oder im griechischen Osten; eine der Sibyllen von Cumae aber soll es gewesen sein, die dem römischen König Numa uralte Schriftrollen mit wichtigen Weissagungen und Prophezeiungen gebracht hatte. Diese *Sibyllinischen Bücher* gehörten seitdem zum religiösen Schatz der Römer und wurden in Kriegszeiten und Gefahrensituationen befragt. Augustus gab ihnen ihren Platz im neuerbauten Apollotempel auf dem Palatin.

Auf der Akropolis von Cumae sind noch Ruinen des Apollotempels zu sehen; die Sibyllengrotte, vielfach ins Reich der Fabel verwiesen, wurde 1932 von dem neapolitanischen Archäologen Amedeo Maiuri wiedergefunden. Sie besteht aus einem langen, trapezförmigen Gang, der in den Tuffstein hineingehauen ist. Er wird durch seitliche Öffnungen erhellt und mündet in eine große, gewölbte Halle, zu der noch drei Nischen gehören. Hier saß die Sibylle und verkündete den Ratsuchenden das Orakel.

Excisum Euboicae latus ingens rupis in antrum,
quo lati ducunt aditus centum, ostia centum;
unde ruunt totidem voces, responsa Sibyllae.

Ausgehaun ist die Wand des euboeischen Felsens zur
Höhle,
Wo man durch hundert geräumige Gänge und Tore
hineingeht,
Hundertfältig bricht auch hervor der Spruch der
Sibylle.

(*Aen.* 6,42 ff., Übers. Plankl/Vretska)

Die umgebende Landschaft mit dem düsteren Avernersee und den vulkanisch brodelnden Phlegräischen Feldern bietet den Schauplatz für die Unterweltszenen des 6. Buches. Schon in griechischer Zeit lokalisierte man hier den Eingang in die Unterwelt: *aornós,* vogellos, hieß der See, weil wegen der Schwefeldämpfe aus unergründlicher Tiefe kein Vogel darüberfliegen könne. Vergil hat seine Unterweltlandschaft als ein großartiges Phantasiegemälde geschaffen, in dem man immer wieder Blicke auf die reale Umgebung zu erkennen glaubt. Der mythenumwobene See war freilich 37 v. Chr. von Agrippa, dem Feldherrn des Augustus, mit dem Lukriner See verbunden und zum Kriegshafen Portus Julius ausgebaut worden. Die Verbindung nach Cumae wurde durch einen Tunnel hergestellt, der, heute noch

Apollotempel von Cumae

erkennbar, durch den Monte Grillo führte. Die in diesem
Hafengebiet gebaute Flotte und die hier trainierte Mannschaft errang schließlich den endgültigen Sieg im Bürgerkrieg in der Seeschlacht von Actium. Zur nun folgenden
Friedenszeit gehörte es auch, dass das Seengebiet wieder
»entmilitarisiert« wurde. Vergil nimmt es gleichsam erneut in Besitz, wenn er hier seinen Helden mit der Sibylle
in den Gefilden der Unterwelt wandeln und ihn mit seinem
Vater Anchises sprechen lässt.

Von Troja nach Italien, von der Vergangenheit in die
Zukunft führt der Weg des Aeneas. Die erste Hälfte des
Epos hat mit ihren farbigen, fesselnden Episoden stets das
vorrangige Interesse der Leser auf sich gezogen: Hier finden sich die Erzählungen von der Flucht des Aeneas mit
Vater und Sohn aus dem brennenden Troja, die unglückli-
che Liebesgeschichte mit Dido in Karthago, der Gang des
Aeneas in die Unterwelt und die Begegnung mit dem Vater
und mit Roms Geschichte. Der zweite Teil aber handelt
von Italien, leidvolle Kämpfe gehen der endlichen Einigung
voraus. Die Blüte der italischen Jugend wird aufgerieben in
blutigen Schlachten: ein Pallas und Lausus, die Freunde
Nisus und Euryalus, die Heldenjungfrau Camilla und der
Fürst Turnus. Immer wieder scheint eine friedliche Einigung, ein Waffenstillstand greifbar nahe, doch dann tritt
die Höllenfurie Allecto selbst auf, um das Bündnis zu
sprengen, und das Morden geht weiter. Warum quält Vergil, der nach allem, was wir wissen, eine sanfte, leicht ver-
letzliche Seele war, seine Leser mit endlosen, blutigen
Kampf- und Schlachtgeschichten? Glaubte er an die Furie
Allecto? Vergil fasst Leben und Geschichte in Bilder; Allecto erscheint ihm als die Verkörperung der dämonischen
Kräfte im Menschen, die, stärker als jede Vernunft, immer wieder verheerend aus seinem Innern hervorbrechen.
Worum war es in den Bürgerkriegen gegangen? Warum

hatten sich Caesar und Pompeius, Schwiegervater und Schwiegersohn, entzweit, warum hatte Caesar eine ganze Welt in seinen Streit hineingerissen? Warum hatten Antonius und Octavian, auch sie verschwägert, ihr Bündnis aufgekündigt und Roms Männer auf dem Schlachtfeld verbluten lassen? Auch wir Heutigen wissen im Grunde, trotz aller Bemühungen der Historiker und Psychologen, keine Antwort auf die Frage, warum der Mensch immer wieder andere und letztlich sich selbst zerstört.

Was die dämonischen Kräfte in der Welt bewirken, wird schließlich jedoch zur Geschichte. Am Ende des 7. Gesanges lässt Vergil die Völker Italiens mit ihren tapferen Führern vorüberziehen, zum Kampf gegen Aeneas und seine Bundesgenossen. Wie hier im Mythos, so kämpften in der Geschichte Sabiner, Volsker und Samniten gegen die Latiner, dann Römer gegen Latiner, bis alle schließlich ein Volk bildeten. Das Gleiche gilt für die Gallier, für die Bewohner von Vergils Heimat, die nun alle stolz darauf sind, Italiker und Römer zu sein: ein paradoxes Faktum der Geschichte, das Vergil, noch in einer Provinz geboren, besonders empfand und einer eindringlichen Darstellung für wert hielt.

Tantae molis erat Romanam condere gentem.

So vieler Mühe bedurfte die Gründung des römischen
Volkes.

(*Aen.* 1,33)

Die Geschichte in ihrem Verlauf einerseits und das leidvolle Kämpfen und Ringen der Menschen andererseits hat Vergil zum Schluss seines Epos in einer Handlung auf zwei Ebenen dargestellt. Die Götter, die den Krieg geschürt haben, versöhnen sich lächelnd und planen die Zukunft: Friede, Bündnis und Hochzeitsfest, italische Mannesstärke

als Kern künftiger römischer Größe – unten auf der Erde
aber stirbt noch der Fürst Turnus, und mit seinem Tod
schließt düster das Epos:

> [...] *ast illi solvontur frigore membra*
> *vitaque cum gemitu fugit indignata sub umbras.*

> [...] da löste der Tod ihm kältend die Glieder,
> Und aufseufzend entfuhr sein grollender Geist zu den
> Schatten.
>
> (*Aen.* 12,951 f., Übers. A. Vezin)

Wo bleiben Bündnis und Hochzeit, das Zusammenwachsen
der Völker? Vergil hat darauf verzichtet, es darzustellen, es
bleibt als Aufgabe für die Spätergeborenen: das Römervolk
zu gründen oder es neu zu begründen nach Kampf und
Bürgerkrieg und die »viele Mühe« zu leisten, die dazu nötig ist.

Als die *Aeneis* fast abgeschlossen war, begab sich Vergil
auf eine Reise, die ihn nach Griechenland und in den griechischen Osten führen sollte, wo er die Stätten seines Epos
in Augenschein nehmen und dem Werk den letzten Schliff
geben wollte. Unterwegs erkrankte er an einem Fieber und
kehrte um. In Brundisium starb er am 21. September
19 v. Chr. Am Hafen, wo eine Säule das Ende der Via Appia
markiert, befindet sich ein Denkmal des Dichters und dahinter die Casa di Virgilio, ein größeres Gebäude. Es steht
auf den Grundmauern eines antiken Hauses, das als Vergils Sterbehaus angesehen wird. Eine zum 2000. Geburtstag Vergils im Jahr 1930 dort angebrachte Inschrift besagt,
dass der Dichter hier zum letzten Mal die *Saturnia terra*,
seine Heimat, grüßte.

Sein Grab wollte Vergil aber dort finden, wo er gelebt
hatte: »*nunc me tenet Parthenope* – jetzt birgt mich Neapel«, heißt es in seinem Grabspruch. Dass der Dichter

Grabmal des Vergil in Neapel

wirklich dort bestattet war, bezeugen Martial sowie Plinius der Jüngere, der in einem Brief von seinem Zeitgenossen, dem Dichter Silius Italicus, erzählt. Dieser beging feierlich den Geburtstag Vergils, »meist in Neapel, wo er dessen Grabmal wie einen Tempel zu besuchen pflegte« (*Ep.* 3,7,8). Die Tomba di Virgilio findet man heute in einem schönen kleinen Park am Hang des Posillipo. Ob der Ort wirklich die Begräbnisstätte des Dichters ist? Einer der Besucher, Johann Gottfried Seume, der hier auf seinem *Spaziergang nach Syrakus* vorbeikam, sagt dazu, er wolle sich nun einmal daran halten: »Man hat für manchen Glauben weit schlechtere Gründe: und also glaube ich, dass dies Maros Grab sei.« Die Urne in einem antiken Grabturm enthält heute keine sterblichen Überreste des Dichters mehr, sondern Heimaterde aus Pietole. Amerikanische Latinisten haben 1930 eine Porträtbüste Vergils aufgestellt, und 1939 wurde der große Lyriker Giacomo Leopardi hierhin umgebettet. Neben Vergil sollte er, den im Leben Melancholie und Unruhe gequält hatten, nun endlich Ruhe finden. Vergils *Saturnia tellus*, die reiche, von ihm so gepriesene Natur Italiens, hat diesen seiner Erinnerung geweihten Platz seinen Worten entsprechend ausgeschmückt:

hic ver adsiduum atque alienis mensibus aestas –

Hier blüht dauernder Lenz, hier strahlt fast zeitloser Sommer.

(*Georg.* 2,149)

Viertes Kapitel

Horaz in den Sabinerbergen
»Lachend die Wahrheit sagen«

In den Sabinerbergen, nordöstlich von Tivoli, beim Ort und Flüsschen Licenza, liegt das Landhaus des Horaz. Der Dichter hat sein Sabinergut so oft erwähnt und so eingehend geschildert, dass wir uns inmitten der Ausgrabungen auf Schritt und Tritt an seine Verse erinnern können.

Hoc erat in votis: modus agri non ita magnus,
hortus ubi et tecto vicinus iugis aquae fons
et paullum silvae super his foret. auctius atque
di melius fecere. bene est. nil amplius oro
Maia nate, nisi ut propria haec mihi munera faxis.

Mein höchster Wunsch war einst ein kleines Feld,
ein Garten, eine Quelle nah am Hause,
und etwas Wald dazu: die Götter haben mehr
und Bessers mir gegeben. Mir ist wohl,
ich bitte weiter nichts, o Majens Sohn,
als dass du mir erhaltest, was du gabst.

(*Sat.* 2,6,1–5, Übers. Chr. M. Wieland)

Das Horazdenkmal in seinem Geburtsort Venosa

So schrieb Horaz 35 v. Chr., als er das erste Buch seiner *Satiren* veröffentlicht und von seinem Gönner Maecenas die ländliche Villa zum Geschenk erhalten hatte. Horaz ist ihm dankbar; im Gedicht jedoch gilt der Dank Merkur, dem Sohn der Maja. Er ist der Gott der guten Gaben und des glücklichen Beistandes. Der Dichter wahrt seine innere Unabhängigkeit, die er sich schwer genug errungen hatte.

Als ein Niemand aus der Provinz ist er am 8. Dezember 65 v. Chr. in Venusia, dem heutigen Venosa, geboren, an der Grenze zwischen Apulien und Lukanien. Heute ist man dort stolz auf den berühmten Sohn der Stadt und zeigt den Fremden das Horazdenkmal (das freilich erst 1935, zu seinem 2000. Geburtstag, gesetzt wurde) und die Casa di Orazio, ein Haus auf den Grundmauern eines antiken Bauwerks. Die Benennung geht auf die Humanisten zurück, die allenthalben in Italien die Spuren antiker Lebensläufe suchten. Ob die Einwohner des antiken Venusia die Erinnerung an das Haus pflegten, in dem der Dichter geboren wurde, ist ungewiss. Als Quintus Horatius Flaccus hier geboren wurde, zollte man ihm jedenfalls keinerlei Beachtung. Denn er war nichts weiter als der Sohn eines Freigelassenen. Sein Vater war »Staatssklave« gewesen, also ein unfreier Gemeindearbeiter. Er hatte sich dann aus dem Sklavenstand freikaufen können und gehörte fortan zu den Freigelassenen, die kein römisches Bürgerrecht besaßen und nur mindergeachtete Berufe ausüben durften. Horatius der Vater war *coactor*: Er kassierte und verwaltete die Gelder bei Auktionen.

Und er kümmerte sich ausgiebig um die Erziehung und Ausbildung seines Sohnes. Die Mutter war wohl früh gestorben, und der Vater bemühte sich, die Rolle beider Eltern zu übernehmen. Zunächst besuchte der junge Horaz die Grundschule in Venusia. Dann aber wollte der Vater trotz seiner recht bescheidenen Verhältnisse den Sohn

Casa di Orazio in Venosa

nicht in die örtliche Oberschule geben, die von den Söhnen
der Honoratioren besucht wurde. Er hatte die Kühnheit,
seinen Sohn auf die Schule nach Rom zu schicken. Sein
Sprössling sollte das Gleiche lernen wie die Söhne eines
römischen Ritters oder Senators. Und damit nicht genug –
der Vater gab seine Stelle auf und zog mit dem Sohn nach
Rom. Dankbar erinnert sich Horaz später der treuen Für-
sorge des Vaters, der ihn mit allem Nötigen ausstattete, so
dass man ihm den Provinzler nicht anmerkte, der ihn aber
auch mit sicherer Hand vor den Gefahren des Großstadt-
lebens bewahrte. Dabei erwartete er keineswegs, dass der
Sohn eine große Karriere machte, in deren Glanz er sich
sonnen konnte. Auch wenn Horaz den gleichen Beruf ausüben würde wie er selbst, sollte es den Vater nicht gereuen,
seinem Sohn zu diesen Studien verholfen zu haben: Bildung statt Ausbildung.

    Die Erziehungsgrundsätze von Horaz senior sind heute
noch bemerkenswert: »Dass ich frei bin von schweren Feh-

lern, die einen Menschen ins Verderben stürzen, und nur
leichtere, verzeihliche Schwächen habe, an denen ich arbei-
te, das verdanke ich meinem Vater«, sagt Horaz. Bei ihm
gab es keine starren Regeln; er stellte dem Sohn vielmehr
Beispiele vor Augen, die für sich selbst sprachen. So sagte
er: »Siehst du nicht, wie elend der junge Albius lebt, und
wie kümmerlich der Bajus? Eine deutliche Mahnung, das
väterliche Gut nicht zu vergeuden!« Um den jungen Horaz
vor verhängnisvollen Liebschaften zu bewahren, verwies er
ihn auf junge Männer, die sich dabei ruiniert hatten, und
meinte: »So willst du doch nicht werden!« Und der Vater
fügte hinzu: »Wenn du einmal Philosophie studierst, wird
man dir die Gründe dafür sagen, was du zu erstreben und
was du zu vermeiden hast. Mir soll es genügen, nach alter
bewährter Sitte dein Leben und deinen guten Ruf zu bewahren, solange du eines Hüters bedarfst. Bist du erst einmal älter und gestärkt an Leib und Seele, dann wirst du
schon ohne Kork schwimmen« (vgl. *Sat.* 1,4,105 ff.).

Als ein Erzieher, der auf die Einsicht und Urteilsfähig-
keit seines Zöglings baut und damit dessen Reife fördert,
hat der Vater des Horaz seinem Sohn die besten Grundla-
gen gelegt. Die Art, wie Horaz später in seinen *Satiren*
und *Episteln* spricht – undoktrinär, freundschaftlich, aber
ohne sich anzubiedern –, geht auf die Schulung durch den
Vater zurück. Dieser ermöglichte ihm auch noch ein Philo-
sophiestudium in Athen, der Hohen Schule der antiken
Welt. Ein wenig Sehnsucht nach den unbeschwerten Studi-
enjahren schwingt mit in den Erinnerungen des Horaz an
das »liebe Athen«, wo er sich in die Philosophie versenkte.
Hier aber griff das Schicksal in sein Leben ein: »Harte Zeiten vertrieben mich von dem angenehmen Ort, ohne Erfahrung in den Waffen rissen mich die Wogen des Bürgerkriegs hinweg« (*Ep.* 2,2,43 ff.). 43 v. Chr., ein Jahr nach
Caesars Ermordung, stellten die Tyrannenmörder Brutus

und Cassius im Osten des Reiches Truppen auf gegen
Octavian, den Adoptivsohn Caesars, und Marcus Antonius,
Caesars General. Die jungen Männer verließen die Hörsäle
und sammelten sich auf Seiten des Brutus unter dem Banner der Freiheit. Auch Horaz wurde mitgerissen, Begeisterung sollte offenbar die Unkenntnis im Waffenhandwerk
ersetzen, denn er erhielt sogleich eine Kommandostelle als
Militärtribun im Stabe des Brutus.

Die Niederlage von Philippi im Jahre 42 v. Chr. und der
Tod von Brutus und Cassius machen allen Freiheitsträu-
men ein Ende. Wer sich aus der Schlacht retten kann, verliert sein Hab und Gut und den Anspruch auf öffentliche
Ehren und Ämter. Horaz fristet sein Leben als Sekretär
(*scriba quaestorius*) bei der Staatskasse. »Mit gestutzten
Schwingen, völlig am Boden«, wie er sagt, begann er dennoch »mit der Kühnheit der Jugend« zu dichten. Im Früh-
jahr 38 schlägt seine große Stunde. Er darf sich bei Maecenas vorstellen, dem großen Förderer der Literaten, der als
Freund des Siegers Octavian auch politisch großen Einfluss genießt. Wie kam es zu diesem Glücksfall? Hat Horaz, wie moderne Autoren mehr oder weniger ernsthaft
behaupten, die Rückseiten der von ihm ausgestellten amt-
lichen Rechnungen mit eigenen Gedichten verziert, durch
die man auf ihn aufmerksam wurde? Diente er sich durch
Preisgedichte dem Machthaber Octavian oder dessen
Freunden an? Horaz selbst erklärt, die Begegnung mit
Maecenas sei kein Zufall gewesen; Vergil, der damals
schon Berühmte und von Maecenas Geförderte, habe ihn
empfohlen. Sicher hat Horaz an einem der Literatentreff-
punkte in Rom seine Gedichte vorgetragen, und er hat
nicht nur durch seine Poesie Aufmerksamkeit und Wohlwollen erregt, sondern auch durch sein ganzes Wesen.
Denn es gelang ihm, die lebenslange Freundschaft zuerst
des Vergil, dann des Maecenas und schließlich des Octavi-

an-Augustus zu erringen. »Ein ganz und gar liebenswürdiges Menschenkind« hat ihn der Princeps Augustus in einem Brief genannt.

An seine erste Begegnung mit Maecenas erinnert sich Horaz in einer seiner frühen *Satiren* (1,6). Er ging zu diesem »Vorstellungsgespräch« mit Zittern und Zagen. Was hatte er vorzubringen? Da gab es keinen Vater in hohen Ämtern, kein altererbtes Landgut, das er auf einem edlen Ross umreitet, im Krieg hatte er keine Lorbeeren geerntet, sondern auf der Verliererseite gestanden. Er erzählte ganz einfach, wer er war, und berichtete von seinem Vater und was dieser für ihn getan hatte. Maecenas antwortete seiner Gewohnheit gemäß nur wenig, ließ den jungen Dichter aber nach einiger Zeit wieder zu sich rufen und nahm ihn in seinen Freundeskreis auf. Als *conviva*, Tischgenosse des Maecenas, war er nun von materiellen Sorgen befreit. Horaz bekennt seine Dankbarkeit, dass ein solch vornehmer Herr wie Maecenas, der seine Herkunft von den etruskischen Königen ableitet, ihn so vorurteilslos zu seinen Freunden zählt. Maecenas sieht nicht herab auf ihn, den Sohn eines Freigelassenen: *libertino patre natum*. Mehrmals bezeichnet sich Horaz mit diesem Ausdruck und lässt erkennen, dass andere sehr wohl auf ihn herabschauten und ihn ihre Geringschätzung und dann auch ihren Neid spüren ließen.

Horaz aber hat in seiner Dichtung nun ein Mittel, sich selbst darzustellen und alle Angriffe elegant abzuwehren. Er wählt die Literaturgattung der Satire, eine Gedichtform in Hexametern, die in ihrem Charakter der Prosa nahesteht. Sie bot ihm ein breites Spektrum von Ausdrucksmöglichkeiten, denn die römische Satire besteht aus einer unterhaltsamen Mischung von Geschichten aller Art, mit Spott und Kritik an den Schwächen der lieben Zeitgenossen. Horaz nennt seine Satirensammlung *Sermones, Ge-*

spräche, und betont damit, dass es ihm auf die Beziehung zu einem Gegenüber ankommt. Er will nicht scharf und besserwisserisch von hoher Warte herab urteilen und verurteilen, sondern, wie es ihn einst sein Vater gelehrt hatte, anhand von Beispielen auf die rechte Lebensführung hinweisen. Die väterlichen Lebensmaximen wurden von Horaz noch durch die Philosophie vertieft. In Athen hatte er alle philosophischen Schulen kennengelernt und sich von jeder das ihm Gemäße angeeignet. *Iurare in verba magistri,* auf die Worte eines Meisters zu schwören, widerstrebte ihm. Heimisch fühlte er sich am ehesten bei den Jüngern Epikurs. Die Epikureer waren keine hemmungslosen Genussmenschen, wie man ihnen oft unterstellte, denn eine Hingabe an Sinnenlust und Leidenschaften würde ja gerade jene innere Seelenruhe stören, die als ihr oberstes Ziel galt. Durch rechte Einschätzung der Güter des Lebens und ihren besonnenen Gebrauch kann der Mensch weise werden und die Ataraxie, das unerschütterliche Ruhen in sich selbst, gewinnen. Abseits des Weltgetriebes, im Kreise gleichgesinnter Freunde, soll sich der Jünger Epikurs um das Ideal der Seelenruhe bemühen. Für Horaz bildete die Freundschaft mit Maecenas Stütze und Halt seines Lebens. Viele Gedichte sind an ihn gerichtet, in Form einer Widmung, wie die Ode 1,1:

> *Maecenas atavis edite regibus,*
> *o et praesidium et dulce decus meum.*

> Maecenas, uralter Könige Spross
> mein Hort und meine Freude im Leben.

Zum andern ist Maecenas aber auch als Ansprechpartner gedacht, als der ideale Hörer und Leser, mit dem gemeinsam Horaz die Probleme der rechten Lebensführung besprechen möchte. So beginnt er die erste seiner Satiren mit der Frage an Maecenas, warum denn kein Mensch mit seinem Los zufrieden sei. Jeder glaubt, der andere sei besser dran, und alle schaffen und raffen und plagen sich – angeblich doch nur, damit sie schließlich einmal genug haben, um sich's wohl sein zu lassen. Wie die Ameise wollen sie es machen, die sich Vorräte ansammelt. Aber die Ameise ist klüger als die Menschen: Zu gegebener Zeit genießt sie die Ruhe und tut sich an ihrem Vorrat gütlich. Die Menschen jedoch hetzen und jagen ständig weiter. Warum kommt denn jener Zeitpunkt nie, für den sie sich so abmühen? Sie behaupten: »Nichts ist genug! Was einer hat, das gilt er, und nicht mehr!« Hören wir Horaz dazu, in der Übersetzung von Christoph Martin Wieland, der den römischen Hexameter in freie Jamben umgeformt hat, um den leichten Gesprächston des Originals beizubehalten: »Was ist mit solchen Leuten anzufangen? / Lass sie doch elend sein, wofern sie es / so gerne sind. Weißt du denn / nicht, was das Geld gilt? Nicht wozu es gut ist? / Dass Brot, Gemüse und ein Quentchen Wein / dafür zu haben sind, und manches andre / was sich die menschliche Natur nicht gern / versagen lässt. Wie? Sollte dir's soviel / Vergnügen machen, Tag und Nacht, entseelt vor Angst und ohne Schlaf, vor Dieben / und Feuersbrünsten dich zu fürchten, und / vor deinen eignen Sklaven, dass sie dich / nicht überfallen, und mit deinem Gelde / davon gehn? Oh, wenn Reichtum uns nichts Bessers / zu geben hat, so wünsch' ich bettelarm zu sein!«

Horaz entlarvt die Irrwege auf der Suche nach dem Glück. Wer dauernd Angst um seinen Besitz haben muss, wer ständig einen noch Reicheren einholen will, der kommt nicht zum Genuss dessen, was er hat. Und ist ein Reicher wirklich so hochgeschätzt von jedermann? Oder lieben ihn nur die Schnorrer, und viele, die ihm schöntun,

Maecenas.
Relief von der Ara Pacis

würden ihn am liebsten möglichst bald beerben? – Ja soll ich denn einer von den windigen Burschen werden, die von der Hand in den Mund leben?, wirft man ein. Horaz entgegnet: »Zwischen Geizhals und Verschwender liegt, denk' ich, etwas in der Mitte. / Halt' Maß in allem, denn in allem gibt's / ein Mittel, dessen Linie das Rechte / bezeichnet; dies' und jenseits wird gefehlt« (*Sat.* 1,1,105 ff.). Das rechte Maß einzuhalten, den goldenen Mittelweg, die *aurea mediocritas*, empfiehlt Horaz immer wieder. Dies scheint den meisten ein wohlfeiler, mittelmäßiger Rat zu sein, den zu befolgen es nicht lohnt. Horaz aber weiß: »Daher kommt's, dass der Mann / so selten ist, der wohl gelebt zu haben / versichert und, vergnügt mit seinem Anteil, vom Leben wie ein Gast von einem Mahle / gesättigt weggeht« (*Sat.* 1,1,117 ff.). Das Bild eines geglückten Lebens: zufrieden mit seinem Schicksal zu sein, innerlich frei und unabhängig das Gute zu genießen und das Unangenehme zu ertragen, ohne alle Unruhe, wie sie durch das Streben nach Reichtum und Macht, durch Neid und Großmannssucht entsteht. Wenn man das Dasein auf rechte Weise genossen hat, kann man auch ohne Bitterkeit vom Gastmahl des Lebens aufstehen und gehen, ganz gleich ob man nun länger oder kürzer dabei verweilen durfte.

Horaz vertritt seine Ansichten mit Überzeugung, aber er mildert sie immer wieder ab durch eine scherzhafte Bemerkung, denn er will keine philosophische Predigt halten: »Wiewohl, wer wehret uns die Wahrheit lachend zu sagen? So wie milde Pädagogen / die kleinen Zöglinge durch Honigplätzchen / zum ABC verführen« (*Sat.* 1,1,24 ff.) – »*Ridentem dicere verum* – Lachend die Wahrheit sagen« ist das Motto der Satirendichtung, die freilich nicht immer auf einen mild verzeihenden Ton gestimmt ist. Da gilt es Stellung zu nehmen zu den lieben Kollegen, die neidisch sind, dass der Sohn eines Freigelassenen beim vielumworbenen Maecenas eine solche Rolle spielt, da sind die Kritiker, die selbsternannten Schiedsrichter der Dichtkunst, die an Horaz herummäkeln. Den einen ist er als Satiriker zu scharf, den anderen erscheint er kraftlos und matt. Was soll ich tun, fragt er in einer Satire einen Freund. Dieser gibt ihm unverblümt den Rat, mit dem Dichten aufzuhören. Aber das kann Horaz eben nicht: »Und wenn's mein Schicksal will, von Rom verbannt / ich schreib' und werde schreiben!« (*Sat.* 2,1,59 f.)

Den Neidern aber antwortet er in der sogenannten Schwätzersatire (*Sat.* 1,9). Hier berichtet er, wie sich einer aus der Literatenzunft aufdringlich an seine Fersen heftet und nach langem Geschwätz schließlich zur Sache kommt: »Wie steht Maecen mit dir? / Du solltest einen tücht'gen Nebenmann / zur zweiten Rolle bei ihm haben, wenn / du meine Wenigkeit empfehlen wolltest. / Denn wer macht

Vermutetes Porträt
des Horaz.
Museum of Fine Arts,
Boston

schneller Verse und in größrer Menge / als ich? Wer tanzt
mit mehr Geschmeidigkeit? / Und eine Lunge hab' ich dir
zum Singen / die Virtuosen selbst beneiden möchten. /
Mich soll das Wetter! wenn du nicht in kurzem / die andern alle ausgestochen hättest! / – Da irrst du dich; wir leben nicht auf solchem Fuß / in diesem Hause; keines in
der Stadt / ist reiner von dergleichen Unrat. Nie gereicht /
es mir zum Nachteil, dass ein andrer reicher oder / gelehrter ist als ich; ein jeder steht / auf seinem eignen Platze. –
Was du sagst! Es ist kaum glaublich! – Und / doch ist es
so. – Du machst mich desto ungeduldiger, / recht nah an
ihn zu kommen.« Dem Dichterling ist nicht klarzumachen,
dass es bei Maecenas keinen Jahrmarkt der Eitelkeiten gibt,
mit Eifersüchteleien, Neid und Intrigen. Er beschließt, den
Pförtner und den Kammerdiener zu bestechen und Maecenas auf der Straße aufzulauern. So werde er sein Ziel

schon erreichen! Und solche impertinenten Leute wagen
zu behaupten, Horazens Verse seien Dutzendware!

Horaz trug seine Satiren wie auch später seine anderen
Gedichte im Kreis von Freunden und Liebhabern der
Dichtkunst vor, am liebsten im Hause des Maecenas oder
in dessen Gärten, von denen noch ein Nymphäum, ein
Brunnen- und Gartensaal, das sogenannte Auditorium des
Maecenas, erhalten ist. Dieser war mit seinem Dichter-
freund zufrieden und gedachte, ihn in größere Unabhängigkeit zu entlassen. So schenkte er Horaz ein kleines
Landgut in den Sabinerbergen, für den Dichter die Erfüllung all seiner Wünsche. Nie wird er müde, sein Anwesen
zu preisen: ein Haus mit Garten, ein paar Äcker, ein Stück
Wald und eine kühle Quelle an einem schattigen Plätz-
chen. Das Leben in der Großstadt war ihm immer be-
schwerlicher geworden mit all den drückenden Verpflichtungen, denen er sich nicht entziehen konnte. Er muss
früh aufstehen, sich im Stadtgedränge herumschubsen lassen, heute zu einem Gerichtstermin eilen, morgen bei der
Versammlung der Sekretäre, seiner ehemaligen Kollegen,
anwesend sein, übermorgen Bittgesuche vermitteln. Und
dann kommen ständig Einladungen, und die Gastgeber erwarten, dass Horaz ein neues Gedicht vorträgt. Er will niemanden enttäuschen, aber wann soll er denn dichten?
Dazu plagen ihn die sommerliche Hitze, der Schirokko und
die fieberschwangere Luft.

Auf seinem Sabinergut aber fühlt er sich nun wie in einer Burg. Er teilt sich den Tag nach seinem Belieben ein,
steht auf, wann er will, mustert seinen kleinen, überschau-
baren Besitz, hält Siesta an seiner kühlen Quelle und lädt
sich abends Freunde ein zu einem bescheidenen, aber fröh-
lichen Mahl. Es gibt deftige Landkost, Bohnen mit Speck,
Kohl mit Schweinefleisch. Hier herrscht kein Zwang, besondere exotische Gerichte auf die Tafel zu bringen, wie in

der sogenannten feinen Gesellschaft in Rom. Auch dürfen
die Gäste, frei von den üblichen Trinksitten, ihr Quantum
Wein selbst bestimmen. Horaz hat ein paar Krüge mit gu-
tem altem Wein, die er für besondere Festtage reserviert,
wie für den Geburtstag des Maecenas, sonst gibt es Land-
wein. Nicht das Essen und Trinken ist die Hauptsache, es
muss ja am nächsten Tag nicht überall herumerzählt werden, was es zur Tafel gab oder nicht gab. Man führt Gespräche, nicht darüber, wer die protzigste Villa und den
größten Landbesitz hat, oder wie die letzte Vorstellung eines Gesangsstars ausgefallen ist, sondern man spricht über
Themen wie Freundschaft und Glück, über die *vitae prae-
cepta beatae*, den rechten Weg zu einem zufriedenen Leben. Auch ein Nachbar kommt zu Wort, der eine zwar bekannte, aber immer wieder gern gehörte Geschichte zum
besten gibt: die Fabel von der Landmaus und der Stadtmaus (*Sat.* 2,6). Die Stadtmaus bedauert ihre Freundin, die
Land-, genauer gesagt, die Feldmaus, die in einem ärmlichen Loch am Ackerrain haust und sich kümmerlich er-
nährt. Sie fordert sie zum Besuch der prächtigen Groß-
stadtvilla auf, in der sie lebt. Dort lässt die Stadtmaus ihre
Freundin auf seidenen Kissen ruhen und bewirtet sie mit
all den Köstlichkeiten, die von einem großen Gastmahl des
Hausherrn übriggeblieben sind. Die Feldmaus genießt ihr
neues Leben und lässt sich alles trefflich schmecken – bis
plötzlich die Türen aufspringen und Hundegebell durchs
Haus schallt. Zitternd vor Angst verkriechen sich die Mäu-
se, und die Landmaus sagt ihrer Freundin Lebewohl. Sie
will in ihr Mauseloch am Feldrand zurückkehren, wo sie
zwar schmale Bissen, aber dafür ihre Ruhe hat.

Vom Sabinergut des Horaz sind noch beachtliche Reste
erhalten, die einen Besuch durchaus lohnen. Von Rom
fährt man nach Tivoli – es ist das antike Tibur, bei Horaz
Inbegriff des unbeschwerten Landlebens. Über Vicovaro,

Die Bandusiaquelle bei der Horazvilla
in den Sabinerbergen

wo einst die Erzeugnisse von Horazens Gut auf den Markt
gebracht wurden, gelangt man zum Flüsschen und Ort Licenza (mit einem modernen Horazdenkmal). Dort in der
Nähe, am Hang des Monte Gennaro, des antiken Mons Lu-
cretilis, geht es zur Villa des Horaz, deren Aussehen man
sich aufgrund der Baureste noch gut vorstellen kann. Sie
hatte die Maße 107 × 42 m, wobei freilich 76 × 42 m auf
die gedeckte Wandelhalle entfallen. Diese Einrichtung war

für jeden geistig Tätigen in der Antike offenbar der wichtigste »Wohnraum«, da im Auf- und Abwandeln, im Hinausblicken auf die Landschaft die Gedanken entwickelt wurden, die man dann einem Schreiber diktierte. Der Wohntrakt für Herr- und Dienerschaft umfasste zwölf bescheiden große Räume. Dazu kam eine Badeanlage und der ausgedehnte Garten, der sich in die Landschaft hinein öffnete, mit der Quelle, der vielbesungenen Bandusia. Das Sabinum war also ein Anwesen, das die Bequemlichkeit eines Stadthauses mit den Annehmlichkeiten einer ländlichen Umgebung verband. Der dazugehörige Landbesitz, der von fünf Pächtern bearbeitet wurde, war groß genug, dass Horaz von den Erträgen seines Gutes leben konnte. Bei all seiner Begeisterung für das Landleben war sich der Dichter freilich im Klaren darüber, dass er kein Bauer war. Die Nachbarn, die echten Landwirte, lächeln, wenn sie den Poeten beim Graben und Pflanzen sehen, das gibt er selbst zu. »*Beatus ille, qui procul negotiis* [...] – Glückselig jener, der da ferne von Geschäften seinen Acker bebaut« (*Epod.* 2,1) – so beginnt ein Gedicht des Horaz, in dem das Landleben in höchsten Tönen gepriesen wird: mit eigener Ernte und Weinlese, mit behaglicher Ruhe am murmelnden Quell. Eine Idylle, die freilich durch die letzten Verse zerstört wird: »So sprach der Wucherer Alfius, fast schon der künftige Bauersmann, und trieb zur Monatsmitte all sein Geld ein, um es am Monatsanfang wieder auszuleihen« (*Epod.* 2,67 ff.). Durch die ironische Brechung weist Horaz darauf hin, dass der Mensch seiner Tage, trotz aller Sehnsucht nach dem einfachen Leben, die Mentalität eines Großstädters hat und sich nicht mehr in einen der bodenständigen alten Römer zurückverwandeln kann. Von sich selbst gibt Horaz einmal zu: »Mit wetterwendischer Laune schwärme ich in Rom für Tibur, in Tibur für Rom.« Schiller hat in seiner Abhandlung *Über naive und sentimentali-*

sche Dichtung unterschieden zwischen dem »naiven«, von
selbst im Einklang mit der Natur lebenden Dichter und
Menschen einer früheren Epoche, und dem »sentimentali-
schen«, der gefühlvoll die verlorene Einheit sucht. Schiller
sagt: »Horaz, der Dichter eines kultivierten Weltalters,
preist die ruhige Glückseligkeit in seinem Tibur, und ihn
könnte man als den wahren Stifter dieser sentimentali-
schen Dichtungsart nennen.« Horaz zwischen Rom und
Tibur – diese Spannung ist bis heute charakteristisch für
viele Dichter und Schriftsteller, die die Stille und Zurückgezogenheit an einem ruhigen, naturnahen Ort brauchen,
aber ihre Stoffe und ihr Publikum in der Stadt suchen
müssen.

Horaz begab sich nur aus besonderem Anlass in die
große Welt. So trat er Maecenas zuliebe eine Fahrt an, der
wir seine berühmte Satire *Iter Brundisinum, Die Reise
nach Brundisium,* verdanken (*Sat.* 1,5). Sie liest sich als
ein amüsantes Reisetagebuch, in dem Freuden und Leiden
des Reisens, die Strapazen des Weges, die Unbequemlich-
keiten in diversen Unterkünften und die Begegnungen mit
allerlei Zeitgenossen heiter-ironisch betrachtet werden.
Horaz bricht in der Hauptstadt auf, lässt die Magna Roma
hinter sich und reist auf der Via Appia bis Aricia, wo er
sein erstes Nachtquartier nimmt. Von Aricia geht es nach
Forum Appi: »ein Nest mit Schiffertroß und Beutelschnei-
dern von Wirten vollgestopft«, so die Übersetzung von
Christoph Martin Wieland, die samt den Erläuterungen
der »achtzehnhundertjährigen Scherze« ein Vademecum
für eine echte oder imaginierte Reise auf Horazens Spuren
abgibt. Von hier aus führte die Via Appia durch die Ponti-
nischen Sümpfe, die zuletzt von Caesar gebietsweise tro-
ckengelegt worden waren. Neben der Straße ging ein Ab-
zugsgraben entlang, der einer neuerlichen Versumpfung
des Geländes vorbeugen sollte. Man konnte die Via Appia

bei Forum Appi verlassen und fuhr dann auf diesem Kanal neben der Straße. Es verkehrten Passagierboote, die getreidelt wurden: Ein Steuermann lenkte das Boot, und ein Maultier mit einem Treiber zog es von einem Uferpfad aus. Wegen der Ausdünstungen des Sumpfgeländes und der Mücken fanden die Fahrten des Nachts statt. Der Kanal traf kurz vor Terracina wieder auf die Via Appia. Sein Verlauf ist vom dortigen Tempelberg aus noch zu erkennen. Horaz und seine Reisegesellschaft konnten dank Caesars erfolgreicher Entwässerungsmaßnahmen sicher reisen, wenn sich auch die Zeitersparnis durch die Nachtfahrt als Fehlkalkulation erwies: Der Maultiertreiber pflockte sein Tier an und legte sich schlafen, wie die Passagiere auch. In späteren Zeiten, vor allem in der unruhevollen Epoche der Völkerwanderung, breiteten sich die Sümpfe wieder aus, und trotz aller Maßnahmen von Kaisern und Päpsten dezimierte das Sumpffieber die Bevölkerung und die Pioniermannschaften, die zur Trockenlegung entsandt waren. Erst in allerjüngster Zeit konnten die Malariamücken besiegt und die Sümpfe urbar gemacht werden. Heute fährt man auf der Via Appia Nova durch Ackerland und Wiesen, vorbei an neuerbauten Städten, wie der Provinzhauptstadt Latina (1932 eingeweiht), und vermag sich kaum vorzustellen, wie es noch im 19. Jahrhundert zu Zeiten des Historikers Ferdinand Gregorovius hier aussah. Im Frühling verwandelten sich die Sümpfe in ein Meer von Blüten, im Sommer aber, so sagt er, ist hier eine Hölle, wo das blasse Fieber umherschleicht und die armen Hirten und Bauern auszehrt, die hier um ihren Lebensunterhalt ringen. Selbst in den Städten Anzio und Terracina musste der Reisende abends bei geschlossenen Fenstern daheimbleiben, um sich in der feuchten Nachtluft nicht das Fieber zu holen.

Horaz und seine Mitreisenden waren offenbar froh, beim Hain der Göttin Feronia das Boot verlassen zu können und an der Quelle frisches Wasser zu genießen. Binnen kurzem sind sie in Terracina, wo sich damals wie heute der imposante Anblick des Jupiter-Anxur-Heiligtums bietet, »das von seinem weißen Felsen weithin in die Ferne glänzt«. Hier stellen sich die Hauptpersonen der Reisegesellschaft ein, und man hört auch zum ersten Mal, worum es bei dieser so spaßig geschilderten Reise eigentlich geht: Maecenas trifft zusammen mit Cocceius Nerva ein: Beide sind als Unterhändler in wichtiger Mission unterwegs, denn sie sind gewohnt, entfremdete Freunde wieder auszusöhnen. Die Verbindung der beiden Machthaber Antonius und Caesar Octavian war im Jahr 40 v. Chr. durch den Vertrag von Brundisium bekräftigt worden.

Diese Vereinbarung, eher ein Stillhalteabkommen als ein Freundschaftsvertrag, war inzwischen brüchig geworden, und um das Schlimmste, ein Wiederaufflammen des Bürgerkriegs, zu vermeiden, wurden von beiden Seiten Unterhändler ausgeschickt, die ein neues Abkommen vorbereiten sollten. Maecenas, Freund und Ratgeber des Octavian, und Cocceius Nerva treffen sich auf der Reise mit Fonteius Capito, dem Freund des Antonius. Die diplomatischen Bemühungen führten zum Vertrag von Tarent (37 v. Chr.), der die endgültige blutige Auseinandersetzung noch einmal hinausschob. Es geht also um hohe Politik, um Geheimdiplomatie, die im Hintergrund bleiben muss. Im Vordergrund steht die Freundschaft, die Freude am Wiedersehen mit Maecenas, mit dem man über Fundi nach Formiae reist, und mit Vergil, der am folgenden Tag in Sinuessa zur Gesellschaft stößt, zusammen mit seinen Dichterkollegen Plotius Tucca und Varius. Man sieht, Maecenas wollte die Atmosphäre der politischen Gespräche günstig beeinflussen, indem er nicht Mars, sondern die Musen im Gefolge hatte. Über Pons Campanus kommt man nach Capua: »Maecenas geht zum Ballspiel, schlafen gehen /

Gnatia, Station auf der Reise nach Brundisium

Vergil und ich, weil seinem schwachen Magen / und meinen schlimmen Augen dieses Spiel / gleich schädlich war.« Das nächste, recht angenehme Nachtquartier findet die Gesellschaft in der Villa des Cocceius bei Caudium, wo eine Stegreifposse, von Horaz in homerischem Stil geschildert, die Gäste erheitert. In Benevent muss man Quartier in einem öffentlichen Gasthaus nehmen, das beinahe samt den Gästen abbrennt, weil der eifrige Wirt, um seine vornehmen Gäste zufriedenzustellen, den Ofen zu sehr anheizt. Gäste und Diener greifen rasch einige Bissen vom Herd, bevor sie ihre Haut retten. »Nunmehr begann mein väterlich Apulien / die wohlbekannten Berge mir zu zeigen.«

Horaz schwelgt jedoch nicht in Kindheitserinnerungen, sondern nennt seine Heimat »ausgedörrt vom Schirokko«, und nur mühsam erklimmt man die Höhe, auf der ein Landhaus als Nachtquartier winkt, Trivici villa. Dort beizt ein Feuer aus nassem Holz die Augen, und Horaz wartet vergebens auf ein hübsches Mädchen. So ein Narr war er und verdient ebenso Spott wie manche Leute, die er unterwegs getroffen hat. Dann geht es im Wagen weiter, nach dem mühseligen Bergauf-Bergab mit den Maultieren geradezu in rasender Geschwindigkeit, bis zu einem Städtchen, das angeblich nicht ins Versmaß passt und daher nicht genannt wird: möglicherweise Herdoniae, wohin man auf einer abzweigenden Straße, der Via Minucia, gelangte. Die letzten Stationen der Strecke sind nicht erwähnenswert wegen großartiger Blicke in die Landschaft oder dergleichen: Das Wasser ist schlecht, das Brot ist hart, es regnet, die Straße wird miserabel bis nach Bari hin. In Gnatia (Egnazia), 37 Meilen von Bari entfernt, findet die Gesellschaft ihren Humor wieder: Da soll doch, so behaupten die Einwohner, der Weihrauch ohne Flamme auf dem Altar brennen. »Das glaube der Jude Apella, nicht ich!« In amüsierter Distanz präsentiert Horaz hier sozusagen in letzter Minute noch eine »Sehenswürdigkeit«, wie sie zu einer Reisebeschreibung gehört. Und er muss sich von Wieland sagen lassen, dass dergleichen Erscheinungen, bei denen es sich um austretendes Steinöl (Petroleum) handelt, öfters beschrieben werden, und statt darüber zu spotten, hätte man die Sache leicht untersuchen und damit zur allgemeinen Aufklärung beitragen können. Horaz mag nichts mehr untersuchen, ihm winkt das Ziel: »Brundisium machte unsrer langen Reise und diesem langen Gedicht ein Ende.« *Charta* sagt er, was darauf schließen lässt, dass er die Satire als Einzelgedicht und Reiseerinnerung an die Freunde zu schicken gedachte. Den Namen *Iter Brundisinum* hatte er gewählt in Anspielung auf das *Iter Siculum*, ein Gedicht des Satirendichters Lucilius über eine Reise zu seinen Gütern

auf Sizilien. Brundisium erinnerte die Zeitgenossen freilich
an den Vertrag der beiden Machthaber Roms, der durch
diese Mission, an der Horaz teilnahm, noch einmal gekittet
wurde, der aber schließlich doch offener Feindschaft weichen musste.

Der Bürgerkrieg flammte erneut auf, die zerstrittenen
Machthaber Caesar Octavian und Marcus Antonius zogen
gegeneinander ins Feld. Horaz ruft den Römern zu:

> *Quo, quo scelesti ruitis? aut cur dexteris*
> *aptantur enses conditi?*
> *parumne campis atque Neptuno super*
> *fusum est Latini sanguinis?*

> Wohin, wohin stürzt ihr Unseligen? Warum greift ihr
> nach den Schwertern, die ihr gerade erst eingesteckt
> habt?
> Ist denn zu Land und Meer
> zu wenig Latinerblut geflossen?

(Epod. 7)

Erschrocken über die Gräuel des Krieges fragt Horaz in
seinen Gedichten nach den Ursachen eines solch wahnwit-
zigen, selbstmörderischen Handelns. Er erinnert an eine
mythische Urschuld, den Brudermord des Romulus an Remus am Anfang der römischen Geschichte, das Ausbrechen
der zerstörerischen, friedlosen Kräfte im Menschen.

In der Schlacht von Actium im Jahr 31 vor Christus werden Antonius und Kleopatra von Caesar Octavian besiegt,
die Bürgerkriege sind beendet, und unter der Ägide des
Octavian-Augustus kehrt Friede ein. Horaz freut sich der
Ruhe, die ihm eine Fortsetzung seiner Dichterexistenz ermöglicht, aber er kann die Ängste und Sorgen der Bürgerkriegszeit niemals mehr abschütteln. Er hält es auch für seine Pflicht, stets daran zu erinnern, dass dieser Friede nichts

Selbstverständliches ist, dass vielmehr die Abgründe jederzeit wieder aufbrechen können. Der Dichter ist nicht nur *poeta*, Versemacher, er ist *vates*, priesterlicher Seher und Sänger, dem es die Götter auferlegt haben, die Vergangenheit gegenwärtig zu halten, als Mahnung für die Gegenwart.

Horaz beginnt sein lyrisches Hauptwerk, seine Oden, die er *carmina, Lieder*, nennt. Er greift damit zurück auf die großen Lyriker des alten Griechenlands, Archilochos, Alkaios und Sappho, und erneuert ihre Liedmaße und den persönlichen Ton ihrer Sprache. Wie sie wendet er sich hochgemut und voll ernster Verantwortung an die Gemeinschaft. Seine Gedichte sollen die lateinische Sprache und das römische Denken mit dem hohen Geist der griechischen Muse verbinden. Er will den großen Vorsprung der griechischen Dichtkunst aufholen und der Sänger der römischen Lyra, *Romanae fidicen lyrae*, werden. Nach dem Abschluss des dritten Buches der Oden ist er sich bewusst, die lateinische Sprache und Dichtung zu einem Gipfel geführt zu haben. Sich selbst hat er damit einen Namen gemacht:

Exegi monumentum aere perennius
regalique situ pyramidum altius,
quod non imber edax, non aquilo impotens
possit diruere aut innumerabilis
annorum series et fuga temporum.

Errichtet habe ich mir ein Denkmal, dauerhafter als Erz
und höher aufragend als der majestätische Bau der
Pyramiden,
das der Regen nicht zerfressen kann, der Nordwind
stürmend
nicht zerstört und auch nicht die Folge unzähliger
Jahre und die Flucht der Zeiten.

(*Od.* 3,30)

Viele Themen werden angeschlagen: Liebesglück und Liebesleid, Gespräche mit Freunden, Mahnungen zu rechtem
Lebensgenuss, Geselligkeit beim Gastmahl und immer wieder die Aufforderung, im Gedanken an die Vergänglichkeit
des Daseins den Augenblick zu genießen und zu nutzen:
carpe diem (*Od.* 1,11).

> [...] *ille potens sui*
> *laetusque deget, cui licet in diem*
> *dixisse ›vixi‹.*

> [...] jener nur ist Herr seiner selbst
> und lebt in Freuden, der da vermag jeden Tag
> zu sprechen: »Ich habe gelebt!«
>
> (Od. 3,29,41 ff., Übers. B. Kytzler)

Hinter aller Schönheit des Lebens, mit Rosenblüten, edlem
Wein, Musik, jugendlicher Anmut und freundschaftlich-
heiterem Beisammensein erscheint oft der düstere Hinter-
grund des Todes und die »schwarze Sorge«, die hinter dem
Reiter auf dem Pferd sitzt, wohin er auch reitet. Gegen die
Todesfurcht wird die epikureische Gelassenheit beschworen:

> *Aequam memento rebus in arduis servare mentem.*

> Den Gleichmut wahre dir in Bedrängnis.
>
> (Od. 2,3,1 f.)

Die Angst, statt des Friedens neue Kriegsgräuel zu erleben,
wird gebannt im Blick auf Augustus. Er ist der Garant des
Friedens: »*Custode rerum Caesare non furor / civilis aut
vis exiget otium* – Solange der Caesar Hüter der Welt ist,
stören kein Bürgerkriegswahnsinn, keine Gewalttaten das
ruhige Leben, das *otium*« (*Od.* 4,15,17 f.). Nur von diesem
appellativen, verpflichtenden Charakter im Sinne eines: Du

sollst, du musst für Rom Sorge tragen! ist Horazens Lob
des Augustus zu verstehen. Augustus erscheint bei ihm
meist im Bilde eines griechischen Heros, der wie Hercules
durch Arbeit und Mühe für die Menschen nach seinem
Tode einen Platz im Olymp erwirbt (*Od.* 3,3,9 ff.). Horaz
war sich auch einig mit dem Princeps, dass eine dauerhafte
Ordnung nicht durch friedliche Zustände und wirtschaftliche Prosperität allein möglich sei, ohne die Wiederbele-
bung der alten Werte, die Rom einst groß gemacht hatten.
In den ersten sechs Oden des dritten Buches, den sogenannten Römeroden, lenkt der Dichter den Blick auf berühmte Beispiele römischer *virtus* (etwa Regulus, der einst
im Ersten Punischen Krieg Unnachgiebigkeit demonstrier-
te – 3,5) und verweist auf Roms Bestimmung:

> *Dis te minorem quod geris, imperas.*
> *hinc omne principium, huc refer exitum!*

> Wenn du dich den Göttern unterordnest, wirst du die
> Herrschaft behalten,
> lass die Götter Anfang und Ende sein!

> (*Od.* 3,6,5 f.)

So nahm Horaz auch den Auftrag des Augustus an, das
Festlied zu schreiben zur Jahrhundertfeier, die zur Einleitung eines neuen Saeculums im Jahr 17 v. Chr. begangen
wurde. Knaben- und Mädchenchöre sangen Horazens *carmen saeculare,* in dem der Dichter die Hoffnung ausspricht, dass lang verschmähte und missachtete Werte wie
Treue, Ehre und Redlichkeit zurückkehren mögen. Dann
werde es auch am Segen der Götter nicht fehlen.

Als Festdichter gehörte Horaz nun auch zum Kreise des
Augustus, und dieser trug ihm das Amt eines Privatsekre-
tärs an. Horaz lehnte ab, offiziell aus Gesundheitsgründen,

seine Unabhängigkeit ging ihm über alles. Augustus nahm ihm die Absage nicht übel. Er schrieb:»Wenn du auch so stolz warst, meine Freundschaft zu verschmähen, so will ich nicht Gleiches mit Gleichem vergelten. Du kannst über alle Rechte verfügen, als lebtest du ständig bei mir. Komm nur, sooft es deine Gesundheit erlaubt.« Einem Brief des Augustus verdanken wir auch einen Hinweis auf das Äußere des Dichters. Der Princeps bedankt sich für ein Gedicht in Briefform, das freilich recht kurz geraten war: »Mir scheint, du fürchtest, deine Briefe könnten größer sein als du selber bist. Freilich fehlt es dir nur an hohem Wuchs, nicht an Leibesumfang. Deshalb kannst du nächstens auf einen Weinkrug schreiben, damit das Gedicht so etwa deinem Bäuchlein entspricht.«

Horaz hat sich selbst einmal, um den melancholischen Dichterkollegen Tibull etwas aufzuheitern, im Spaß als ein rundliches, glänzendes und wohlgepflegtes Schweinchen aus der Herde Epikurs bezeichnet (*Ep.* 1,4,15 f.).

Im letzten Jahrzehnt seines Lebens verfasst Horaz die *Episteln,* kleine Essays in Hexameterform, voller Lebensweisheit und Humor. Wie bei den Satiren, die er *Sermones, Gespräche,* nannte, wählt Horaz auch hier durch die Briefform den heiter-urbanen Dialogcharakter. Breiten Raum widmet er Betrachtungen über sein eigenes Metier, wie im Brief an Augustus (*Ep.* 2,1) oder in der Epistel *De arte Poetica, Über die Dichtkunst.* Hier liest man von den Absichten der Dichter, entweder das Angenehme oder das Nützliche auszudrücken, das *prodesse* oder *delectare*: Am besten verbindet man das Angenehme mit dem Nützlichen. Auch sollen die Poeten nicht allzu bombastisch beginnen, sonst »kreißen die Berge und gebären ein lächerliches Mäuslein«. Der Dichter wird aufgefordert, seinen Trojanischen Krieg nicht *ab ovo*, vom Ei der Leda, von der Geburt der Helena, sozusagen von Adam und Eva, anzufangen, sondern sogleich *in medias res* zu gehen, mitten hinein ins Geschehen, wie Homer. Auch der von Lessing und Kant ausgegebene Wahlspruch der Aufklärung stammt aus den Episteln: »*Sapere aude* – Wage es, dich deines Verstandes zu bedienen!« Horaz will damit seine Zeitgenossen aus ihrer Trägheit aufrütteln und sie zu eigenverantwortlicher Bildung der Persönlichkeit antreiben:

> *ut iugulent hominem, surgunt de nocte latrones:*
> *ut te ipsum serves, non expergisceris? dimidium facti,*
> *qui coepit, habet: sapere aude, incipe.*

> Um einen Menschen zu morden, erheben sich nächtens die Räuber – um dich selber zu retten, willst du nicht aufstehen? Wer beginnt, besitzt bereits die Hälfte des ganzen Werkes – wage es weise zu sein, fange an!
>
> (*Ep.* 1,2,32 ff., Übers. B. Kytzler)

Schließlich wird Maecenas angesprochen, der treue, geduldige Freund und Gönner. Abschiedsstimmung kommt auf: »Dir hat das erste Lied meiner Muse gehört, dir soll auch das letzte zu eigen sein.« (*Ep.* 1,1,1 f.) Dachte Horaz daran, dass er einst in seinen Oden den Schwur getan hatte, er werde seinen Freund Maecenas, sein zweites Ich, nicht überleben?

> [...] *non ego perfidum*
> *dixi sacramentum: ibimus, ibimus,*
>   *utcumque praecedes, supremum*
>   *carpere her comites parati.*

> [...] nicht habe falschen Eid
> ich geschworen: Gehen werd ich, gehen,
> sobald du vorausgehst, den letzten
> Weg zu nehmen als dein Gefährte bin ich bereit.
>
> (*Od.* 2,17,9 ff., Übers. B. Kytzler)

Ende September 8 v. Chr. stirbt Maecenas. In seinem Testament bittet er Augustus: »Horaz soll dir gelten wie ich selber.« Am 27. November des gleichen Jahres – im Abstand von 57 Tagen, wie die antike Vita ausdrücklich vermerkt – folgt ihm Horaz. Er wird auf dem Esquilinhügel, nahe dem Grabe des Maecenas, bestattet.

Wer des Dichters nach zwei Jahrtausenden gedenkt, darf auch seinen Mäzen nicht vergessen, der ihm mit Großherzigkeit und Taktgefühl zur Seite stand und ihm das glückliche Leben auf dem Sabinergut ermöglichte.

Fünftes Kapitel

Ovid in Sulmona
Ein Sänger der zärtlichen Liebe

Mantua Vergilio, gaudet Verona Catullo;
    Paelignae dicar gloria gentis ego [...]
Atque aliquis spectans hospes Sulmonis aquosi
    Moenia, quae campi iugera pauca tenent,
»Quae tantum« dicet »potuistis ferre poetam
    Quantulacumque estis, vos ego magna voco«.

Mantua kann sich Vergils, Catulls Verona erfreuen,
    Mich aber nennt man dereinst Ruhm des
                            pälignischen Volks, [...]
Irgendein Fremder, der kommt und schaut des
                            durchrieselten Sulmo
    Mauern, deren Geviert wenige Morgen umschließt,
Spricht wohl: »Die ihr's vermocht, uns solch einen
                            Dichter zu geben
    Seid wie ihr wollt, für mich seid ihr bedeutend und
                            groß.«

(*Amores* 3,15,7 f., Übers. R. Harder / W. Marg)

Oviddenkmal in Sulmona

Als Ovid sich so stolz und ruhmessicher neben Catull und Vergil stellte, hatte er sein erstes Werk, die *Amores, Liebesgedichte*, vollendet. Und obwohl erst Mitte zwanzig, wusste er, dass er die Gattung der Liebeselegie auch zur Vollendung und zum Abschluss gebracht hatte. Properz, aus Assisi gebürtig, und Tibull hatten wenige Jahre vor Ovid in der Nachfolge des Catull eine Existenz als Dichter verwirklicht und auch sein großes Thema, die Liebe, aufgegriffen. Sie erzählten von ihrer Liebe zu einem der schönen Mädchen der römischen Demimonde, zu einer Cynthia und Delia, einer Leidenschaft, die sie ganz ausfüllte und deren Stationen zwischen Liebesfreud und Liebesleid sie in ihren Elegien künstlerisch nachzeichneten. Indem so das Allerpersönlichste ausgesprochen und in dichterischer Gestaltung in den Mittelpunkt gerückt wird, erhält die *vita privata* einen neuen Wert – gleichberechtigt, ja höher geschätzt als die traditionellen Werte der römischen *vita publica*. Properz macht unmissverständlich klar, dass er sich dem Joch einer bürgerlichen Ehe und der üblichen Karriere in Rom verweigert. Er wird keine Söhne haben, die Roms Kriege führen, und er selbst wird sich damit begnügen, beim Triumphzug als Zuschauer auf der Straße zu stehen, ein hübsches Mädchen im Arm. Und die Liebe zu ihr wird das Thema seiner Dichtung sein; keine waffenklirrenden Epen zum Ruhme des Caesar Augustus wird er verfassen, sondern Liebeselegien. Dies hebt Properz ebenso wie Tibull des Öfteren hervor, so dass man geradezu von einem *recusatio*-(Verweigerungs-)Topos spricht: Der Elegiendichter, so meint man, entzieht sich den Forderungen, die aus dem Kreise des Augustus an ihn herangetragen wurden, er muss sich seinen Freiraum erkämpfen gegenüber einer Staatsmacht, die auch die Dichtung lenken will. Doch scheint eine solche Auffassung überzogen angesichts der Tatsache, dass die Liebeselegien in Rom bereitwillige Aufnahme fanden und ihre Dichter von Männern wie dem Feldherrn und Politiker Messalla ebenso wie von Augustus' Freund Maecenas protegiert wurden. Viel eher geht es bei dieser *recusatio* (die ja ihre Vorläufer bereits bei den Alexandrinern hat) um eine Selbstvergewisserung des Dichters, dass seine Stoffe und seine Art des Dichtens ihren eigenen Wert besitzen, dass die neuartige Gattung der Liebeselegie gleichberechtigt neben anderen Formen wie dem Epos bestehen kann. Wenn Properz, Tibull, Ovid (wie auch Vergil in seinen Eklogen) diese Form der *recusatio* verwenden, so beanspruchen sie damit ihren Platz in der Welt der Dichtung, und sie richten sich vor allem an die Dichterkollegen und an das Publikum, an die »Literaturszene«, die ihnen wichtiger ist als eine »Staatsmacht«. Zudem wissen sie sehr genau, dass es eben der Augustusfriede ist, der ihnen das Leben und Dichten nach ihrer Fasson erlaubt und ermöglicht.

Ovid befand sich als Dichter in einer glücklichen Lage, denn ihm war von seinen großen Kollegen bereits die Bahn geebnet worden. Catull und Vergil hatten die lateinische Sprache geformt und Roms Literatur ebenbürtig neben die griechische gestellt, Vergil war, hochgeachtet und geschätzt von seinen Mitbürgern wie von Augustus, gewissermaßen Dichter im Hauptberuf gewesen, und Properz und Tibull hatten die Liebe als alleiniges Thema ihrer Poesie gesellschaftsfähig gemacht. Nun kam Ovid: Jung, begabt und selbstbewusst gibt er die kaum begonnene öffentliche Karriere auf, um sich ganz der Dichtung zu widmen. Und er ist so selbstsicher im Bewusstsein seiner eigenen Leistung, dass er seiner bescheidenen Heimatstadt den Rang einer Touristenattraktion verheißt. Bisher gibt es nichts von ihr zu berichten, als dass ihre Bewohner zum Stamm der Päligner gehören, die im Bundesgenossenkrieg mutig gegen Rom aufstanden und ihr Bürgerrecht erkämpften.

Im »wasserreichen Sulmo«, im heutigen Sulmona in den Abruzzen, ist Publius Ovidius Naso am 20. März 43 v. Chr. geboren. Seine Familie gehörte zum Ritterstand; sie zählte zu den Großgrundbesitzern der Gegend und damit zu den Honoratioren des Ortes. Die Region Abruzzo im Zentrum Italiens, an der Ostküste gelegen, wirbt heute für einen Urlaub »mit Meer und Gebirge, mit Natur und Kunst«, und hierbei spielt die Stadt Sulmona als Heimat des Dichters Ovid eine wichtige Rolle. Auf dem Hauptplatz des freundlichen, mittelalterlich geprägten Städtchens steht Ovids Statue. Als Inschrift trägt sie seine Worte: »Mich aber nennt man dereinst Ruhm des pälignischen Stammes«.

Die »Poteche« in der Nähe von Sulmona

Etwa zehn Autominuten von der Stadt entfernt, am Hang des über 2000 m hohen Morrone, befindet sich eine archäologische Zone. Lange glaubte man, dass sich hier unter den römischen Ruinen auch das Haus von Ovids Familie befände. In jüngster Zeit hat man stattdessen ein spätrepublikanisches Terrassenheiligtum, einen Herculestempel, ausgegraben, dennoch bleibt das Gelände mit dem Namen Ovids verbunden. Seit alters ranken sich allerlei Legenden um die angebliche Villa d'Ovidio. Wie bei Vergil glaubte man im Mittelalter auch von Ovid, er sei ein großer Gelehrter gewesen – so wie ihn die Statue von 1474 am Museo Civico noch zeigt –, und das hieß beim Volk immer: auch ein großer Zauberer und Hexenmeister. Einen riesigen Schatz habe er besessen, den er in den Poteche d'Ovidio hütete. Diese Poteche (Botteghe) sind die noch erhaltenen Bögen eines antiken Tonnengewölbes, das man sich als großen Vorratsraum vorstellte. Wenn es blitzt und donnert, so hieß es, dann fährt ›Vidius‹ in einem eisernen Wagen daher, um Diebe abzuschrecken. Und wie es bei Mantua den Stein gibt, auf dem Vergil beim Dichten gesessen haben soll, so findet sich hier, nahe bei Sulmona, die Liebesquelle, Fonte d'Amore, ein Brunnenbecken, an dem sich Ovid mit seiner Geliebten getroffen und wo er die *Amores* geschrieben habe. Deren Schauplätze sind freilich eher in Rom zu finden: Zirkus, Theater, die Plätze und Kolonnaden, wo sich Roms lebenslustige Jugend ein Stelldichein gab. Ovid war ein Großstadtmensch; in seiner Dichtung pulsiert das Leben und Treiben der Hauptstadt. Rom mit seinem Glanz und Luxus, mit seinen schönen Frauen und unternehmungslustigen jungen Männern hat er im Auge, wenn er in seiner *Liebeskunst* (*Ars amatoria*) von sich sagt:

> *Prisca iuvent alios, ego me nunc denique natum*
> *gratulor; haec aetas moribus apta meis.*

Möge das Altertum andre erfreuen, ich preise mich
glücklich,
Jetzt erst zu leben; es passt zu meiner Art diese Zeit.

(*Ars* 3,121 f., Übers. N. Holzberg)

Eine kühne Äußerung, denn man knüpfte im augusteischen Rom an die »guten alten Zeiten« an und pries die
Tugenden der Vorfahren, die tapfer, bescheiden und fromm
Rom zu seiner Weltgeltung erhoben hatten. Noch Vergil
und Horaz waren sich in dieser Propagierung der alten
Werte mit Augustus einig. Wie dieser auf seinem neuerbauten Forum die Statuen der großen Gestalten aus Roms
Vergangenheit aufgestellt hatte, so ließ Vergil im 6. Buch
seiner *Aeneis* die Helden der römischen Geschichte auftreten, und Horaz forderte in seinen Römeroden die Rückbesinnung auf die Tugenden der Selbstbeherrschung, Tapferkeit und Frömmigkeit. Vergil und Horaz hatten die Schrecken der Bürgerkriegszeit am eigenen Leibe erlebt; sie
wussten den Frieden dankbar zu schätzen und arbeiteten
mit in der Phase des Aufbaus. Doch nun lebten beide nicht
mehr, der Friede war für die Jüngeren eine Selbstverständ-
lichkeit, und die dynamischen Jahre des Aufbaus und Auf-
bruchs in eine neue Zeit wurden zwangsläufig abgelöst von
einer mehr statischen Epoche.

In Ovid manifestiert sich dieser Generationsunter-
schied, doch nicht in der Art, dass Ovid als der unbeküm-
merte Sprössling der neuen Zeit keinerlei Verständnis für
die Sicht der kriegs- und leiderprobten Älteren gehabt hätte. Ovid war zur Zeit der Schlacht von Actium zwölf Jahre
alt, und es gab keinen Winkel Italiens, der vom Bürgerkrieg verschont gewesen wäre. Ovid erinnert auch daran,
wenn er sein Geburtsjahr 43 als das Jahr bezeichnet, »in
dem beide Konsuln fielen« (*Trist.* 4,10,6), als mit der
Schlacht von Mutina die alte römische Republik endgültig

ihr Ende fand. So wusste er den Frieden zu schätzen, doch
er fordert, auch die Konsequenzen zu ziehen. Die neue Zeit
kann nur lebendig sein und Weiterwirkendes schaffen,
wenn sie nicht rückgewandt bleibt, auf das Alte fixiert. Augustus hat aus Rom statt der Ziegelstadt eine glänzende,
prächtige Marmorstadt gemacht: Aus Reichtum und Sicherheit ergibt sich zwangsläufig auch ein neues, freieres
Lebensgefühl, und dieses will Ovid als Dichter ausdrücken.
So entsteht seine *Liebeskunst,* ein Lehrgedicht, wie man
liebt. Auf den ersten Blick ein Affront: Im Lehrgedicht
hatten Hesiod, Vergil und Lukrez über erhabene, würdige
Gegenstände berichtet: über das Leben und Arbeiten auf
dem Land, von der Ordnung der Natur (*Werke und Tage,
Vom Landbau, Von der Natur der Dinge*). Nun erklärt
Ovid:

*Si quis in hoc artem populo non novit amandi,
    hoc legat et lecto carmine doctus amet.*

Wenn in diesem Volk jemand die Kunst des Liebens
                        noch nicht kennt,
    Lese er dieses Gedicht und liebe dann mit Verstand.

(Ars 1,1 f., Übers. N. Holzberg)

Die Liebe eine *ars,* eine Kunstfertigkeit, oder gar eine
Technik, die man *doctus,* aufgrund von Belehrung und
Überlegung, ausübt? Für Properz und Tibull war die Liebe
eine elementare Daseinsmacht gewesen, der man unterworfen ist, Ovid aber hatte schon in seinen *Amores* einen
mehr spielerischen Ton angeschlagen. Das »Herzzerreißen-
de« ist für ihn aus der Mode, statt der einen Angebeteten
liebt er die Liebe selbst, in all ihren Spielarten und mit
wechselnden Partnerinnen. Und dies will er auch seine
Zeitgenossen lehren, Männer wie Frauen: Keine Dido soll

mehr auf dem Scheiterhaufen enden, weil ihr Aeneas sie
verlässt. Die Liebe soll die Liebenden nicht zerstören, Ovid
will den wilden Knaben Amor zähmen. Die jungen Leute
sollen lernen, aus der Liebe ein Spiel zu machen, heiter-
kultiviert und nach den Regeln eines weltstädtischen Geschmacks. Der Vorwurf der Frivolität ist leicht bei der
Hand, und vergangene Lesergenerationen haben ihn eifrig
erhoben. Wir sehen heute das psychologische Feingefühl,
mit dem Ovid die Beziehung der Geschlechter beschreibt,
mit dem er dazu aufruft, sich um eine Partnerschaft zu bemühen, und wie er nicht nur für die Männer, sondern auch
für die Frauen die erotische Erfüllung fordert. Für beide
Partner gilt:

> *Ut ameris, amabilis esto!*

> Um geliebt zu werden, sei liebenswürdig!

> (*Ars* 2,107)

Psychologisches Einfühlungsvermögen, Interesse an seeli-
schen Vorgängen, ein besonderes Eingehen auf die weibliche Psyche – das zeichnet Ovid auch in seinem Hauptwerk
aus, den *Metamorphosen*, die in den Jahren um die Zeiten-
wende entstehen. Ovid verknüpft auf kunstvolle Weise
Verwandlungssagen aller Art, die zwischen Göttern, halb-
göttlichen Wesen und Menschen spielen, Verwandlungen
in Tiere, Pflanzen, Steine – ein bunter Reigen unsterblicher
Geschichten. Ihre Helden und Heldinnen wie Daphne und
Apollo, Dädalus und Ikarus, Orpheus und Eurydice, Narziss, Actäon, Pygmalion haben von der Antike bis heute
die Künstler angeregt. Was Ovids Geschichten vor den
überlieferten Sagenerzählungen auszeichnet, ist ihre Verbindung zu einem Kosmos, einem neuartigen Werk, das,
wie er selbst zu Anfang sagt, »in dauerndem Flusse von
dem Beginn der Welt bis auf meine Zeiten« gelangen soll.

Dieses Welttheater des Mythos reicht von der griechischen Sagenzeit über die römische, halb legendäre Frühgeschichte bis in Ovids Gegenwart, bis zu Caesar und Augustus. Doch es schließt nicht mit der Apotheose des Herrschers, sondern mit der des Dichters und seines Werkes. Wie Horaz, so hat sich auch Ovid ein Denkmal geschaffen, das die Zeiten überdauern wird – zu allen Zeiten wird man ihn lesen, und er wird lebendig bleiben: »*Vivam* – Ich werde leben«, verkündet er triumphierend zum Schluss. Dass Ovid und seine *Metamorphosen* in der Tat heute noch lebendig sind und bildende Künstler, Musiker und Schriftsteller anregen (man denke nur an Christoph Ransmayrs Roman *Die letzte Welt*), ist zum einen seiner Fabulierkunst zuzuschreiben, die auch in einer Prosaübersetzung noch deutlich zu spüren ist. Vor allem aber ist es jenes psychologische Interesse, mit dem er die Seelenkonflikte seiner Personen in den Mittelpunkt seiner Darstellung rückt und hineinleuchtet in die Tiefen und Untiefen der menschlichen Psyche. Reifungs- und Identitätskrisen Jugendlicher (Phaethon, Narziss), Konflikte zwischen Leidenschaft und Vernunft (Medea), »widernatürliche« Liebe (Byblis, Iphis, Myrrha): »Die Seele ist ein weites Land« – dieser von Heraklit angeregte Ausspruch Arthur Schnitzlers gilt bereits für Ovid und seine *Metamorphosen*.

Doch der Dichter sollte Gelegenheit finden, auch die eigene Seelenlandschaft auszuleuchten und zum Gegenstand seiner Dichtung zu machen. In Sulmona, der Heimatstadt, lässt sich des weiteren Geschicks des Dichters gedenken. »*Sulmo mihi patria est* – Sulmo ist meine Heimat«, ist nicht nur am Oviddenkmal zu lesen, sondern in der abgekürzten Form S M P E im Wappen Sulmonas und vielerorts dort, gewissermaßen als Konkurrenz zum stolzen römischen S P Q R (*Senatus Populusque Romanus*). Mit diesem Ausspruch beginnt ein Gedicht Ovids, das eine Au-

tobiographie enthält. Geschrieben wurde es aber weder in
Sulmona noch in Rom, sondern in Tomi. Es ist das heutige
rumänische Constanţa am Schwarzen Meer, in der Dobru-
dscha, wo die Donau ganz nahe an der Küste entlangfließt,
bevor sie zu ihrem Mündungsknie nach Norden abbiegt.
Dort lebte der Dichter von 8 n. Chr. bis zu seinem Lebens-
ende 17/18 n. Chr. in der Verbannung. Was war geschehen? Wie ein Blitz aus heiterem Himmel hatte den ge-

Kupferstichporträt,
angeblich nach einem
antiken Münzbild

feierten Dichter, der gerade die *Metamorphosen* zur Veröffentlichung vorbereitete, der Bannstrahl des Princeps
getroffen. Ovid wurde relegiert: die mildere Form der Verbannung, bei der dem Verurteilten sein Vermögen und das
römische Bürgerrecht erhalten blieben. Ovid bewog seine
Gattin, die ihn begleiten wollte, in Rom zu bleiben, um
sein Haus zu halten und sich für seine Rückberufung
einsetzen zu können. In seinen Gedichten aus der Verbannung, den *Tristien, Klageliedern,* und den *Epistulae ex*

Ponto, den *Briefen vom Pontus*, vom Schwarzen Meer, erinnert sich Ovid auch des herzzerreißenden Abschieds von
Rom, von den Seinen, von seiner früheren Existenz:

> *Cum subit illius tristissima noctis imago,*
>   *qua mihi supremum tempus in urbe fuit,*
> *cum repeto noctem, qua tot mihi cara reliqui*
>   *labitur ex oculis nunc quoque gutta meis.*

Tritt mir von jener Nacht das traurige Bild vor die
                               Augen,
  Welche als letzte mir schien in der römischen Stadt,
Ruf ich die Nacht mir zurück, da ich vieles mir Liebe
                               verlassen,
  Gleitet noch jetzt eine Trän' mir aus dem Auge
                               herab.

(Trist. 1,3,1 ff.)

Goethe hat diese Verse übersetzt, die er statt eines eigenen
»Abschieds von Rom« ans Ende seiner *Italienischen Reise*
stellte. Nirgendwo aber erfahren wir, warum Ovid relegiert
wurde – der Dichter ergeht sich nur in Andeutungen. Es
war kein *crimen*, kein Verbrechen, beteuert er, nur ein *error*, ein Irrtum, ein Vergehen. Einmal sagt er jedoch:

> *cur aliquid vidi? cur noxia lumina feci?*
>   *cur imprudenti cognita culpa mihi?*

Weshalb sah ich etwas? Warum ward ich schuldig
                               durch Blicke?
  Weshalb war ich der Tor, der die Verfehlung
                               erkannt?

(Trist. 2,103 ff., Übers. W. Willige
auch für die folgenden Stellen der Exilgedichte)

Augustus. Liebieghaus, Frankfurt a. M.

Und er vergleicht sich mit einer seiner eigenen Gestalten aus den *Metamorphosen*, mit dem Jäger Actäon, der zufällig, unwillentlich die Göttin Diana nackt beim Bade erblickte und dafür von seinen eigenen Hunden zerrissen wurde. War Ovids *error* ein Versehen? Im gleichen Jahr, 8 n. Chr., verbannte Augustus seine eigene Enkelin Julia die Jüngere wegen Ehebruchs auf die Tremiti-Inseln. Wie bei so manchen Skandalen im Hause der Caesaren, vor und nach Ovids Sturz, zeichnen sich hinter dem Vorwurf der Libertinage politische Hintergründe ab, hervorgerufen durch Parteiungen innerhalb der Herrscherfamilie. Es gab dort starke Rivalitäten, als Folge der Tatsache, dass Augustus keinen Sohn, sondern nur die Tochter Julia aus erster Ehe besaß, während seine Gattin Livia, aus der Familie der Claudier, zwei Söhne mitgebracht hatte. Der ältere, Tiberius, galt damals als Thronfolger, was den Juliern, den Kindern der Augustustochter Julia, verständlicherweise nicht genehm war. Es lässt sich vermuten, dass Ovid zum gesellschaftlichen Kreis der Augustusenkelin Julia der Jüngeren gehörte (ihren frühverstorbenen Bruder Gaius preist er in der *Liebeskunst*) und dass er in Bestrebungen hineingezogen wurde, die die Rückberufung des einzig noch lebenden Bruders der Julia, Agrippa Postumus, aus der Verbannung zum Ziel hatten: Ein Julier sollte auf den Plan treten gegen den Claudier Tiberius. Der Dichter, eingesponnen in seine Welt der Liebe und des Mythos, überschaute die Konsequenzen nicht: Was für ihn vielleicht nach verwandtschaftlicher Liebe aussah: die Rückführung des verbannten Bruders, war de facto Hochverrat, und er musste als Mitwisser oder Mithelfer, jedenfalls als Sympathisant, dafür büßen – auch ohne böse Absicht, wie Actäon. Augustus verbannte alle Beteiligten, und er sah in dem Poeten der leichtfertigen Liebesgedichte einen geistigen Anstifter zur Libertinage mit all ihren schlimmen und staatsgefährdenden Folgen.

Die *Liebeskunst* gilt offiziell als Grund für die Verbannung. Ovid versucht diesen Vorwurf zu entkräften: Die *Ars Amatoria* steht schon seit Jahren unangefochten in allen römischen Bibliotheken, und es gibt doch kaum ein Buch, in dem nicht von irgendwelchen Liebesabenteuern zu lesen ist, angefangen mit den frommen Legenden über die Götter und die Gründer Roms. Aber je einleuchtender Ovid argumentiert, desto mehr rückt er, ohne es zu wollen, den anderen, den dunklen Punkt der Anklage in den Vordergrund, jenen *error* samt all dem, was Augustus nicht an die Öffentlichkeit gebracht haben will. Der Poet ist allzu beredt – kein Wunder, dass ihn der sonst so milde Augustus nicht begnadigt. Und wenn es zutrifft, dass Ovid mit einer Aktion der julischen Partei sympathisierte, so erklärt sich damit, warum auch Augustus' Stiefsohn und Nachfolger, der Claudier Tiberius, keine Gnade walten ließ.

Ovid muss sein Leben am Pontus beschließen, in Tomi, das er in seinen Versepisteln als ein trostloses kleines Provinznest charakterisiert. Was zu seiner Zeit sicher nicht allzu übertrieben war, auch wenn manche modernen Interpreten in Bezug auf Ovids Schilderungen gerne von »fiktional« sprechen. Aber die lange Zugehörigkeit zum skythischen Reich, die Verheerungen durch den Getenkönig Burebista sowie die lang anhaltenden und schweren Unruhen in den Donaulanden infolge der Dakeraufstände hatten von der einstmals hellenisch geprägten Vergangenheit aus griechischen Gründertagen nicht viel übriggelassen. Und die sichere Zukunft unter Roms Ägide, von der die ansehnlichen Baureste künden, hatte noch nicht begonnen, denn Tomi und die umgebende Region bildeten keineswegs eine richtige Provinz. Erst 44 n. Chr. kam es zur Errichtung der Provinz Moesien; vorher wurde das Gebiet von Makedonien aus verwaltet, wobei auf die Hoheitsrechte des Thrakerkönigs Rücksicht genommen werden musste.

Auch lag nicht einmal eine römische Legion in der Stadt, um gegen die Raubzüge der umwohnenden Völker sogleich einzuschreiten. So kann Ovid mit Recht sagen, dieses Tomi sei nicht nur ein trister, sondern auch ein unsicherer Exilort, denn es hafte nur lose am Rande des römischen Imperiums. Was er auch immer wieder beklagt, ist das Klima mit seinen langen, harten Wintern. Wer Rumänien, ein Land mit kontinentalem Klima, nicht nur von sommerlichen Urlaubstagen am Sonnenstrand von Mamaia kennt, an dessen Stelle sich damals noch ungesunde Lagunen ausbreiteten, wird Ovids Klagen nicht unberechtigt finden. Und selbst wenn es dort Leute gab, die lateinisch sprachen und gebildet waren – die Ovid nicht erwähnt –, so wird er sich dennoch einsam und isoliert gefühlt haben. Denn im Gegensatz etwa zur Situation Thomas Manns im Exil in Amerika hatten die unfreiwilligen Gastgeber in Tomi keinen Grund, sich des verbannten Römers, auf dem der Zorn des Caesars lastete, besonders anzunehmen. So sah sich Ovid umso mehr auf sich selbst, auf seine Kunst angewiesen als das Einzige, das ihm geblieben war. Immerhin durfte er schreiben, seine Versepisteln gelangten nach Rom und fanden dort Verbreitung.

Ille ego qui fuerim, tenerorum lusor amorum,
  quem legis, ut noris, accipe posteritas.

Wer ich gewesen, ich tändelnder Dichter der zärtlichen
  Liebe,
dass du, Nachwelt, erfährst, wen du gelesen –
  vernimm!

(*Trist.* 4,10,1 f.)

So beginnt Ovid sein autobiographisches Gedicht, in dem er Sulmo als seine Heimat preist, aus weiter Ferne, aus Tomi am Gestade des Schwarzen Meeres. Ein Bogen spannt sich zwischen beiden Orten, denn die gleiche Statue wie in Sulmona, von Ettore Ferrari im 19. Jahrhundert geschaffen, steht noch heute in Constanța, dem antiken Tomi. Sie sollte die Verbundenheit der beiden Völker im romanischen Erbe ausdrücken. Verse Ovids, die er sich als Grabspruch gewählt hat, stehen am Denkmal in Constanța angeschrieben: Auch hier nennt sich Ovid den »Sänger der zärtlichen Liebesgefühle – *tenerorum lusor amorum*«. Meint er nur seine *Amores* damit, nennt er die *Metamorphosen* nicht, weil er sie noch nicht offiziell herausgegeben hatte? Oder will er sich damit auch als einen Typus des sensiblen Dichters darstellen, der in all seinen Werken die Liebe und das mit ihr verbundene empfindsame Lebensgefühl zum Thema hatte? Für ihn ist es umso schlimmer, fern am Ende der Welt in einer halbbarbarischen Gegend leben zu müssen – ohne Familie und Freunde, ohne Bücher, ohne schöne Frauen und all die Anregungen der Großstadt! Das Werk, das er nach den *Metamorphosen* begonnen und schon halb vollendet hatte, die *Fasti*, den römischen Festkalender, kann er nicht fortsetzen. Ausführlich hatte er die religiösen Feste in Rom, ihre Schauplätze und Ursprungsgeschichten, all die alten Mythen und Bräuche im Jahreskreis beschrieben, nicht antiquarisch trocken, sondern mit ovidischem Esprit. Vielleicht hatte er sich entsonnen, wie man in seiner Jugend in Sulmo die Götterfeste feierte, wie er selbst bei der heiligen Feier zu Ehren des Hercules die Stufen zu jenem Heiligtum hinaufgeschritten war, das man nun wieder ausgegraben hat. Ob man in Sulmo etwas davon hörte, dass der berühmte Sohn der Stadt in Ungnade gefallen war? In späterer Zeit erzählte man sich im Volk, »Vidius« habe die Tochter des Kaisers geliebt, und dieser habe ihn dafür in die Verbannung geschickt, nach Sibirien, und dort sei er vor lauter Kälte gestorben. Von geradezu sibirischer Kälte erzählt auch der Dichter selbst: Man wird es nicht glauben, sagt er, aber er erlebte es, dass der Pontus zufror, er betrat selbst die schimmernde Eisfläche! (Wegen der großen dort einmündenden Ströme und ihrer Süßwasserzufuhr werden im Jahr bis zu 50 Eistage im Küstengebiet registriert.) Und im Winter kommen räuberische Nomadenhorden und greifen die Stadt an, die Einwohner bilden eine Miliz, zu der auch Ovid gehört (er hat ja noch sein Bürgerrecht). Er, der bisher nur im »Liebeskrieg« die Waffen führte: »*Militat omnis amans* – Jeder Liebende tut Kriegsdienst«, drückt nun den Helm aufs ergrauende Haupt, erklettert den Wachturm und erblickt voller Schrecken die heranreitenden Feinde mit ihren schwirrenden Pfeilen. Krankheit und Einsamkeit bedrohen den Verbannten gleichermaßen; wie die Exildichter unserer Zeit quält er sich mit Selbstzweifeln, befürchtet aufkommende Sprachlosigkeit oder nachlassende Schöpferkraft. Die Nachwelt spürt nichts dergleichen, weder bei Ovid noch etwa bei Thomas Manns Werken aus dem Exil – was nicht heißen muss, dass es den Dichtern, herausgerissen aus ihrem Sprach- und Kulturraum, nicht ernst war mit solchen Gedanken und Vorstellungen. Der Vergleich Ovids mit den emigrierten Künstlern unserer Zeit zeigt den römischen Dichter geradezu als Vater der Exilpoesie, der alle Leiden und Konflikte des *exul poeta* exemplarisch durchlitten hat. In der künstlerischen Durchdringung und Gestaltung hat er sich befreit und hat überlebt. Er vermag sich selbst als einen »Helden« seiner *Metamorphosen* zu sehen: Vom gefeierten Dichter Roms zum Verbannten von Tomi ist fürwahr eine Verwandlung besonderer Art! Ovids eigenes Fühlen und Denken angesichts der fremdartigen Umgebung, seine Sehnsucht nach der Heimat, die Qual der Isolation – dies alles wird ihm zum Thema seiner Dichtung.

exulis haec vox est: praebet mihi littera linguam,
  et si non liceat scribere, mutus ero.

Die Stimme eines Verbannten ist dies. Mir verleiht
  der Brief
Sprache, und wenn ich nicht schreiben dürfte, wäre
  ich stumm.

(Epist. ex Ponto 2,6,3 f.)

Die Musen haben ihn bis hierher begleitet und sind ihm
treu geblieben. Neben seinem tristen Exilort gibt es das
Reich der Dichtung und der Phantasie, aus dem ihn niemand vertreiben kann. Ovid, der wie kein anderer Dichter
in der Antike die Frauen ernst nahm, hat sein dichterisches
Vermächtnis an eine Frau gerichtet, an Perilla, eine Dichterin (vielleicht seine Stieftochter), deren Magister er früher
einmal war. Nun ermutigt er sie, sie solle sich durch sein
Schicksal nicht abschrecken lassen, sondern weiterhin den
schönen Künsten treu bleiben. Schönheit, Jugend, Glück,
alles ist vergänglich, nur die Güter des Geistes nicht:

En ego, cum caream patria vobisque domoque,
  raptaque sint, adimi quae potuere mihi,
ingenio tamen ipse meo comitor fruorque:
  Caesar in hoc potuit iuris habere nihil.

Sieh mich an, der die Heimat entbehrt, sein Haus und
  euch alle,
  mich, dem man alles geraubt, was man zu nehmen
  vermocht;
dennoch geht meine Kunst mit mir, ich erfreue mich
  ihrer;
  da hat der Kaiser selbst keinerlei Recht oder Macht.

(Trist. 3,7,45 ff.)

Ovid sollte recht behalten: Sein Reich des Geistes blieb un-
zerstörbar, es überdauerte sogar das Imperium Romanum.
Im Mittelalter war Ovid eine der führenden geistigen Gestalten. Als ein Neuerer wirkte er, wie zu seiner Lebenszeit, in den folgenden Jahrhunderten, denn sowohl die
Musik wie auch die bildende Kunst emanzipierten sich mit
Hilfe seines Werkes, vor allem der *Metamorphosen,* von
ihrer bisher ausschließlich religiösen Thematik. Und auch
in der Neuzeit hat Ovid großen Einfluss ausgeübt, man
denke nur an Goethe. In unserer Zeit treten die mit psy-
chologischem Feinstrich gezeichneten Mythengestalten
Ovids in ein neues Licht: Narziss und der Narzissmus, Dädalus und Ikarus als mahnendes Exempel für die Grenzen
und Gefahren des Forschertums und des Fortschritts, Orpheus und die moderne Künstlerproblematik, das Phäno-
men der Exilliteratur – Ovid ist ein universaler europäischer Dichter, und so lässt sich seiner ebenso an der Statue
in Sulmona gedenken wie an ihrem Ebenbild in Constanţa.

Sechstes Kapitel

Seneca in Baiae
Vom glücklichen Leben

Baiae, der Luxuskurort der Römer im westlichen Teil des
Golfs von Neapel, wurde von den einen als Absteigequar-
tier aller Laster geschmäht, von anderen wegen seiner heil-
samen Wirkung gepriesen, aber nichtsdestoweniger kamen
alle, die Sittenstrengen wie diejenigen, die den Genüssen
des Daseins zugetan waren. Es war die mondäne Atmosphäre dieses Ortes ebenso wie die heilkräftigen Quellen
aus den vulkanischen Tiefen der Erde, die (wie heute noch
in Ischia) viele Leiden linderten, was Baiae den Ruf eines
erstklassigen Heilbades und eines gesellschaftlichen Zen-
trums verschaffte. So gehörte es einfach dazu, einige Wo-
chen des Jahres hier zu verbringen oder sich eine eigene
Villa als Ferien- und Altersruhesitz zu bauen. Selbst die
großen Feldherrn wie Marius, Pompeius und Caesar hatten
hier ihre Häuser, die beherrschend von den Hängen der
Bucht herabblickten. Die Kaiser folgten ihrem Beispiel und
erbauten sich große Paläste, die aber infolge der vulkanischen Erdsenkungen im Laufe der Zeit im Meer versanken.
Um 300 n. Chr. war bei solchen Erschütterungen ein Küs-

Baiae. Ausgrabungen

tenstreifen von Baiae ins Meer gerissen worden und mit
ihm der größte Teil des imposanten Kaiserpalastes, der
200 m breit und mehrere hundert Meter lang von Kaiser
Claudius prächtig ausgestattet worden war. Mit Hilfe der
Unterwasserarchäologie hat man den luxuriösen und phan-
tasievoll angelegten Bau rekonstruieren können. Es gab dort
einen wahrhaft fürstlichen Speisesaal, der als Nymphäum
angelegt war, in Form einer Grotte mit Wasserspielen. Der
Saal war vom Meeresufer aus über einen Kanal auf einer
Barke zu erreichen, und die Gäste lagerten sich, wie der
Ausgräber Bernard Andreae erklärt, auf marmornen Ruhe-
bänken rings um ein Wasserbassin, auf dem man die Speisen in Schüsseln mit der Form von Wasservögeln herum-
fahren ließ. In den Nischen waren Statuen aufgestellt;
unter anderen hat man eine kindliche Figur der Octavia
gefunden, der Tochter des Claudius und späteren Gattin
des Nero.

In diesem Palast seines Stiefvaters residierte Kaiser
Nero, wenn er mit größerem Gefolge in Baiae weilte, wie
im März des Jahres 59 n. Chr., als er dort das mehrtägige
Minervafest begehen wollte. Zu diesen Feiertagen lud er
seine Mutter Agrippina ein. Sie nahm die Einladung gern
an als eine Geste der Versöhnung, denn das Verhältnis zu
ihrem Sohn war in letzter Zeit sehr gespannt. Dieser wusste nur zu gut, was er der machtbesessenen Mutter ver-
dankte – nichts Geringeres als den Kaiserthron. Oftmals
musste er von ihr hören, dass sie nur um seinetwillen ihren Onkel Claudius dazu gebracht habe, sie zu heiraten
und dann ihn, ihren Sohn aus erster Ehe, Lucius Domitius
Ahenobarbus, zu adoptieren und als Nero Claudius Caesar
seinem eigenen Sohn Britannicus in der Thronfolge vorzuziehen. Und nach dem plötzlichen Tod des Kaisers – infolge
eines Pilzgerichts, nicht ohne ihre Mitwirkung – hatte sie
ihm, Nero, den Thron gesichert. Sie hatte die Soldaten auf

seine Seite gebracht und alle Widerstände kaltblütig aus
dem Weg geräumt. Dass sie dann mit ihm zusammen die
Macht ausüben wollte, die sie ihm errungen hatte, war in
ihren Augen selbstverständlich. Aber der junge Kaiser
suchte sich allmählich ihrem übermächtigen und verhängnisvollen Einfluss zu entziehen, worin ihn seine guten wie
seine bösen Ratgeber bestärkten. Zu den guten gehörten
der Gardepräfekt Burrus und dessen Freund, der Philosoph
Lucius Annaeus Seneca.

Seneca entstammte einer Ritterfamilie aus Corduba in
Spanien, wo er zwischen 4 und 1 v. Chr. geboren wurde. Er
kam früh nach Rom und erhielt außer der üblichen juris-
tisch-rhetorischen Ausbildung auch eine Einführung in die
Philosophie. Wegen eines schweren Asthma- und Lungen-
leidens begab er sich zu Verwandten nach Ägypten. 31/32
kehrte er nach Rom zurück, wurde Quästor und Senator
und machte auf sich aufmerksam mit seinem Talent als
Redner und philosophischer Schriftsteller. Durch Intrigen
zu Fall gebracht, wurde er wegen angeblichen Ehebruchs

Baiae, sog. Venustempel, vermutlich Teil der Badeanlagen

mit Julia Livilla, einer Schwester Kaiser Caligulas, nach
Korsika verbannt. Erst acht Jahre später konnte er heim-
kehren. Agrippina die Jüngere, Schwester der Julia Livilla
und inzwischen Gattin des Kaisers Claudius, hatte ihn zu-
rückberufen und vertraute ihm die Erziehung ihres Sohnes, des Thronfolgers Nero, an. Als Claudius im Jahr 54
starb, war Seneca zusammen mit Burrus, dem Präfekten
der Prätorianergarde, Berater und Erzieher des siebzehn-
jährigen Kaisers. Mit der Vollmacht von Ministern lenkten
beide den jungen Princeps und damit die Geschicke des
Reiches. In seiner Denkschrift *De clementia, Über die Milde,* versucht Seneca in der Form eines Fürstenspiegels Nero
auf die Lehren der Philosophie, vor allem der Stoa, und auf
die altrömischen Tugenden festzulegen und ihn für ein
maßvolles Regiment im Sinne seines Ahnherrn Augustus
zu gewinnen: »Über die Milde zu schreiben, habe ich mir
vorgenommen, Nero Caesar, um gleichsam als Spiegel zu
dienen und dir zu zeigen, wie du zur höchsten aller Won-
nen – *ad voluptatem maximam omnium* – gelangen
kannst.« *Voluptas* ist ein Ausdruck, der gewöhnlich eher
für die Sinnenfreuden, auch in ihrer derbsten Form, gebraucht wird als für die sublime Genugtuung des Tugendhaften. Offenbar kennt Seneca seinen Zögling gut genug,
um keine Illusionen zu haben – außer der einen, dass nämlich die Tugend lehrbar sei, dass falsches Handeln nur auf
einem »falschen Bewusstsein« beruhe, einer der gewich-
tigsten, aber am ehesten zu verzeihenden Irrtümer der Antike. Und wenn der junge Herrscher nur genügend eingeübt sei ins rechte Handeln, hofft Seneca, werde er eine
Freude dabei empfinden, die, weil ruhmvoll und dauerhaft,
jeder Sinnenlust vorzuziehen sei … Für eine Erziehung
nach solchen Grundsätzen galt es natürlich, schlechte Ein-
flüsse nach Kräften auszuschalten, auch wenn es sich um
die Mutter des Zöglings und die eigene Gönnerin handelte.

So wurde Nero von Seneca darin bestärkt, Agrippina gegenüber seinen eigenen Willen durchzusetzen, wenn dies
auch zwangsläufig mit einer Duldung seiner Exzesse verbunden war. Er habe ihm zweifelhafte Abenteuer, Amouren und seine kindischen Künstlerneigungen durchgehen
lassen, um ihn auf seiner Seite zu halten und Schlimmeres
zu verhüten, wird Seneca später entschuldigend sagen, als
sein Zögling zum Monstrum geworden war. Manche seiner Zeitgenossen wie auch die Nachwelt haben anklagend
den Zeigefinger erhoben: Es gilt stets, den Anfängen zu
wehren; ein schwächliches Gewährenlassen in der Hoffnung, Schlimmeres zu verhüten, hat in der Geschichte niemals zum gewünschten Erfolg geführt. Seneca, der Philosoph, der so handelte, war damit, wie Ludwig Marcuse es
formuliert hat, »theoretisch ein Fels und praktisch ein Mitmacher«.

Die Ereignisse in Baiae in jenen Tagen zwischen dem
19. und dem 23. März 59, von denen Tacitus und Sueton
berichten, scheinen diesem Verdikt recht zu geben. Die
Einladung Agrippinas war in Wahrheit keine Geste der
Versöhnung. Nero fühlte sich durch den Machtanspruch
der Mutter, der wie ein Alp auf ihm lastete, so in die Enge
getrieben, dass er an ihren Tod dachte. Er hatte ihre An-
sprüche zurückgewiesen und sie politisch entmachtet: Nun
drohte sie mit ihrer Beliebtheit bei den Prätorianern. Auch
auf die von ihrem Gatten Nero verschmähte, aber im Volk
beliebte Octavia gedachte sie sich zu stützen, ja, die Fama
wusste sogar, dass sie den widerstrebenden Sohn durch Inzest an sich fesseln wollte. Nero wagte es nicht, sich einem
seiner Freunde anzuvertrauen. Ein Freigelassener, der bis
zum Flottenkommandanten von Misenum aufgestiegen
war, erbot sich schließlich, Agrippina auf einem eigens prä-
parierten Schiff durch einen »Unfall auf dem Meere« zu
beseitigen. Nero stimmte zu – er reiste nach Baiae und lud

Kaiser Nero.
Museo Nazionale, Rom

seine Mutter mit herzlichen Worten dorthin ein. Agrippina stieg in Bauli in ihrer Villa ab und begab sich ins nahe Baiae, wo ihr Sohn sie mit Händedruck und Umarmung empfing und in den Palast geleitete. Im prunkvollen Speisesaal wurde bei bester Laune getafelt; spät erst hob der Kaiser die Tafel auf und geleitete seine Mutter zu dem Schiff, das für sie bereitlag. Unter Küssen und zärtlichen Worten nahm er Abschied. Das Schiff hatte bei sternklarer Nacht und ruhiger See fast schon den Weg zurückgelegt, als das durch Blei beschwerte Dach der Kajüte herabstürzte und einige Personen auf Deck erschlug. Agrippina wurde getroffen, trug aber nur eine Wunde davon; sie rettete sich schwimmend ans Ufer und dann zu ihrer nahegelegenen Villa. Ihr war sogleich klar, was geschehen war, und sie beschloss, ihrem Sohn eine Botschaft zu schicken: Durch die Gnade der Götter und ihm zur Freude sei sie einem schlimmen Unfall entronnen.

Agrippina.
Ny-Carlsberg-Glypto-
tek, Kopenhagen

Nero geriet in Panik. Er war sicher, dass seine Mutter
wut- und racheschnaubend herbeieilen und all ihre Dro-
hungen wahrmachen werde. Wer könne ihm nun helfen?
Nur Burrus und Seneca! Er ließ sie sogleich herbeirufen
und klärte sie über alles auf, »wobei es unsicher ist, ob sie
vorher Bescheid wussten«, wie der skeptische Tacitus bei-
fügt (*Ann.* 14,7). Langes Schweigen, währenddessen allen
dreien klar wird, dass man Agrippina zuvorkommen muss.
Wenn sie die Prätorianer aufruft und sie an ihren Treueeid
gegenüber den Nachkommen des Augustus erinnert –
wenn sie, die blutmäßige Nachfahrin des Augustus, gegen
den bloß adoptierten Domitius Ahenobarbus Nero steht?
Dann droht Bürgerkrieg. Eine unheilvolle Situation in jener Nacht im heiter-mondänen Seebad Baiae, dem Ort der
Erholung und der Lebensfreude. Seneca begreift, dass es
keinen Ausweg gibt. Weder für Nero, den Kaiser, noch für
ihn, Seneca, den Menschen, der sein Leben nach philoso-

phischen Grundsätzen ausrichten möchte. Er bricht das Schweigen, indem er mit einem Blick auf Burrus fragt, ob man die Soldaten mit der Tötung Agrippinas beauftragen könne. Nein, sagt Burrus und bestätigt Senecas Überlegungen. Niemals werden sie der Urenkelin des Augustus, der Tochter des vergötterten Truppenführers Germanicus, ein Leid antun. Der Freigelassene Anicetus solle, da sein erster Plan gescheitert sei, die Sache zu Ende bringen. Und dieser, ebenso in einer Zwangslage wie die anderen, bringt es zu Ende. An der Spitze eines Mordkommandos verschafft er sich noch in der Nacht Zugang zu Agrippinas Villa in Bauli und tötet die Kaisermutter. In ihren jungen Jahren war ihr ein Orakel zuteil geworden: Ihr Sohn werde Kaiser werden, und sie werde durch ihn umkommen. »Mag er mich töten, wenn er nur Kaiser wird!«, soll sie gesagt haben. Nun traf das Schicksal ein. Sie zeigte den Mördern ihren Leib, der den Muttermörder geboren hatte, und rief: »Stoßt zu!«, und diese taten es. Ihre Diener setzten sie im Stillen bei. Noch heute bewahrt das Dorf Bacoli, das antike Bauli, ihr Gedächtnis, wenn auch das sogenannte Grab der Agrippina in Wirklichkeit ein Odeion, der Theater- und Musikraum einer römischen Villa ist.

Nero fühlte sich wie von einem Alpdruck befreit (was freilich nicht ausschloss, dass ihn später die Furien als Muttermörder verfolgten), er spürte aber den Drang, sich vor der Öffentlichkeit zu rechtfertigen. In einem kaiserlichen Dekret beschuldigte er Agrippina eines Attentatsversuchs, häufte Schandtaten aller Art auf ihr Haupt und schloss, es sei ein Segen für alle, dass sie tot sei. Aber ein Muttermord aus Staatsräson erschien im Volk doch allzu bedenklich, und die Folge war, wie Tacitus sagt, dass nicht nur Nero in Verruf kam, sondern auch Seneca. Man wusste ja, dass er die Verlautbarungen des Princeps formulierte, und so hatte er damit ein Geständnis abgelegt.

Die Nacht von Baiae brachte einen Wendepunkt in Senecas Leben. Die Billigung, ja Anstiftung zum Muttermord war mehr als einer jener gutgemeinten Kompromisse, mit denen man »Schlimmeres verhüten« will. Die Folgen bekam Seneca alsbald zu spüren. Denn nicht nur er hatte Agrippinas Tod, wie man heute sagen würde, »billigend in Kauf genommen«, er befand sich damit in höchst unerwünschter Gesellschaft. Als eigentliche Nutznießerin der Tat trat nun die ebenso schöne wie sittenlose Poppaea Sabina hervor, die Geliebte Neros, die es an Ehrgeiz und Skrupellosigkeit mit der toten Kaisermutter durchaus aufnehmen konnte. Sie wollte keine von Neros zahllosen Amouren sein, sie wollte Kaiserin werden und den Kaiser selbst beherrschen. Agrippinas Einfluss hatte ihr im Wege gestanden. Nun war sie dem ersehnten Ziel nahe. Es galt noch, Octavia aus dem Weg zu räumen: Wenn Seneca auch dabei mitmachte, konnte man ihn als den Schuldigen hinstellen und beim Volk diskreditieren. Damit wäre auch seine Macht gebrochen, und was Burrus anging, so litt er an einer Krankheit, der man »abhelfen« konnte. Nero und Poppaea beherrschten dann die Welt – wie es in den gleisnerischen Klängen am Ende von Monteverdis Oper *Die Krönung der Poppäa* Ausdruck findet.

Seneca wusste, dass er verloren hatte. Nach Agrippinas Tod gab es für Nero kein Halten mehr: Alles schien ihm erlaubt. Und Senecas eigene Stellung war nachhaltig erschüttert. Was konnte er dem Princeps noch verbieten, nachdem er den Muttermord erlaubt hatte? Poppaea und der lasterhafte Tigellinus, der nach Burrus' Tod die Prätorianer befehligte, waren nun Neros Ratgeber. Neider und Missgünstige fielen über Seneca her und schwärzten ihn beim Princeps an: Dieser Seneca preist das einfache Leben, dabei hat er ungeheure Reichtümer angehäuft – er hält sich für einen Philosophen, dabei lehrt er nur unfruchtbare

Künste als Präzeptor unerfahrener junger Leute. Und den Kaiser selbst hat er nun lange genug gegängelt: »Wie lange noch soll nur das im Staat für großartig gelten, was Senecas Idee ist?« Noch die gehässigsten Vorwürfe bestätigen seine positive Rolle als Führer und Lenker des labilen neurotischen Kaisers. Man wird später von dem *felix quinquennium*, dem glücklichen Jahrfünft der Regierung Neros sprechen, das zu Roms besten Zeiten gehört habe: die Jahre von 54 bis 59, als Senecas Einfluss dominierte. Und es war kein Geringerer als Kaiser Trajan, der Princeps Optimus, der jenes Urteil abgab.

War es also doch richtig, dass Seneca Verantwortung übernommen, Kompromisse geschlossen hatte? Oder hätte er sogleich damals, als er aus dem Exil aus Korsika zurückkam, Agrippinas Vorschlag, ihren Sohn zu erziehen, zwar undankbar, aber in weiser Voraussicht ablehnen sollen? Konnte man ein Philosoph sein, das heißt, sich nach bestimmten ethischen Vorstellungen ausrichten und doch im politischen Leben aktiv sein, ohne seine weiße Weste zu beschmutzen? »Lebe im Verborgenen«, rieten die Epikureer, »nur so wirst du dir deine Seelenruhe bewahren können.« Aber schon Cicero hatte darauf hingewiesen: Wenn sich alle in die Gärten Epikurs zurückziehen, dann werden destruktive Existenzen wie ein Catilina den Staat zerstören und auch die Gärten der friedvollen Jünger Epikurs verwüsten. Die Stoiker forderten die Teilnahme des Weisen am Staat, denn der Mensch ist, wie sie lehrten, zum allgemeinen Nutzen geboren. Seneca hatte den Auftrag angenommen, er hatte versucht, seinen Zögling davon zu überzeugen, dass die größte *voluptas* im rechten, an Vernunft und Moral orientierten Handeln liegt. Er war gescheitert, war schuldig geworden. Und er gab der Mit- und der Nachwelt die Frage auf, ob jeder, der sich in kritischen Situationen im Staat betätigt, ob überhaupt jeder, der han-

delt, »theoretisch ein Fels und praktisch ein Mitmacher« ist
– und wie er, Seneca, sich hätte verhalten sollen. Nun
reichte er seinen Rücktritt ein.

Klug und vorsichtig dankt er dem Kaiser für alle Wohltaten und alle Reichtümer, die er von ihm erhalten habe,
und bittet ihn, dass er als ein von Alter und Mühen ge-
schwächter Greis sein Leben in Ruhe und Abgeschiedenheit beschließen dürfe. Die Güter aber möge er zurücknehmen: »Ich werde mich ja damit nicht in Armut stürzen.
Und wenn ich all das, was mich mit seinem Glanz geblen-
det hat, abgegeben habe, dann werde ich vielmehr die Zeit,
die ich bisher auf die Verwaltung meiner Gärten und Villen verwandt habe, der geistigen Beschäftigung widmen.«
Nero antwortet ebenso gewandt, wie er es von seinem
Mentor gelernt habe, er verbirgt hinter höflich-dankbaren
Worten, dass die Zeiten der gegenseitigen Bindung vorbei
sind. Die Güter aber will er keineswegs zurücknehmen,
was würde das für einen Eindruck machen? Man würde
denken, Seneca habe Angst vor der Habgier oder der Grausamkeit des Kaisers! Mit Kuss und Umarmung endet die
Begegnung, wie bei Agrippina.

Seneca zieht sich aus der Öffentlichkeit zurück; er stellt
die Empfänge in seinem Hause ein, geht nur selten und
mit kleinem Gefolge aus und hält sich, offiziell aus Rücksicht auf seine geschwächte Gesundheit, meist auf dem
Lande auf. Einige Zeit später ist er wieder in Baiae.

In einem Brief an seinen Freund und Schüler Lucilius
schildert er anschaulich das rege Treiben um ihn herum,
denn er hat sich direkt über einer Badeanstalt einquartiert.
Man denke an die Ruinen der sogenannten Venusthermen:
ein riesiger Komplex, der Platz bot für all jene Einrichtun-
gen eines »Erlebnisbades«, dessen Geräusche Seneca hu-
morvoll beschreibt. Aus einem Fitness-Studio dringt das
Stöhnen und Schnaufen der dort Trainierenden, die ihre

bleibewehrten Fäuste niedersausen lassen, das Klatschen
der Handflächen beim Massieren, das eintönige Zählen der
Bälle beim Ballspiel. Dazu kommt das Rufen und Schreien
der Badenden, die mit lautem Platschen ins Wasser sprin-
gen. Außerdem vernimmt man den ganzen Tag die Stimmen der Limonadenverkäufer, der Zuckerbäcker und der
Garküchengehilfen, die ihre schnellen Mahlzeiten anprei-
sen: Jeder stößt seine eigens modulierten Rufe aus, die er
ständig wiederholt. Und nicht zu vergessen die Barbiere
und die Effilierer, die Haarauszupfer, die schreiend auf sich
aufmerksam machen, bis sie dann den Kunden statt ihrer
zum Schreien zwingen. »Ja bist du denn aus Eisen oder
taub, dass dir inmitten solchen Getöses der Verstand klar
bleibt?« So nimmt Seneca die Einwände seines Briefpart-
ners vorweg und versichert, dass er sich gegen all diesen

Seneca.
Doppelherme,
Pergamonmuseum,
Berlin

Lärm bereits abgehärtet habe, so dass er es sogar ertragen könne, den Rudermeister zu hören, wie er mit gellender Stimme den Ruderern den Takt angibt. »Ich zwinge nämlich den Geist, auf sich gerichtet zu sein und sich nicht von Äußerlichkeiten ablenken zu lassen. Draußen mag alles von Lärm widerhallen, wenn nur im Innern kein Aufruhr herrscht, wenn Begierde und Furcht nicht miteinander im Streit liegen, wenn Habgier und Genusssucht sich nicht gegenseitig die Herrschaft streitig machen. Denn was nützt das tiefste Schweigen in der ganzen Umgebung, wenn die Leidenschaften lärmen und toben?« Und Seneca erklärt seinem Lucilius, dass er sich auf diese Weise erproben und üben wollte. »Denn das musst du wissen: Erst dann bist du gefestigt, wenn dich kein Lärm erreicht, wenn dich keine Stimme in Aufregung bringen kann, nicht wenn sie schmeichelt und nicht wenn sie droht, und nicht wenn sie dich mit leerem Schall geräuschvoll umtönt.« – »Nun gut, aber ist es bisweilen nicht bequemer, auf lärmende Stimmen zu verzichten?« – »Ja, ich gebe es zu, und deshalb werde ich auch diesen Ort verlassen und mich nicht weiter quälen lassen.«

Was uns zunächst wundert: dass sich Seneca an solch einem Ort aufhält und sich nicht in einer ruhigen Villa einquartiert – sein Freund Piso besitzt eine sehr schöne dort –, enthüllt sich als *exercitatio,* als geistige Übung, wie sie zur philosophischen Lebenspraxis gehört.

Die antike Philosophie ist keine akademische Theorie, sie will gelebt werden. Nur so kann sie ihr Ziel erreichen, den Menschen zu formen, ihn umzuformen in Hinblick auf die »Gesundheit der Seele«, die ihr großer Meister Sokrates im Blick hatte. Nur durch stetiges Arbeiten an sich selbst erreicht man dieses Ziel, und dabei hilft ein System von geistigen Übungen, wie Meditation, Gewissenserforschung, Betrachtung der Natur, des Unendlichen als Ge-

gensatz zum endlichen Menschenleben. Diese Übungen
wurden besonders bei den Stoikern gepflegt – man denke
an Marc Aurel und sein philosophisches Tagebuch –, aber
auch die Epikureer bedienten sich ihrer, wie Lukrez und
Horaz zeigen. Der Stoiker Seneca hat sich also hier in
Baiae einer solchen *exercitatio* unterzogen, und diese »See-
lenkur« soll ihn abhärten, aber nicht nur gegen ein unkon-
trolliertes Walten der Affekte in seiner Seele: die Stimme,
die schmeichelt oder droht und gegen die er immun werden will – sein Briefpartner wusste wohl, was da gemeint
war. Senecas Rückzug garantierte ihm zu Lebzeiten Neros
kein ungestörtes, friedliches Alter. Und er weiß seine Zeit
zu nutzen. *De vita beata, Vom glücklichen Leben,* heißt
eine kleine Schrift, neben *De brevitate vitae, Von der Kürze des Lebens,* das heutzutage bekannteste seiner philosophischen Werke. Wie man glücklich, das heißt im Einklang
mit sich und der Natur leben kann, ist das Thema aller
Werke Senecas, wie *De tranquillitate animi, Von der Ruhe
des Gemüts; De otio, Von der Muße;* aber auch seines
Hauptwerkes, der *Epistulae morales,* der *Briefe an Lucilius*
(124 Briefe in 20 Büchern, darunter der Brief aus Baiae:
6,56). Es geht darin um das Freisein von Affekten, um Ge-
nügsamkeit, das Genießen der Güter, die die Natur
schenkt, ruhiges Verzichten auf alles, was sie verweigert
oder nimmt, im Blick auf die Weite des Kosmos ein richti-
ges Einschätzen des Lebens und die Verbundenheit mit allen Menschen, Dienst an der Menschheit – und die Vorbereitung auf den Tod, der von der Natur als zum Leben ge-
hörig festgesetzt wurde.

Harte Exerzitien, wenn sie nicht in einen Lebenszusam-
menhang gestellt wären, in die persönliche Beziehung Senecas zu Lucilius, einem zehn Jahre jüngeren, lebenser-
probten Mann, der damals Prokurator von Sizilien war,
aber Seneca noch immer als seinen Meister auf dem Wege

der Vervollkommnung ansieht. Und auch Seneca ist noch nicht vollkommen; er ist ein Philo-sophos, ein Freund der Weisheit, und klärt im Dialog mit Lucilius die Dinge auch für sich selber. Die Briefform und die Rücksicht auf den Adressaten lässt auch niemals ein trockenes Dozieren aufkommen, stets wird der Lebenssituation Rechnung getragen, werden Erlebnisse und Ereignisse einbezogen und zum Ausgangspunkt für neue Überlegungen gemacht.

»Ein Bild seines Lebens« wollte Seneca den Seinen hinterlassen, und er hat es mit seinem Werk, mit den einzelnen Schriften wie mit diesem sorgfältig aufgebauten Briefcorpus getan. Doch gilt für ihn wie für Cicero, dass die Philosophie, wenn sie wirklich gelebt wird, nicht unpolitisch sein kann, dass sie also in Konflikt mit der Welt gerät. Seneca in Baiae – der Weise im Weltgetriebe, zwischen Macht und Moral: Die Geschichte ist noch nicht zu Ende. In den Jahren 62–65 verfasste Seneca neben den *Briefen an Lucilius* die Schrift *De beneficiis, Von den Wohltaten*. Da der Weise seine Güter stets in innerer Unabhängigkeit besitzt (»Haben, als hätte man nicht«), wird er auch gerne anderen davon mitteilen, freilich in rechter Gesinnung. Ebenso wird er erwiesene Wohltaten vergelten, was auch einem moralisch minderwertigen Menschen gegenüber gilt. »Aber wenn bei jemand überhaupt keine Hoffnung darauf besteht, dass er zur Vernunft kommen könnte, dann will ich mit ein und derselben Hand allen eine Wohltat erweisen und die seinige vergelten. Da ja für solche Charaktere der Tod ein Heilmittel darstellt, ist es für den, der nicht zu sich selbst kommen kann, am besten, wenn er fortgeht.«

Inzwischen hatte Nero die Majestätsprozesse wieder eingeführt – eine bequeme Handhabe gegen jeden Missliebigen, er hatte Octavia ermorden lassen und sich mit Poppaea Sabina vermählt. Dann hatte er den Brand Roms im Jahre 64 zum Anlass für eine der ersten Christenverfolgungen gemacht und begonnen, sich das Goldene Haus, eine Palastanlage von riesigen Ausmaßen, zu erbauen, für deren Finanzierung jeder Begüterte einen Majestätsprozess fürchten musste. Trafen nicht auf Nero die Worte Senecas zu, der fortfährt: »Doch eine solche Schlechtigkeit ist selten, und man pflegt sie für ein *portentum* zu halten, ein Unheilszeichen, wie wenn sich die Erde öffnet oder Feuer aus Meerestiefen hervorbricht. Deshalb wollen wir davor zurückweichen und uns Fehlern zuwenden, die wir ablehnen, aber ohne Grauen« (*Benef.* 7,20,3 f.). Doppeldeutig ist die Sprache – oder eher eindeutig? *Portentum* ist ein *monstrum*, ein Ungeheuer wie ein Tier mit zwei Köpfen – es zeigt den Zorn der Götter an und muss entfernt werden. *Recedere*, zurückweichen, kann auch »sich lossagen« heißen: Wir wollen uns von diesem Monstrum lossagen, das auf keine Weise mehr geheilt werden kann.

Nicht nur Seneca dachte an die Entfernung des Monstrums. Sein Freund C. Calpurnius Piso wurde zum Haupt einer Verschwörung gegen Nero. In Pisos Villa in Baiae, die der Kaiser gern besuchte, wenn er ohne Gefolge dort weilte, wollte man ihn ermorden. Doch Piso schreckte vor der Verletzung des Gastrechtes zurück, die ein böses Omen für Roms Zukunft sei. In Rom sollte die Tat geschehen, dort, wo der entartete Herrscher seine Untaten ausübte. Viele Männer und Frauen aus allen Gesellschaftskreisen hatten sich der Verschwörung angeschlossen, wie der Prätorianerpräfekt Faenius Rufus und die Freigelassene Epicharis. Tacitus berichtet – allerdings als *fama* –, man habe im Kreise der beteiligten Offiziere sogar daran gedacht, nach der Ermordung Neros auch Piso zu beseitigen und Seneca auf den Thron zu heben, »als ob gleichsam ihre Schuld ausgelöscht sei, wenn sie einen Mann, der durch seine Tugenden berühmt sei, zur höchsten Würde erwählten« (*Ann.* 15,65).

Rubens, Der sterbende Seneca. Alte Pinakothek München

Durch die Denunziation von Sklaven wurde die Verschwörung aufgedeckt. Als einer der Verhafteten Senecas
Namen nennt, ist der Princeps hocherfreut. Endlich hat er
eine Handhabe, den lästigen Tugendprediger aus dem
Wege zu räumen. Selbst in stiller Zurückgezogenheit auf
dem Lande ist er eine stete Anklage für seinen ehemaligen
Schüler. Er lässt Seneca seinen Tod befehlen: *voluntaria*

mors, der freiwillige Tod, jene Gnade kaiserlicher Tyrannen, die dem Verurteilten den Selbstmord freistellt und
ihm die schimpfliche Hinrichtung erspart. Bei äußerster
Bedrückung durch unheilbare Krankheit oder Tyrannei den
Tod zu wählen, gilt für die Stoiker als legitimer Ausweg,
als Weg in die Freiheit zur Rettung der autonomen sittlichen Persönlichkeit. »Und wenn einmal die Natur mein
Leben zurückfordert oder ich selbst es aus eigenem Ermessen zurückgebe, dann will ich das Zeugnis hinterlassen,
dass ich ein gutes Gewissen und edle Bestrebungen geliebt
und dass ich keines Menschen Freiheit, am wenigsten meine eigene, verletzt habe« (*De vita beata* 20,5). Seneca war
sich immer im Klaren gewesen, dass das Leben die Vorbereitung auf den Tod ist: »Schlecht lebt, wer nicht gut zu
sterben weiß.« Seneca starb einen würdigen Tod, im Kreise
seiner Freunde, die er aufmunterte im Bewusstsein, dass
der Tod kein Übel sei für diejenigen, die sich zu Lebzeiten
um die Gesundheit ihrer Seele bemüht hatten. Hier wird
besonders deutlich, wie dieses stoische, sokratisch beein-
flusste, römisch geprägte Philosophieren geradezu eine Religion ist. Man hat oft gesagt, Seneca habe seinen Tod nach
dem des Sokrates »stilisiert« – was falsch ist, wenn man es
in einem äußerlichen Sinne versteht, aber zutrifft, wenn
man an eine geistige Gemeinschaft über Raum und Zeit
hinweg denkt: Der unbeugsame Stoiker Cato las vor seinem selbstbestimmten Tode Platons *Phaidon*, und noch
Kaiser Julian starb 363 n. Chr. im Gedenken an Sokrates
und jene im *Phaidon* wiedergegebenen letzten Reden über
die Unsterblichkeit der Seele.

Rubens hat in seinem Gemälde *Der sterbende Seneca*
den Augenblick festgehalten, in dem der Philosoph im Bei-
sein des Arztes, eines eifrig mitschreibenden Schülers und
der Soldaten gleichsam visionär sein Lebensziel erblickt,
den Übergang in eine andere, in die ewige Welt. Trotz aller

Schmerzen scheint er heiter, so wie er an Lucilius geschrieben hatte: »Das verbürgt uns die Philosophie: heiter zu sein selbst im Angesicht des Todes« (*Ep.* 4,30,3).

Seneca durfte seinen anwesenden Freunden in seinem Testament nichts hinterlassen; der Kaiser hatte es verboten. So verwies er sie auf das Bild seines Lebens, *imaginem vitae* (*Ann.* 15,62). Hierzu gehören seine Schriften und Maximen zur Lebensführung, die in ihrer geistvoll-pointierten, dabei aber leicht eingängigen Art heute noch zum Lesenswertesten gehören, was aus der Antike überliefert ist. Das Bild seines Lebens umfasst aber auch sein politisches Wirken, seine Bemühungen, einen philosophisch gebildeten Herrscher heranzuziehen, der im Sinne der göttlichen Weltvernunft zum Wohl der Menschheit tätig sein soll. Und trotz seines Scheiterns wirkten diese seine Ideen mit »utopischer Energie« weiter und verwirklichten sich schließlich, für einen glücklichen Augenblick der Weltgeschichte, im Wahl- oder Adoptivkaisertum des 2. nachchristlichen Jahrhunderts.

Siebtes Kapitel

Petron in Neros Goldenem Haus in Rom
Elegantiae Arbiter

»Jetzt fange ich endlich an, menschenwürdig zu wohnen«, erklärte Kaiser Nero bei der Einweihung seines Goldenen Hauses in Rom. Neros früheres Domizil führte den Namen *Domus transitoria*, Passagenhaus, weil es die kaiserlichen Wohnanlagen vom Palatin bis zum Esquilin verband. Der große Brand des Jahres 64 n. Chr. hatte diesen Bau vernichtet, Nero aber erhielt damit die Möglichkeit, auf dem nun reichlich vorhandenen freien Gelände einen neuen Wohnsitz zu errichten. Ein Haus für den Herrn der Welt: das konnte keine noch so prächtige Stadtvilla sein, denn unvorstellbar teure Luxusvillen besaßen zahlreiche Angehörige der römischen Oberschicht, ja sogar viele zu Geld und Ansehen gekommene Freigelassene. Neros neuer Palast sollte von der Idee her etwas Neues und Besonderes sein; das Unmögliche wurde hier möglich, wurde Ereignis. Es entstand eine *villa suburbana*, ein Landhaus mitten in der Stadt. Neros Biograph Sueton berichtet:

In der Vorhalle hatte eine Kolossalstatue Neros von
120 Fuß [36 m] Höhe Platz, und die aus drei Säulenrei-
hen bestehenden Kolonnaden hatten eine Länge von einer Meile [1480 m]. Auch ein künstlicher See befand
sich innerhalb dieser Anlagen, der wie ein Meer von
Gebäuden umgeben war, die Städte vorstellen sollten.
Obendrein gab es noch Ländereien mit Kornfeldern,
Weinbergen, Wiesen und Wäldern in buntem Wechsel,
mit einer Fülle von zahmem und wildem Getier aller
Arten. Die Innenräume des Palastes waren sämtlich
vergoldet und mit Edelsteinen und Perlmutt ausgelegt.
Die Speisesäle hatten mit Elfenbeinschnitzerei verzierte
Kassettendecken, deren Täfelung verschiebbar war, damit man Blumen auf die Gäste herabregnen lassen
konnte, und ein Röhrenwerk, um duftende Essenzen
herabzusprühen. Der Bankettsaal besaß die Form einer
Rotunde, deren Kuppel sich wie das Weltall Tag und
Nacht beständig drehte. In die Bäder floss auch Wasser
aus dem Meer und schwefelhaltiges aus den Albula-
quellen [bei Tivoli].   (Kap. 31)

Die gesamte Anlage von etwa 50 Hektar erstreckte sich
vom Palatin und vom Forum über die Hügel des Caelius
und Oppius und umfasste die gesamte Talsenke mit dem
späteren Kolosseum und dem Konstantinsbogen (Peterskirche samt Petersplatz und Vatikan hätten darin Platz gefunden). Solch eine exzentrische Verdrängung von Wohnge-
biet mitten in der Stadt erregte den Unwillen der Römer.
Ein Spottvers ging um:

Roma domus fiet: Veios migrate, Quirites,
  si non et Veios occupat ista domus.

Rom wird zu einem einzigen Haus: Wandert aus
ihr Römer, nach Veji
falls nicht dieses Haus auch noch Veji vereinnahmt.

(Sueton, *Nero* 39)

Und diese Stadt war 20 km von Rom entfernt ... Wer
heute in der Nähe des Kolosseums, vom Parco Oppio aus
die Ruinen des Goldenen Hauses besichtigt, wird ent-
täuscht sein. Von all der Pracht, die Sueton schildert, sind
kaum Spuren geblieben. Neros Vorgriff auf den Absolu-
tismus wurde von seinen Nachfolgern wieder zurückge-
nommen. Bürgerhaus statt Prunkpalast, lautete die Devi-
se. Vespasian schüttete den See zu und errichtete in der
Senke das Amphitheatrum Flavium. Es wurde später Kolosseum genannt nach der Kolossalfigur Neros, der Vespasian den Kopf des Sonnengottes aufsetzen ließ und die
von Hadrian vor das Amphitheater versetzt wurde. Domitian, Titus und Trajan trugen das Goldene Haus weitgehend ab, hoben das Erdniveau an und errichteten öffentliche Thermen darauf. So sind die Räume, die besichtigt
werden können, vorwiegend unterirdisch gelegen. Man
wandert durch endlose, hohe Korridore und erblickt eine
Flucht von Räumen, zum Teil mit eleganten Malereien:
Figuren von Menschen und Tieren, Blatt- und Ranken-
werk, und darunter eingeritzt die Namen berühmter Besucher: Maler aus der Schule Raffaels, die sich wie
ihr Meister von diesen »Grotesken«, den unterirdischen
Grottenmalereien, anregen ließen. Beeindruckend ist der
achteckige Kuppelsaal, der eine runde Öffnung zum Licht-
einfall besitzt wie das Pantheon. Die Idee eines hellenistischen Gottkönigtums findet in dieser aufwendigen Architektur ihren Ausdruck, wie sich ja auch der Name »Goldenes Haus« nicht nur auf die vergoldete Pracht bezog,
sondern auf die damit verbundene Sonnensymbolik: Nero

als eine Verkörperung des Sonnengottes, seine Monumen-
talstatue als Replik des dem Helios geweihten Kolosses
von Rhodos und der sich drehende Kuppelsaal als Abbild
des Weltalls, in dessen Höhen der Sonnengott seine Bahn
zieht. Der Palast war mit berühmten Kunstwerken ge-
schmückt, die Nero zum Teil aus Griechenland herbei-
schaffen ließ. In einem der Empfangssäle hat man 1506
die Laokoongruppe gefunden.

Nero bezog das Haus schon vor der gänzlichen Fertig-
stellung der Anlagen und gab in diesen Räumen seine be-
rühmt-berüchtigten Feste. Hier übte er sich als Künstler,
als Sänger, Rezitator, Schauspieler und Kitharaspieler, und
ließ sich dabei beraten von einem seiner Freunde, der die
Rolle eines Maître de Plaisir am Hofe spielte: Petronius. Er
war eine schillernde Existenz, ein genialischer Décadent,
und brachte es fertig, sich in allernächster Nähe des
Princeps seine Unabhängigkeit zu bewahren – bis ihn der
Neid zu Fall brachte. Tacitus hat ihn unnachahmlich porträtiert:

> Über Petronius gilt es rückblickend noch einiges zu sa-
> gen. Denn er schlief am Tage, des Nachts ging er seinen
> Geschäften und Vergnügungen nach. Und wie anderen
> ihre Tüchtigkeit zu Ansehen verholfen hatte, so war es
> bei ihm seine Untätigkeit. Dabei galt er nicht als
> Schlemmer und Verschwender, wie die meisten, die ihr
> Vermögen durchbringen, sondern als ein Meister des
> Lebensgenusses. Und je freier er sich in seinem Reden
> und Tun gab und ein gewisses Laissez-faire zur Schau
> trug, desto bereitwilliger nahm man alles auf als ein
> Zeichen von Ungeniertheit. Als er jedoch Prokonsul
> von Bithynien [in Kleinasien] und bald darauf Konsul
> wurde, zeigte er sich tatkräftig und seinen Aufgaben
> gewachsen. Dann aber fiel er in seine Schwächen zu-

rück – oder gab er sich nur den Anschein? – und wurde von Nero in seinen engeren Freundeskreis aufgenommen, und zwar als Schiedsrichter des guten Geschmacks [*elegantiae arbiter*]: Nero hielt nämlich nur das für angenehm und genussreich, was Petronius ihm empfohlen hatte. Dadurch zog sich dieser den Neid des Tigellinus zu, sah er doch in ihm einen Rivalen, der ihm in der Kunst des Genusslebens überlegen war. Also appellierte er an die Grausamkeit des Princeps, dessen stärkste Leidenschaft, und beschuldigte Petronius der Freundschaft mit Scaevinus [der in die Pisonische Verschwörung verwickelt war]. Er ließ ihn durch einen bestochenen Sklaven anzeigen, die meisten seiner Diener ins Gefängnis werfen und nahm Petronius jede Möglichkeit zur Verteidigung.

Der Kaiser hatte sich in diesen Tagen gerade nach Kampanien begeben, und als Petronius bis nach Cumae gekommen war, wurde er dort festgehalten. Er wollte das Schwanken zwischen Furcht und Hoffnung nicht lange ertragen. Aber er warf das Leben nicht überstürzt von sich, sondern ließ sich die Adern öffnen, sie aber, wie es ihm gefiel, wieder abbinden und abermals öffnen. Dabei unterhielt er sich mit seinen Freunden, aber nicht in ernsthaftem Gespräch oder als erstrebe er den Ruhm der Standhaftigkeit. Und er ließ sich nichts über die Unsterblichkeit der Seele vortragen oder Lehrsätze der Philosophen, sondern leichte Lieder und gefällige Verse. Von den Sklaven bedachte er die einen mit Geschenken, die anderen mit Prügeln. Er ging zur Tafel, genoss den Schlaf, damit sein doch erzwungener Tod einem natürlichen ähnlich sei. Auch äußerte er in seinem Testament nicht, wie die meisten Todeskandidaten, Schmeicheleien gegenüber Nero, Tigellinus oder einem anderen der Mächtigen. Er schrieb vielmehr die Schandtaten

Laokoon. Vatikanische Museen

des Princeps auf samt den Namen seiner Lustknaben und Weiber sowie allen neuen Spielarten seiner Unzucht und schickte diese Schrift versiegelt an Nero. Dann zerbrach er seinen Siegelring, damit später keine Gefahr von ihm ausgehen könne.   (*Ann.* 16,18 f.)

»Lebe wohl, aber singe nicht; morde, aber mache keine Verse; vergifte, aber tanze nicht; zünde Städte an, aber schlage nicht die Zither: – das wünscht Dir und diesen letzten freundschaftlichen Rat erteilt Dir der *arbiter elegantiarum*!« In dem berühmten, mehrfach verfilmten Roman *Quo vadis* von Heinrich Sienkiewicz verliest Petronius bei seinem letzten Gastmahl seinen Abschiedsbrief an Nero – vor den schreckensstarren Gästen, die wohl wussten, dass Nero damit auf das empfindlichste getroffen sein würde.

Petron starb in heiterer Nonchalance, so wie er gelebt hatte, wie Seneca hineingerissen in die blutige Vergeltung nach der Aufdeckung der Pisonischen Verschwörung. Tacitus porträtiert ihn als das Gegenbild zu Seneca, betont aber auch die verbindenden Züge: Sein Urteil gilt beim Princeps so viel, dass andere um ihren Einfluss fürchten und ihn zu Fall bringen wollen. Und beide, Petron wie Seneca, waren Neros Freunde, aber zugleich unabhängige Persönlichkeiten, die Nero auf die Dauer nicht ertragen konnte. Sie mussten schließlich scheitern, bewahrten aber im Untergang ihr eigenes Selbst. Und, so lässt sich hinzufügen, beide waren große Sprachkünstler, die uns ihre Sicht der Welt in ihrem Werk hinterlassen haben, denkbar verschieden, aber zusammen eine Einheit bildend: Sie zeigen uns das Leben auf der Bühne der neronischen Zeit – oder einer jeden Zeit mit den gleichen Konstanten.

Es erscheint heute als allgemein sicher, dass Neros *elegantiae arbiter*, besser bekannt als *arbiter elegantiarum*, der Schiedsrichter des feinen Geschmacks, mit jenem Titus oder Gaius Petronius identisch ist, dem wir den römischen Schelmenroman *Satyrica* mit der *Cena Trimalchionis*, dem *Gastmahl des Trimalchio*, verdanken. Petronius Arbiter nennen die ältesten Handschriften den Verfasser. Der Titel lautete wohl ursprünglich *Satyricōn libri, Bücher aus der Satyrnwelt*, ein Satyrspiel, wie es üblicherweise im Anschluss an die Aufführungen der griechischen Tragödie stattfand. Hier wurden der erhabene Mythos und die hohe Sprache persifliert, volkstümlich-derbe Späße hatten ihren Platz ebenso wie eine ausgelassene Sexualität. Der drastisch-lebensnahe und unverblümte Mimus mit seinen Varieté- und Stegreifeffekten übernahm diese Tradition auf der römischen Bühne. Die Handlung von Petrons Satyrnroman parodiert den griechischen Roman, die beliebte Lektüre von Griechen wie Römern. In dessen Mittelpunkt steht ein Liebespaar, das durch ein widriges Schicksal oder den Zorn der Götter auseinandergerissen wird, mannigfache Abenteuer auf weiten Fahrten durch die ganze Welt erlebt, dabei unverbrüchlich treu und äußerst tugendhaft bleibt und schließlich, von den Göttern belohnt, wieder zueinander findet. So ist es heute noch zu lesen bei Chariton in seiner *Kallirhoe* (1. Jh. v. Chr.), und das Schema hat sich auch später noch erhalten, bei den nachchristlichen Romanautoren Xenophon von Ephesos in *Abrokomes und Anthia*, in Heliodors *Äthiopischen Abenteuern* wie bei Longos in seinem bekannten Büchlein *Daphnis und Chloe*. Empfindsam, fromm, treu und tugendhaft, Hochzeit und glückliche Ehe als höchstes Ziel erstrebend – das sind die Helden und Heldinnen des griechischen Romans.

Durch Petrons Satyrspiel geistern sinistre Gestalten: Der Icherzähler ist ein heruntergekommener fahrender Scholar namens Encolp, der mit seinem Lustknaben Giton durch die Lande zieht und sich auf alle mögliche Art über Wasser hält. Er stolpert von einem Abenteuer ins andere, lässt auch keine amouröse Versuchung aus, ob bei Männlein oder Weiblein. Soweit ihm dabei nicht der Zorn der Götter im Wege steht: Nicht Poseidon verfolgt ihn wie weiland Odysseus auf dem Meere, sondern Priap, der volkstümliche Gott der Fruchtbarkeit, dessen Standbild in römischen Gärten mit einem riesigen aufgerichteten Glied zu finden ist und der wegen eines angeblichen Frevels Encolp in besagter Körperregion empfindlich behindert. Zu den beiden Kumpanen gesellen sich noch andere wie der Strauchritter Ascyltus und der »arme Poet« Eumolpus. Die griechischen Namen der Helden und der Schauplatz ihrer Abenteuer, Unteritalien und Kampanien, die *Magna Graecia,* erinnern an den sprechenden Ausdruck aus der Komödie: *pergraecari,* sich »durchgriechen«, ein Lotterleben führen. Als Einsprengsel inmitten der drastischen Abenteuer erscheinen Verspartien, lyrisch gehalten oder in erhabenem Stil vom Dichter Eumolpus vorgetragen, wie eine *Eroberung Trojas* oder *Der römische Bürgerkrieg,* eine gekonnte Parodie von Lucans *Pharsalia.* Letztere ist ebenso ernsthaft wie kunstvoll, so dass man sich gefragt hat, ob es denn überhaupt eine Parodie sei. Oder ob der Künstler Petron mit leichter Hand zeigen will, dass er auch dieses Genre beherrscht.

Nur ein Teil des offenbar recht umfangreichen Werkes ist erhalten, Stücke aus dem 15. und 16. Buch, was aber dem Lesevergnügen keinen Abbruch tut, sind doch solch amüsante Partien darunter wie die Erzählung von der Witwe von Ephesus, die aus treuer Liebe beim Grabmal ihres Gatten sterben will, sich dann aber schnell und auf überraschende Weise tröstet. Und natürlich die *Cena Trimalchionis,* ein Werk, das mit funkelndem Sprachwitz, prägnanter Charakterzeichnung und satirischem Scharfblick seinen Platz in der Weltliteratur behauptet: ein Satyrspiel zu Platons und Xenophons *Gastmahl.* Unsere Helden Encolp, Ascyltos und Giton haben eine Einladung bei dem neureichen Freigelassenen Trimalchio ergattert, der für seine üppigen Gastmähler berühmt ist. Das Eingangsbild spricht schon für sich: Die drei erblicken den Gastgeber, einen ältlichen Kahlkopf in roter Tunika, der mit seinen Sklaven Ball spielt (heruntergefallene Bälle werden nicht aufgehoben, sondern durch neue ersetzt, aber gezählt!) und sich während des Spiels von einem Eunuchen den silbernen Nachttopf unterhalten lässt. Im Vestibül gibt es Wandmalereien zu betrachten, keine mythologischen Szenen, sondern den wahrhaft märchenhaften Aufstieg des Hausherrn. Man sieht eine Schar frisch verkaufter Sklaven und Trimalchio selbst als Knaben, wie er mit dem Heroldsstabe Merkurs, von Minerva, der Göttin des Gewerbes, geleitet, in die Stadt einzieht. Mit entsprechendem Text ist dann dargestellt, wie er Rechnen und Buchführung erlernt und Kassierer wird – die Grundlage seines späteren Reichtums. Schließlich wird er von Merkur auf eine Ehrentribüne erhoben: Er ist *sevir Augustalis* geworden, Mitglied eines sechsköpfigen Priesterkollegiums zu Ehren des Augustus. Und Fortuna schüttet ihr Füllhorn über ihren Liebling aus.

Nun begibt man sich zu Tisch, und es werden – ganz kultiviert, das heißt unter stetem Gesang – die ersten Getränke und die Vorspeisen serviert. Ein guter alter Tropfen Falernerwein regt den Hausherrn zu wehmütig-sentimentalen Bemerkungen über die Kürze des Lebens an, die er in Stegreifverse fasst – eine Parodie Petrons auf Oden des Horaz, dessen eleganter Diktion (z. B. *Eheu fugaces, Postume, Postume, labuntur anni*, 2,14) er das Vulgärlatein und die holprigen Verse seines Protagonisten gegenüberstellt. Angesichts der Vergänglichkeit des Lebens, die noch durch ein silbernes Skelett als *memento mori* dokumentiert wird, fordert Trimalchio zum Wohlsein auf: »*Quare tangomenas faciamus* – Darum wollen wir uns ordentlich einen auf die Lampe gießen.« Und in seiner ungeniert-taktlosen Art fügt er hinzu: »Gestern habe ich keinen solch guten Tropfen spendiert, und dabei hatte ich honettere Leute zu Gast.« Nun werden die Gerichte der Haute Cuisine serviert: eine Schüssel mit den zwölf Tierkreiszeichen, darauf jeweils die passende Speise liegt, ein Hase, dem man Federn angesteckt hat, damit er wie Pegasus aussähe, ein

Mosaik mit der griechischen Aufschrift »Erkenne dich selbst«.
Vatikanische Museen, Rom

Wildschwein, das von einem von Hunden umringten mar-
tialischen Jäger mit einem Hirschfänger »tranchiert« wird,
worauf Krammetsvögel hervorfliegen. Und dann kommt
jenes Riesenschwein, das der Koch vergessen hat auszu-
nehmen. Schon packen ihn die Prügelknechte, da nimmt
der Koch das Messer, und dem Innern der Sau entquellen
Bratwürste! Die kulinarischen Überraschungen werden ge-
würzt von Gesprächen, in denen unsere Helden über den
millionenschweren Großgrundbesitzer Trimalchio und die

Stationen seines Aufstiegs aufgeklärt werden. Außerdem finden die Gäste, ebenfalls Freigelassene, die es zu etwas gebracht haben, Gelegenheit, sich darzustellen, indem sie, jeder in seinem eigenen mehr oder weniger vulgären Jargon, über Gott und die Welt räsonieren. Unsere fahrenden Scholaren, zusammen mit zwei Rhetoriklehrern, die sinnigerweise Agamemnon und Menelaos heißen, bedienen sich der urbanen Hochsprache; sie vertreten gewissermaßen die Intelligenz. Wegen ihrer akademischen Bildung und ihrer leeren Taschen sind sie von Seiten der Neureichen jener bis heute wohlbekannten Mischung aus Hochachtung und Verachtung ausgesetzt. Während Trimalchio mit seiner »Bildung« protzt – er hat ein Gemälde, »wo Dädalus Niobe ins trojanische Pferd einsperrt« –, fühlt sich Hermeros, einer der Gäste, durch das Lachen des Askyltos und Giton empfindlich gekränkt:

Was lachst du, du Schafskopf? Missfällt dir der geschmackvolle Luxus unseres verehrten Gastgebers? Ein schönes Früchtchen, wo sich über andere lustig macht! Irgend so ein Ausreißer, einer, der sich nachts herumtreibt und wertloser ist als seine eigene Pisse! Jawoll – und ich lebe, hoffe ich, so, dass sich keiner über mich lustig machen kann. Ein Mensch unter Menschen bin ich, ich kann den Kopf hoch tragen, ich schulde niemanden einen roten Heller. Ein Stückchen Land habe ich mir gekauft, ein paar Groschen habe ich auf die hohe Kante gelegt; ich füttere zwanzig Bäuche sowie einen Hund. Meine Braut habe ich freigekauft, damit niemand sich an ihrem Haar seine Pfoten abwischen kann; mich selbst habe ich für tausend Denare losgekauft; man hat mich in die Sechserkommission [das oben erwähnte Priesterkollegium] gewählt, ohne dass ich was blechen musste; ich hoffe, dass ich mich nach meinem

Tod nicht schämen brauche. [...] Vierzig Jahre habe ich
gedient, aber niemand konnte sagen, ob ich ein Sklave
oder ein Freier war. [...] Das ist wirkliche Leistung: denn
freigeboren zu werden ist kein Kunststück. Was glotzt
du mich nun an wie der Ochs vorm Scheunentor?

(Kap. 57, Übers. H.C. Schnur)

So viel zu dem jungen Giton, dann bekommt Askyltos, der
Studierte, sein Teil ab:

Ich hab nicht Geometrie und Viehlosofie und solchen
Quatsch studiert; aber ich kann Großbuchstaben lesen,
ich kann Prozente rechnen nach Maß, Gewicht und
Geld. Kurz, wenn du willst, wollen wir eine Wette machen, ich mit dir. Komm nur her: hier ist mein Einsatz.
Du wirst schon merken, dass dein Vater sein Lehrgeld
vertan hat, wenn du auch Rederei studiert hast!

In diesem Ton geht es weiter, bis der Gastgeber den Aufge-
brachten besänftigt und die nächste Nummer ankündigt:
die sogenannten Homeristen, eine Schauspieltruppe, die einen Fechtkampf samt griechischen Versen vorträgt, wozu
Trimalchio die lateinische Übersetzung vorliest. Er hat ja
eine griechische und eine lateinische Bibliothek. Und er erklärt seinen Gästen auch, worum es geht:

Wisst ihr, was für ein Stück sie aufführen? Diomedes
und Ganymedes waren zwei Brüder; denen ihre
Schwester war Helena. Agamemnon hat sie entführt,
und Diana hat dafür eine Hirschkuh untergeschoben.
So erzählt Homer jetzt, wie sich die Trojaner und die
Tarentiner bekämpfen. Agamemnon hat natürlich gesiegt und seine Tochter Iphigenie dem Achilles zur Frau
gegeben. Deshalb wird Ajax verrückt und wird uns
gleich den Sachverhalt erklären.

(Kap. 59, Übers. H.C. Schnur)

Hier trägt Petron natürlich dick auf, aber seine Leser werden nicht nur amüsiert, sondern auch im Geheimen befriedigt gewesen sein, dass er die Freigelassenen nach Strich
und Faden lächerlich machte. Sie waren zu einer einfluss-
reichen, ja gefürchteten Klasse im Staat geworden; seit Kaiser Claudius bekleideten sie wichtige Posten in der Regierung und waren als allzeit willfährige Werkzeuge des
Princeps oft auch beim Vorgehen gegen missliebige Aristokraten behilflich. So manche Summen flossen dann in ihre
Kassen, die zudem schon gut gefüllt waren, da sie das durften, was den altadligen Familien verwehrt war, nämlich Ge-
schäfte machen, Handel treiben und Geld verleihen. Manches edle Geschlecht, in vornehmer Armut und ob seiner
republikanischen Traditionen stets der kaiserlichen Ungnade nahe, blickte mit Groll und Verachtung auf die einfluss-
reichen Parvenüs herab. Und diese wiederum versuchten
durch »Überkompensation« den Makel ihrer Herkunft vergessen zu lassen. Auch Petron bedient sich im Folgenden
einer ironischen Überkompensation. Auf einmal klopft es,
und ein unerwarteter Gast steht vor der Tür: weinselig, mit
parfümtriefenden Kränzen auf dem Kopf, auf seine Frau
gelehnt – wie in Platons *Gastmahl* der schöne Alkibiades
erscheint, bekränzt und trunken, auf eine Flötenspielerin
gestützt (*Symp.* 212 c ff.). Aber statt eines bewunderten adligen Lieblings der Gesellschaft kommt Habinnas – der
Name verweist auf eine östliche Herkunft –, seines Zei-
chens Steinmetz, »der die besten Grabsteine verfertigen
soll«, wie Encolp erfährt, und Bestattungsunternehmer. Er
kommt gerade von einer »schönen Leich« und erzählt seinem Freund Trimalchio auf dessen Wunsch genau, was es
dort an kulinarischen Genüssen beim Leichenschmaus gegeben hat. Dem Leser sollen offenbar einige Zweifel kommen, ob es nicht bei Trimalchio noch um ein weniges feiner
zugeht, obwohl man sich sicher war, den Gipfel der Ge-

schmacklosigkeiten schon erreicht zu haben. Aber der Frau Gemahlin ist es dort am Bärensteak hundsübel geworden.

Nun haben endlich auch die Damen ihren Auftritt. Fortunata, die Gattin Trimalchios, hat die Gäste noch nicht mit ihrer Anwesenheit beehrt, da sie ihren Hausfrauenpflichten nachging: »Ehe sie nicht das Silber weggepackt und den Sklaven das übriggebliebene Essen ausgeteilt hat, lässt sie keinen Tropfen Wasser über ihre Lippen.« Nun leistet sie Scintilla, der Frau des Habinnas, Gesellschaft. Man bewundert gegenseitig den Schmuck, und die Ehegatten beklagen sich über die »teuren Gemahlinnen«. Schließlich kommt der Nachtisch – nicht zu vergessen, dass sich vorher die Deckentäfelung öffnete und goldene Kränze mit Parfümfläschchen herunterkamen ... Wieder gibt es ebenso ausgiebige wie misstönende Tafelmusik, und es erscheint eines jener offenbar sehr beliebten Gerichte, die den Gast verblüffen sollen, da sie keineswegs so schmecken, wie sie aussehen. Trimalchio rühmt sich seines Koches: »Keiner ist so wertvoll wie er. Wenn du willst, macht er dir aus Saueuter einen Fisch, aus Schmalz eine Taube, aus Schinken eine Turteltaube, aus einer Schweinshaxe ein Huhn. Daher habe ich mir für ihn auch einen sehr hübschen Namen ausgedacht, denn er heißt Dädalus.«

Im Übrigen will Trimalchio jetzt die Gelegenheit wahrnehmen und mit seinem neuen Gast über seine Bestattung sprechen. Vorher dürfen es sich die Sklaven bei Tisch bequem machen, wie bei den Saturnalien, dem römischen Karneval im Dezember, bei dem »verkehrte Welt« gespielt wird und die Diener die Rolle der Herren übernehmen dürfen. Trimalchio gibt nun genaue Anweisungen, wie sein Grabmal aussehen soll. Pflichtschuldig schluchzt das ganze Gesinde, und er verfasst sich bereits eine Grabschrift, in der altrömische Tugenden mit seinen dreißig Millionen Vermögen eine seltsame Verbindung eingehen. Um die

melancholisch gewordenen Gäste wieder aufzuheitern, geht
es ins Bad, dann folgen neue Appetithäppchen – und ein
Streit zwischen dem Gastgeberehepaar, in dessen Verlauf
wir erfahren, dass Fortunata eine ehemalige Tingeltangel-
tänzerin ist, die von Trimalchio aus der Gosse geholt und
»erst zum Menschen gemacht worden ist«. Immerhin hat
sie dann, als ihr Mann vor dem Bankrott stand, all ihren
Schmuck und ihre Garderobe verkauft, um ihm zu helfen.
Aber jetzt ärgert er sich über sie. »Und ich blöder Kerl hätte eine mit zehn Millionen kriegen können.« Erst gestern
hat ihm jemand seine Tochter angetragen mit dem Hinweis: »Lass deine Familie nicht aussterben.« »Aber weil ich
ein Dummkopf bin und nicht flatterhaft erscheinen will,
hab ich mir ins eigene Fleisch geschnitten. Recht so – her-
auskratzen wirst du mich aus der Erde mit den Fingern –
dafür will ich sorgen.« Doch auch dieser Streit wird
schließlich beigelegt. Trimalchio erzählt wohlgefällig von
seinem Reichtum, von seinen weitläufigen Besitzungen
und seinem prächtigen Haus und belehrt die Gäste: »*Assem habeas, assem valeas; habes, habeberis* – Haste Geld,
so haste was, haste was, so biste was.« Dann lässt er sich
seine Totengewänder bringen, und die Gäste dürfen die fei-
ne Wolle befühlen. »Stellt euch vor, dass ihr zu meiner
Leichenfeier eingeladen seid! – Bring auch das Parfüm her
und lass uns einen Schluck aus der Flasche kosten, womit
ich meine Gebeine gewaschen haben will. Ich will mich
pompös begraben lassen, so dass das ganze Volk mir einen
guten Nachruf gibt.« Zu guter Letzt bläst die Hauskapelle
einen Trauermarsch, so laut und ohrenzerreißend, dass die
Nachbarschaft aufwacht und im Glauben, es sei ein Brand
ausgebrochen, die Feuerwehr alarmiert. Diese kommt,
bricht das Tor auf und beginnt, mit Wasser und mit Äxten
ihres Amtes zu walten. Im allgemeinen Getümmel gelingt
es unseren Helden zu entkommen.

Man hat von Petrons Roman und im Besonderen von seinem *Gastmahl des Trimalchio* gesagt, sein einziges Ziel sei es, den Leser zu amüsieren: keine moralischen Absichten, statt wie Horaz »lachend die Wahrheit sagen« nur noch das Lachen, die Darstellung der Welt, wie sie ist, als l'art pour l'art. Zweifellos durfte sich damals wie heute der Leser von Herzen amüsieren über Petrons »komische Typen« und ihre haarsträubenden Abenteuer. Doch gehört nicht nach unserem heutigen Verständnis zu einer solch drastisch überspitzten satirischen Darstellung auch das gesellschaftskritische Moment? Wir erwarten in modernen satirischen Werken keinen moralisch erhobenen Zeigefinger, sondern sind gewohnt, dass der Autor ein scharf artikuliertes, oft auch krass überzeichnetes Bild einer bestimmten Lebenswirklichkeit bietet (zu der auch gerade eine sinn- und gefühlsentleerte Sexualität gehört), wobei er etwaige Schlussfolgerungen kommentarlos dem Leser überlässt. Wenn Petron, wie es oft heißt, der Begründer des realistischen Romans ist, so liegt es nahe, dass auch er sich einer solchen Gestaltungsweise bedient. Haben sich die Leser der *Cena Trimalchionis* also nur amüsiert über den neureichen Protz mit seinen parvenühaften Geschmacklosigkeiten, waren sie vielleicht noch befriedigt, dass die allzu dreisten Freigelassenen lächerlich gemacht wurden? Oder kamen ihnen, vielleicht bei einem zweiten Lesen oder Hören, Parallelen, die gar nicht zum Lachen waren? Dieses prunkvolle Haus des Trimalchio mit seinen Zimmerfluchten, mit Wandmalereien, auf denen der Hausherr die Rolle der mythischen Götter übernimmt, der unsägliche, übertriebene Luxus mit silbernen Nachttöpfen und goldenen Vogelbauern, die Tafelgerichte, die nicht das sind, nach dem sie aussehen, die geöffnete Kassettendecke, aus der allerlei Kostbarkeiten auf die Gäste herabregnen, die dilettantische, aufdringliche Musik, der Hausherr, der sich als Sänger und Verseschmied produziert – wem musste da nicht der Kaiser in seinem Goldenen Haus einfallen? Und jener Ausspruch Neros: »Nun beginne ich endlich, wie ein Mensch zu wohnen«, ist er nicht gewollt witzig und klingt eher nach Trimalchio als nach einem Freund des *Arbiter elegantiarum*? Und wenn sich der Leser, so gleichsam sensibilisiert, die Charaktere der *Cena* nochmals anschaut, mag ihm auffallen, dass sie bei allem Spott doch keine bloßen Karikaturen sind. Hat jener Hermeros trotz seines vulgären Geschimpfes nicht recht, wenn er darauf verweist, als Freier geboren zu sein sei keine Kunst, es sei aber eine Leistung, sich vom Sklaven emporzuarbeiten zu einem auskömmlichen Leben und einer geachteten Position? Und besitzt Trimalchio wirklich nur abstoßende Züge? Gleich zu Anfang sehen wir ihn Einzug halten bei seinen Gästen, wie ein vornehmer Herr begleitet von seinem Lieblingsknaben. Trimalchios Schatz ist triefäugig und schon etwas ältlich, noch hässlicher als der Hausherr selbst, urteilt der Erzähler abschätzig. Doch warum hat Trimalchio, bei dem alles vom Feinsten sein muss, keinen bildschönen jungen Knaben als Favoriten bei sich? Offenbar hängt er an seinem Liebling und mag ihn daher nicht aufgeben, obwohl er schon über das Alter eines *puer delicatus*, eines Lieblingsknaben, hinaus ist. Ähnliches gilt für seine Frau Fortunata. Sie ist seine langjährige Gefährtin und stand ihm bei in schlechten Zeiten, und so verlässt er sie nicht, obwohl er keine Kinder mit ihr bekommt. Dabei müsste er doch angesichts seiner Reichtümer bestrebt sein, jenen wohlmeinenden Rat eines Bekannten zu befolgen, er solle seine Familie nicht aussterben lassen. Sogar die verlästerten Freigelassenen haben also positive Züge – Grund genug zu einer weiteren Überlegung: Kann man ihnen denn ihre Extravaganzen, ihren Luxus und dessen übertriebene Zurschaustellung überhaupt so sehr übelnehmen,

wenn doch der allerhöchste Herr selbst offensichtlich keinen höheren Lebenszweck hat? Müsste man ihn also nicht
zuerst kritisieren?

In jenem Paradestück eines historischen Epos, das Petron den Poeten Eumolpus deklamieren lässt, wird, wie bei
dem strengen Moralisten Lucan, der Niedergang der eigenen Zeit zurückprojiziert auf die Epoche des Bürgerkriegs
zwischen Caesar und Pompeius:

> [...] *Quare tam perdita Roma*
> *ipsa sui merces erat et sine vindice praeda.*

> [...] So tief war Roma gesunken,
> dass sie zu kaufen war, doch niemand wollte sie haben.
>
> (Kap. 120,49 f.)

> [...] *aspice late*
> *luxuriam spoliorum et censum in damna furentem.*
> *aedificant auro sedesque ad sidera mittunt*
> *expelluntur aquae saxis, mare nascitur arvis,*
> *et permutata rerum statione rebellant.*

> [...] Siehe, wie weithin
> Luxus Errafftes zerstört, Vermögen sich blindlings
>   vernichten.
> Goldene Häuser erbaut man, die hoch zu den Sternen
>   sich heben,
> steinerner Bau treibt Fluten zurück, das Feld wird zum
>   Meere,
> alles vertauschet den Platz und widersetzt sich der
>   Ordnung.
>
> (Kap. 120,85 ff., Übers. H. C. Schnur)

Auch hier erscheint, wie in der *Cena*, das Motiv einer
»verkehrten Welt«, einer Saturnalienwelt, in der alles auf

den Kopf gestellt ist, ein Motiv, das im Verlauf der weiteren Abenteuerhandlung wiederkehrt (so bei den Erbschleichereien in Croton, Kap. 141). Wenn aber ein Autor die Welt als Saturnalienwelt darstellt, dann will er zumindest nicht ausschließen, dass der Leser sie in Gedanken »zurechtrückt«. So stellt es ja auch der spätere Landsmann des Petron, Federico Fellini, in seiner Verfilmung (*Satyricon*, 1969) dem Zuschauer frei, ob er sich nur amüsieren oder ob er sich noch darüber hinaus Gedanken machen will. Fellini sagte: »›Satyricon‹ ist für mich nur eine andere Art, stets dasselbe zu sagen. Es handelt sich immer um eine Suche nach irgend etwas, die vielleicht hier auf eine erschreckendere, rätselhaftere und emblematischere Weise beschrieben ist, aber es geht immer um das gleiche persönliche Verlangen, immer um die Hoffnung auf eine echtere und harmonischere Beziehung des Menschen zu sich selbst und eine Übereinstimmung mit seiner eigenen Person. [...] Ich bestehe auch weiterhin darauf (aber niemand ist verpflichtet, sich meine pathologische Sehweise zu eigen zu machen), dass dieser Film weniger von den Römern, als von uns selbst, von der Gesellschaft, in der wir leben, berichtet.« (Aus einem Interview in: Federico Fellini, *Satyricon*, hrsg. von Christian Strich, Zürich 1983, S. 238, 240.)

Zum Nachdenken lädt auch noch ein rätselhaft erscheinendes Dictum aus der Charakteristik des Petron bei Tacitus ein. Petron, sagt dieser, erwies sich tatkräftig in seinen Ämtern, »dann aber fiel er in seine Schwächen zurück – oder er gab sich nur den Anschein: *revolutus ad vitia seu vitiorum imitatione*« (*Ann.* 16,18). Offenbar kann sich Tacitus einen Menschen mit einander so widerstreitenden Charakterzügen nicht vorstellen, anders als Velleius Paterculus, der über Maecenas schreibt: »Solange die Umstände seine Wachsamkeit erforderten, war er Tag und Nacht wach, zeigte sich umsichtig und tatkräftig. Sobald er aber

in seinen Anstrengungen etwas nachlassen konnte, ver-
strömte er sich in mehr als weibischer Art in Muße und
Wohlleben« (Röm. Gesch. 2,88). Die Ähnlichkeit ist auffallend, und sie ist in einem – freilich unorthodoxen und mo-
deraten – Epikureertum begründet, das für Maecenas vor
allem von Horaz bezeugt wird und das uns einen Schlüssel
für die widersprüchliche Persönlichkeit Petrons bietet. Es
ist ein der Populärversion angenäherter, jeweils ganz persönlich gefärbter Epikureismus, der die Lust als oberstes
Prinzip ansieht, aber der philosophischen Lehre von der
Ataraxie, der Unerschütterlichkeit des Geistes, gemäß keine völlige Unterordnung duldet, sondern die innere Freiheit immer wieder erprobt. Und diese persönliche Unabhängigkeit ist so groß, dass sie auch keiner philosophischen
Lehrsätze als Stütze bedarf. So kann Petron sterben ohne
gewichtige Worte als Trost, und er kann dennoch über die
epikureische *galénē* verfügen, die heitere Meeresstille der
Seele.

Hochrelief einer Arzneimittelverkäuferin in einem Laden

Achtes Kapitel

Juvenal in der Subura in Rom
»Schwierig ist's, keine Satire zu schreiben«

Cum tener uxorem ducat spado, Mevia Tuscum
figat aprum et nuda teneat venabula mamma,
patricios omnis opibus cum provocet unus
quo tondente gravis iuveni mihi barba sonabat,
cum pars Niliacae plebis, cum verna Canopi
Crispinus Tyrias umero revocante lacernas
ventilet aestivum digitis sudantibus aurum
nec sufferre queat maioris pondera gemmae,
difficile est saturam non scribere.

Wenn ein weichlicher Eunuch ein Weib heimführt,
wenn Mevia mit entblößter Brust Jagdspieße schwingt
und etruskischen Eber durchbohrt, wenn mit allen
Aristokraten es einer an Reichtum aufnimmt, der mir
in meiner Jugend den Bart abkratzte, wenn Crispin,
vom Pöbel des Nils stammend, als Sklave in [dem übel-
beleumdeten] Canopus geboren, sein tyrisches Purpur-
gewand auf die Schulter zieht und an schwitzenden
Fingern seinen Goldring für den Sommer »fächelt« –
denn größere Last an Juwelen könnte er jetzt nicht ertragen –, dann ist es schwer, keine Satire zu schreiben.

(Sat. 1,22 ff., Übers. H. C. Schnur)

Difficile est saturam non scribere: So begründet Juvenal seinen Entschluss, sich als Dichter der Gattung der Satire zu widmen. Zuvor erklärt er in komischer Verzweiflung, warum er überhaupt dichten will: Er kommt gerade von einer der zahllosen Dichterlesungen in Rom und hat es satt, immer nur Zuhörer zu sein und bombastische Tragödien oder nicht enden wollende Epen über abgedroschene mythologische Themen anhören zu müssen: Vom dauernden Vortrag bersten ja schon die Säulen! Auch ich, meint Juvenal, habe die übliche rhetorische Ausbildung hinter mir, und angesichts so vieler Barden kenne ich keine Hemmungen – und kein Mitleid mit dem armen Papier! Ich habe eine Wut im Bauch, wenn ich das alles sehe: Da macht sich der Advokat Matho in seiner Sänfte breit, da stolzieren Denunzianten und Betrüger einher, Kerle stoßen einen zur Seite, die sich des Nachts Legate verdienen – im Bett einer reichen Alten! Hier einer, der sein Mündel betrogen und zur Dirne gemacht hat, dort ein anderer, der seine Frau verkuppelt, um den Liebhaber zu beerben, nicht zu vergessen die würdige Dame, die ihrem dürstenden Manne einen Trank reichte, der ihn von allem Durst befreite: Anstandslos konnte sie den vom Gift verfärbten Leichnam öffentlich zu Grabe tragen! Möchte man da nicht mitten auf der Straßenkreuzung ein dickes Notizbuch füllen?

Si natura negat, facit indignatio versum
qualemcumque potest, quales ego vel Cluvienus.

Wem die Natur es versagt, den bringt die Entrüstung
zum Dichten,
wie sie es eben vermag, wie mich oder wie Cluvienus.

(*Sat.* 1,79 f., Übers. O. Weinreich)

Dies ist freilich nicht ganz wörtlich zu nehmen; sicher war die *indignatio,* die Entrüstung, nicht die Triebfeder für Juvenals Dichten überhaupt, aber dass sie eine wichtige Rolle spielte, ist evident. So kann er sie hier in satirischer Weise statt der Muse früherer Zeiten als Impuls seiner Dichtung bezeichnen.

Alles, was die Menschen seit Urzeiten so treiben und was sie umtreibt: ihre Wünsche und Ängste, ihre Leidenschaften und Begierden, ihr ständiges Rennen und Jagen, das soll als ein buntes Gemisch (*farrago*) der Stoff von Juvenals Büchlein sein. *Farrago* ist ein Füllsel, eine Getreidemischung, von Juvenal hier im Sinne von Melange oder Potpourri gebraucht, Ausdrücke, die, wie die Farce, ursprünglich aus der Küchensprache stammen und das Volkstümliche, nicht an strenge Regeln Gebundene des Genres ausdrücken. Das römische Wort für Satire kommt, wenn nicht aus der Küche, so doch aus dem Gemüsegarten: *satura lanx* war eine Schüssel mit allen möglichen Arten von Gemüsen, die man der Ceres darbrachte, der Göttin der Feldfrucht. Und bunt gemischt war auch der Inhalt einer Satirensammlung: Heiter, besinnlich, aber auch spottend und obszön konnten die Verse sein, die in einem (allerdings nur scheinbar) kunstlosen Gewand daherkamen. Ihre Einheit fanden sie in der Persönlichkeit des Dichters, und es gab in Rom Poeten, die der Satire ihr Siegel aufgeprägt hatten, so dass der Rhetoriklehrer Quintilian in seinem Abriss der griechisch-römischen Literaturgeschichte stolz sagen konnte: »*Satura quidem tota nostra est* – Die Satire aber gehört ganz uns« (*Inst. or.* 10,1,93).

Er nennt auch gleich ihre bedeutenden Vertreter, zunächst Lucilius, der immer noch seine treuen Leser habe, die ihn nicht nur in der Satire allen anderen vorzögen. C. Lucilius, um 180 v. Chr. in Suessa Aurunca im Süden Italiens geboren, römischer Ritter, Freund des Scipio Aemilianus, hat der vielfältig-bunten Satire ihren kämpferischen Impetus und damit ihre gesellschaftskritische Stoßkraft gegeben: »Satura wird Satire« (Otto Weinreich). Obwohl sein Werk nur fragmentarisch überliefert ist, erkennen wir das starke Selbstbewusstsein des Dichters, der, wie später Juvenal, Epos und Tragödie verschmäht, weil er sein Ich zum Ausdruck bringen, mahnen, kritisieren und dabei unterhalten will. Er empfand seine Zeit als eine Umbruchszeit, in der die Orientierung verlorenzugehen drohte. Rom hatte sich in all seinen Kriegen siegreich behauptet und stieg nun zur führenden Macht im Mittelmeerraum auf. Im Gefolge dieser Siege kamen aber zum einen Reichtum und Luxus, zum andern viele neue Ideen aus dem hellenistischen Kulturkreis: Das bisher fraglos an altrömischer Einfachheit und geradlinigem Denken orientierte Leben drohte aus den Fugen zu geraten. Lucilius ruft nun dazu auf, alles, Dinge wie Gedanken, vernünftig einzuordnen. Er scheut sich nicht, weiterhin auf die *virtus* zu pochen, jenen schwer zu übersetzenden, aber alles enthaltenden römischen Lebenswert.

> *Virtus, Albine, est, pretium persolvere verum*
> *quis in versamur, quis vivimus, rebus, potesse,*
> *virtus est, homini scire id quod quaeque habeat res,*
> *virtus, scire, homini rectum, utile quid sit, honestum* ·
> $$[...]$$
> *hostem esse atque inimicum hominum morumque*
> *malorum* [...]

Tugend, Albin, ist dies: ermessen zu können den
wahren
Wert all jener Dinge, in denen wir weben und leben,
Tugend ist dies: dass wisse der Mensch, was ein
jegliches tauge;

Tugend, was recht, was nützlich, was ehrenhaft sei, zu
erkennen [...]
Feind und Gegner zu sein von Menschen und Sitten,
die schlecht sind [...]
(Aus dem *Virtusfragment*, Übers. O. Weinreich)

Auf Lucilius, dem Freimütigkeit, Schärfe und Witz attestiert werden, lässt Quintilian Horaz folgen, geglätteter und reiner, wie er ihn rühmt, und dann wird Persius genannt, der mit nur einem Satirenbuch berechtigten großen Ruhm gewonnen habe. Aules Persius, 34–62 n. Chr., ist als ein Frühvollendeter mit nur sechs Satiren berühmt geworden. Von Lucilius übernimmt er die angreiferische Schärfe, von Horaz den leichten Gesprächston, dazu fügt er Elemente der hellenistischen Diatribe, der populärphilosophischen Erörterung. In dieser Form, die sich in lockerem Ton an ein Laienpublikum wandte, wurden Themen praktischer Ethik diskutiert, etwa der rechte Gebrauch des Reichtums, Freisein von zerstörerischen Leidenschaften, wie wir dies auch bei Horaz in seinen Satiren finden. Persius ist strenger als der verbindliche Horaz; er ist von der stoischen Ethik geprägt, und man könnte seine Satiren geradezu als das dichterische Gegenstück zu Senecas Prosaschriften, wie den *Briefen an Lucilius*, bezeichnen. Doch kommt seine ethische Überzeugung durchaus in witziger Form daher. Von ihm stammt der komisch-verzweifelte Ausruf: »*Quis leget haec?* – Wer soll denn das lesen?« mit der Antwort: »Niemand, oder vielleicht zwei, oder keiner!« Aber, so meint Persius, es sei ja kein Verlust, wenn ihn die große Masse nicht läse, Leute, die lieber ein abgedroschenes Trojanerdrama hören wollten. Er vertraute, und offenbar zu Recht, darauf, dass sich dennoch genügend Liebhaber seiner Kunst fänden.

»Auch heutzutage leben angesehene Satirendichter, deren Namen man noch in späteren Zeiten nennen wird.« So

beschließt Quintilian seine Ausführungen zur römischen
Satire und hält sich dabei an den (für uns Nachfahren so lei-
digen) Brauch, keine lebenden Autoren anzuführen. Er hat
wohl an Martial gedacht (38–104 n. Chr.), obwohl dieser als
Verfasser von Epigrammen im strengen Sinne nicht zu den
Satirikern gezählt wurde, sicher aber an Juvenal, der vermutlich sogar ein Schüler des berühmten und beliebten Redelehrers war, denn er nennt Quintilian mehrfach in seinen
Gedichten. »Gib mir dazu, Quintilian, den *color*, die passende Färbung«, sagt er einmal (*Sat.* 6,280). Die antike Vita erzählt von Juvenal, dass er bis in seine mittleren Jahre – seine Lebenszeit lässt sich etwa um 60–140 n. Chr. ansetzen –
Redner gewesen sei. Decimus Junius Juvenalis stammte aus
der Volskerstadt Aquinum in Latium, später berühmt als
Geburtsort des Thomas von Aquin. Hier fand man eine Inschrift, die ein Junius Juvenalis der Göttin Ceres geweiht
hat, der Präfekt oder Tribun war sowie *duumvir* (einer der
jeweils zwei Bürgermeister) und Angehöriger eines Priesterkollegiums. Es ist fraglich, ob es sich hierbei um den
Dichter selbst oder eher um einen Familienangehörigen
handelt, jedenfalls gehörte Juvenal zur Zahl jener Römer
wie Cicero oder Vergil, die gleichsam zwei Heimatorte hatten, Rom und ihre ländliche Geburtsstadt. Juvenal gehörte
zum wenig begüterten Mittelstand und war somit, wie ein
Vergil oder Horaz, als Dichter auf einen Gönner angewiesen, der ihm entweder eine einträgliche Pfründe verschaffte,
einen Posten in der Verwaltung etwa, oder der ihn als Mäzen unterstützte. Juvenal scheint kein besonderes Glück gehabt zu haben (es heißt sogar, er habe Anstoß erregt und sei
verbannt worden), obwohl er sicher nicht in den ärmlichen
Verhältnissen lebte, die er so oft beschrieb. Er wurde aber
durch seine Lebensverhältnisse angeregt, sich zum Sprecher
eines Personenkreises zu machen, der in Rom im Schatten
lebte, nämlich der freigeborenen römischen Bürger ohne

Rang und Vermögen, die als Schützlinge, als Klienten eines wohlhabenden Patrons ihr Leben fristen mussten.

Ursprünglich bildete die Klientel, das Klientenwesen, das »soziale Netz« im römischen Staat: Die Bauern auf dem Land standen unter dem Schutz ihres Gutsherrn, der Feldherr sorgte nach dem Krieg für seine Veteranen, und kleine Leute aller Art hatten vom Vater auf den Sohn vererbte Patronatsverhältnisse; sie standen unter dem Schutz eines der vornehmen Geschlechter Roms. Der Patron leistete seinem Klienten nicht nur finanzielle Hilfe, er vertrat ihn auch vor Gericht, und dafür gab ihm der Klient seine Stimme bei den Wahlen. Kriegs- und Bürgerkriegszeiten hatten dieses patriarchalische Bild verändert, manche altangesehene Familie hatte ihr Vermögen eingebüßt, aus dem sie früher großzügige Unterstützung gewähren konnte, dafür waren andere emporgekommen, die das althergebrachte Ethos des Klientelwesens nicht kannten. So kam es in der Kaiserzeit zu jenen unwürdigen Abhängigkeitsverhältnissen, bei denen ein Reicher, oft ein Freigelassener, der Kultur und den Sitten nach vom Schlage eines Trimalchio, sich einen Dichter oder Philosophen hielt, der ihm hemmungslos schmeicheln musste und dafür oft nur bescheidene Zuwendungen erhielt, wie kleine Geldgeschenke, einen Mantel und die begehrten Einladungen zur Mahlzeit.

Zur Pflicht des Klienten gehörte es, dem Patron am Morgen seine Aufwartung zu machen, im offiziellen Gewand, der Toga. Dabei wurde er in den Hintergrund gedrängt von einflussreicheren Besuchern, hochnäsig behandelt von griechischen Sklaven und musste oft erfolglos, ohne eine Einladung, wieder heimgehen. Vor allem in fortgeschrittenem Alter war dies ein schweres Los. Juvenal, dessen Kunst es ist, mit wenigen Strichen ein einprägsames Bild zu zeichnen, erwähnt die alten Klienten, wie sie sich schließlich müde und resigniert auf den Heimweg machen und unterwegs Kohl und Brennholz einkaufen. Ihr Patron verspeist derweilen für sich allein ein ganzes Wildschwein!

Angesichts dieser »traurigen Armut« kommen Ressentiments auf, denen Juvenal seine Stimme leiht. Wer sind denn die Glücklichen, die Erfolgreichen, die überall die Nase vorn haben? Leute aus den Provinzen sind es, vor allem aus dem Osten des Reiches, aus Griechenland, Kleinasien und Syrien, und gegen sie kommt man einfach nicht an. Sie sind gewandt, zungenfertig, die geborenen Schauspieler, wissen dem Patron nach dem Munde zu reden, nehmen es nicht so genau mit Recht oder Unrecht, üben jedes Gewerbe aus und haben in jedem einträglichen Handel ihre Finger. Was nützt da das römische Bürgerrecht oder gar ein Leben nach alten Grundsätzen, wie es noch Lucilius empfahl?

In seiner dritten Satire (von insgesamt 16) lässt Juvenal die Unzufriedenen, Zukurzgekommenen zu Worte kommen, und er macht eine anschauliche Szene daraus. Ein Freund von ihm, Umbricius, hat die Konsequenz gezogen: Er wandert aus, nicht gerade auf die Inseln der Seligen, wie es Horaz einst hochgesinnt und mehr metaphorisch seinen Mitbürgern empfohlen hatte, nein, bloß nach Cumae, einem recht ruhigen Städtchen bei Neapel. Er hat sein bisschen Hausrat auf einen Wagen gepackt und nimmt an der Porta Capena, dort, wo die Via Appia gen Süden, nach Capua, geht, Abschied von seinem Freund. Recht hat er, meint Juvenal:

> [...] Denn selbst im traurigsten Neste
> lebt sich's besser als hier im wilden Getriebe der
> Hauptstadt
> mit ihren tausend Gefahren, den Hauseinstürzen und
> Bränden,
> und ihren Dichtern, die selbst im Monat August
> rezitieren!

Umbricius erklärt dem Freund noch einmal genau, warum
er Rom verlässt:

[...] Weil ehrliche Künste
nichts mehr gelten in Rom, weil Arbeit nimmer
                              Gewinn bringt,
weil heut knapper die Habe als gestern, vom Wenigen
                              morgen
wieder ein Teil wird schwinden dahin [...]
Was noch soll ich in Rom? Ich weiß nicht zu lügen, ich
                              kann kein
Buch lobhudeln, das schlecht ist, und es zur Abschrift
                              erbitten.
Nichts versteh ich vom Lauf der Gestirne, beschau auch
                              der Frösche
Eingeweid nicht und kann und will drum keinem
                              versprechen,
dass ihm der Vater bald stirbt. Einer Frau die Gaben
                              und Briefchen
ihres Galans zuzustellen, sei andrer Geschäft, und zum
                              Hehler
tauge ich auch nicht. Darum leist' ich auch niemand
                              Gefolgschaft,
unbrauchbar wie ein Krüppel, dem abgestorben die
                              Rechte [...]
Was für ein Menschenschlag am genehmsten den
                              Reichen von heut' ist
und vor welchem zumal ich flüchte, das will ich
                              sogleich und
ganz ohne Scheu bekennen. Das griechische Rom, ihr
                              Quiriten,
ist unerträglich! Gewiss, nur ein Teil dieses Schlamms
                              sind Achäer.
Denn in den Tiber fließt längst Syriens Fluss, der
                              Orontes,

und schwemmt syrische Sprache und Sitte und
                    Flötenmusik an,
dortige Pauken und Harfen und alle die Mädchen,
                    genötigt
sich in des Circus Gewölben feilzubieten [...]
Nein, für Römer unseresgleichen ist keinerlei Platz im
Haus, das beherrscht ein Protogenes, Diphilos oder
                    Hermarchos [...]
[...] Geschlossnen
Zugs hätten längst auswandern müssen Quiriten, die
                    arm sind.

                    (*Sat.* 3,5 ff., Übers. O. Weinreich)

Quirites, die offizielle Anrede an die freigeborenen Römer,
die im Besitze des Bürgerrechts sind, verweist auf das be-
deutsame politische Anliegen dieser Satire. Im geschlossenen Zug waren ja einst die Plebejer aus Rom auf den Heiligen Berg gezogen und hatten sich so ihre Rechte als römische Bürger erkämpft (494 v. Chr.). Damals wurden der
Plebs Volkstribunen zugestanden, die ihre Rechte wahrnehmen sollten. Wer tut es heute? Es tritt niemand auf
als der Dichter, den die Empörung über die ungerechten
Zustände umtreibt. Die Überfremdung in Rom, durch die
Heere von Sklaven, von denen sehr viele bald als Freigelassene einen Platz besetzen, dazu der ständige Zuzug aus
den Provinzen in die lockende Metropole, und der dadurch für die minder begüterten Schichten entstehen-
de Verdrängungswettbewerb ist ein Thema, das bei den
vornehmen, wohlsituierten Autoren Roms nicht auf-
taucht. Juvenal aber spricht dieses Problem mit aller Of-
fenheit an. Schließlich braucht Rom auch diese seine Bür-

Via Appia

ger, für die kein Platz zu sein scheint. Einem aufgeblase-
nen Adelssprössling, der auf das »niedere Volk« herab-
blickt, hält der Dichter einmal vor: »Aber aus diesen unteren Schichten des Römervolks [wieder wählt er den
Ausdruck Quiriten] wird der kommen, den du brauchst,
um dich vor Gericht zu verteidigen, und der Jüngling, der
pflichtbewusst zum Euphrat marschiert und die Grenzen
bewacht« (*Sat.* 8,47 ff.).

Zweifellos war es nicht nur moralischer Verfall, der den
römischen Bürgern, die Juvenal im Auge hat, das Leben
schwermachte. Das wirtschaftliche System bot zu wenig
Platz für den »Mittelstand«, für Leute, die nicht dem Ar-
beiter- und Handwerkermilieu entstammten, aber für ge-
hobene Berufe nicht das nötige Startkapital hatten. Dazu
kam als weiteres Hemmnis die althergebrachte römische
Auffassung, dass es nicht fein sei, sich mit seiner Hände
Arbeit zu ernähren, dass man anständigerweise nur von
den Einkünften seines Gutes lebte.

Juvenal unterstreicht den Ernst seiner Argumente, ohne
jedoch seine Satire allzu schwergewichtig zu machen. Nach
Cumae zieht sein Freund, in die älteste griechische Gründung in Italien: Er will gewissermaßen die griechische
Landnahme wieder rückgängig machen, indem er sich dort
ansiedelt. Außer der Sibylle von Cumae wohnen nur wenige noch dort: Die Griechen sind wohl in die angrenzenden
Luxusbadeorte wie Baiae gezogen, oder nach Rom – hier im
griechischen Cumae gibt es nun Raum für den Römer Umbricius. Und er kann dort auch in Sicherheit leben. Das
»Haus« Rom hat nämlich nicht nur keinen Platz für ihn, es
ist auch baufällig und einsturzgefährdet, auch im wörtli-
chen Sinne eine höchst unzuträgliche Heimstatt. Während
wir bei Cicero, Plinius oder Horaz würdige Plätze für ihr
schöpferisches *otium* antreffen, die Villa im Grünen, in
Ruhe und Abgeschiedenheit, werden wir von Juvenal in das

brodelnde Gewühl der Subura versetzt, in den belebtesten Teil des alten Rom, ein Viertel wie das heutige Trastevere. Hier, wo Esquilin, Viminal und Quirinal gegeneinander auslaufen, und die Hauptstraße, der *clivus Suburanus*, vom Argiletum gegen das Esquilinische Tor hinansteigt, hier stehen statt Villen die *insulae*, mehrstöckige Mietskasernen, dazu gibt es Märkte für Gemüse und Lebensmittel, Schenken und Freudenhäuser. Das Erdgeschoss der *insulae* wird meist von einer *taberna*, einem Laden samt Vorratsräumen, oder einer Werkstatt eingenommen. Bisweilen befand sich dort auch eine große, elegante Wohnung, eine *domus*, etwa für einen wohlhabenden Junggesellen, der der

Miets- und Geschäftshäuser am Trajansforum

Aufsicht des Vaters entgehen wollte. Wohnraum war knapp und teuer, und so waren fünf- oder sechsstöckige Häuser keine Seltenheit. Zwar hatten die Kaiser Sicherheitsvorschriften erlassen; schon Augustus hatte die Höhe solcher Bauten auf 70 Fuß (20 Meter) begrenzt. Doch was helfen alle Vorschriften, wenn die Eigentümer, um Kosten zu sparen, statt des unverwüstlichen römischen Zements nur dünne Mörtelschichten für die Mauern verwenden? Schwankende Wände werden mit dünnen Balken abgestützt, klaffende Risse notdürftig zugekleistert. Und dann versichert man den Mietern, sie könnten ruhig schlafen! Zu den oberen Stockwerken führen keine Treppen, sondern nur »Hühnerleitern« hinauf – wehe den Bewohnern, wenn ein Brand ausbricht! Im dritten Stockwerk qualmt es schon, oben ahnt man noch nichts. Der arme Poet im obersten Dachkämmerlein, der nur eine Bettstatt, etwas tönernes Geschirr und ein paar Bücher besaß, hat alles verloren und nackt und bloß nur das Leben gerettet. Und keiner hilft ihm – aber wenn die Luxuswohnung eines Reichen abgebrannt ist, da kommen von allen Seiten großzügige Hilfsangebote (so reichliche, dass man schon wieder vermuten muss, der Betreffende habe nach dem Grundsatz »Kaputt ist neu« sein Haus selber angezündet …). Wie soll man da nachts ruhig schlafen?

> [...] Doch wen lässt die Mietswohnung schlafen?
> [...] Allnächtlich rollen die Reisewagen durch enger
> Gassen Gewinkel, wo Herden sich stauen und Flüche
> > der Treiber
> hallen; der Lärm weckte Erzschlafmützen, wie Claudius
> > war,
> und Meerkälber auf!

Die nächtliche Ruhestörung durch den Verkehr ging auf
eine gutgemeinte Verkehrsregelung zurück. Caesar hatte
das erste Fahrverbot zur Entlastung der Innenstadt verfügt:
Zwischen Sonnenauf- und -untergang durften keine Wagen und Fuhrwerke fahren. (So hat auch Umbricius Zeit,
mit seinem Freund Juvenal zu plaudern, während er auf
den Karren mit seinem Hab und Gut wartet.) Freilich gab
es zahlreiche Ausnahmen, wie dringenden Zulieferverkehr
und den Transport von Baumaterial. Und da jeder Kaiser
Tempel, Foren, Thermen und Palastbauten errichten ließ,
vom »privaten Wohnungsbau« gar nicht zu reden, riss der
Verkehrslärm Tag und Nacht nicht ab. Tagsüber nahm das
Gedränge für den normalen Fußgänger chaotische, ja le-
bensbedrohliche Formen an:

> Hat ein Reicher ein dringend Geschäft,
> lässt er in riesiger Sänfte sich tragen über die Köpfe
> der sich drängenden Menge, die ausweicht, liest oder
> schreibt drin,
> setzt auch den Schlaf fort, den das verhangene Fenster
> begünstigt.
> Doch ist er früher am Ziel als ich. Mir Eiligem hemmt
> die
> vor mir flutende Menge den Schritt, und hinter mir
> drückt das
> Volk in Scharen nach. Der stößt mir den Arm in die
> Seite,
> jener ein hartes Brett; bald trifft mich ein Balken am
> Schädel,
> bald ein Ölfass. Kot bespritzt meine Waden, von allen
> Seiten bekomme ich Tritte von mächtigen Sohlen, und
> bald pflanzt
> mir in die Zehen ein grober Soldat die Nägel der
> Stiefel. [...]

Zimmerleute bei der Arbeit. Pompejanische Wandmalerei

Welch ein Gedräng'! Da zerreißen die Kleider, die eben
                                        geflickten.
Hier auf dem Lastkarren wippt eine Riesentanne, ein
                                        andrer
Wagen führt Fichten: sie schwanken bedenklich,
                                        gefährden Passanten.
Wie erst, wenn das Gefährt kracht mit dem
                                        carrarischen Marmor
und sein Steingebirge ergießt auf die Scharen des
                                        Volkes?

Was bleibt dann noch von den Körpern? Wer noch
                findet die Glieder,
wer die Knochen zusammen?
                (*Sat.* 3,234 ff., Übers. O. Weinreich)

Aber Schlaflosigkeit ist noch nicht das ärgste Übel im
nächtlichen Rom. Wehe, wenn man nächtens unterwegs
ist! Man muss damit rechnen, dass jemand sein zerbroche-
nes Geschirr kurzerhand aus dem Fenster wirft, oder dass
er seinen Nachttopf überm Haupte des ahnungslosen Pas-
santen entleert. Aber es kann noch schlimmer kommen,
wenn man allein auf dem Heimweg ist. Da taucht ein Kerl
auf, der nicht schlafen kann, wenn er sich nicht noch ein
wenig Bewegung gemacht hat. Den Herrn mit Dienergefol-
ge und Fackeln lässt er ungeschoren, aber den armen Mann,
der mühsam sein Nachtkerzchen vorm Erlöschen schützt,
den pöbelt er an:

»Woher kommst du?«, so brüllt er,
»bei wem hast du mit sauerem Wein und mit
                Bohnengemüse
dir den Wanst vollgeschlagen?
Was, du gibst keine Antwort? Heraus mit der Sprache,
                sonst setzt's 'nen Tritt in den Bauch!
Wo stehst du beim Betteln an, und in welcher
der Synagogen draußen kampierst du, dass ich dich
                finde?«
Ob du versuchst, was zu sagen, ob schweigend du
                retirierest,
das ist egal: sie hauen dich so oder so, und entrüstet
stellen sie sich, als planten sie, dich vor Gericht zu
                belangen!
Nur ein Ausweg steht dem Armen noch frei: dass er
                bittet

(wenn man ihn haute) und dass er fußfällig bettelt
(wenn man mit
Fäusten ihn niedergeschlagen): man möge ihm gnädigst
gestatten,
wenigstens noch ein paar seiner Zähne nach Hause zu
tragen.

(*Sat.* 3,292 ff., Übers. O. Weinreich)

»Das sind die Zustände in Rom, und ich könnte noch vieles
andere nennen«, sagt Umbricius zu Juvenal. »Aber die
Sonne geht unter, mein Wagen ist da, es ist Zeit zum Aufbruch. Doch wenn du dich einmal zur Erholung in deinem
Aquinum aufhältst, dann rufe mich aus Cumae herbei. Ich
werde dir gern wieder als bescheidener Stofflieferant für
deine Satiren zur Seite stehen.«

Hätte Juvenal auch sein vielgeschmähtes Rom verlassen und sich nach Aquinum zurückziehen können (vorausgesetzt, dort schaltete nicht bereits ein älterer Bruder)? Oder führt er uns hier nur die zwei Seelen in der
Brust des »modernen« Großstadtmenschen vor, so wie es
Englands berühmtester Gelehrter, Samuel Johnson, 1738
in seinem Poem *London* tut, das der 3. Satire Juvenals
nachgestaltet ist? Dort zieht sich ein Freund aufs Land zurück, wo Anständigkeit und aufrechter Sinn keine Schande
sind, und wo er die Schurken und Emporkömmlinge nicht
sehen muss, die nun in London das Heft in der Hand haben. Aber Johnson sagt auch: »When a man is tired of
London, he is tired of life.« Juvenal war nicht müde, er
wollte bleiben und kämpfen. Ein anderer Dichter aber verließ Rom wirklich: Martial. Er zog sich um das Jahr 98 in
seine spanische Heimatstadt Bilbilis (das heutige Calata-
yud) zurück, von Plinius dem Jüngeren mit dem nötigen
Reisegeld ausgestattet. Von dort schreibt der Dichter an
Juvenal:

Während rastlos vielleicht umher du wanderst,
Juvenal, im Gelärme der Subura,
oder auf den Hügel Dianas eilest:
wenn dich an der Schwelle der großen Herren
deine schweißige Toga fächelt [...]
hat mein Bilbilis mich nach vielen Jahren
aufgenommen: nun bin ich ein Provinzler – [...]
Schamlos gradezu widm' ich mich dem Schlafe
und bleib oftmals bis neun Uhr morgens liegen.
Jetzt wird nachgeholt, was in dreißig Jahren
mich an Ruhe die Nächte Roms gekostet. [...]
so leb gern ich, so will ich auch gern sterben.

(Epigr. 12,18, Übers. H.C. Schnur)

Leben kann man dort – aber was soll man dichten, mag
sich Juvenal gedacht haben. Die Annehmlichkeiten des
ländlichen Lebens waren von Horaz bereits in musterhaf-
ter Weise gestaltet worden. Und Martial fand in der Tat in
seinem idyllischen Bilbilis keinen besonderen Stoff und
wenig Resonanz für seine Epigramme, wie er schließlich
selbst zugeben muss. Juvenal aber verfügt weiterhin über
ein wohlgefülltes Notizbuch; seine Chronique scandaleuse
schont weder die Männer noch die Frauen; von beiden
porträtiert er in seiner 2. beziehungsweise 6. Satire eine
Anzahl besonders abstoßender, sittenloser Exemplare. In
seinen späteren Satiren schlägt er einen mehr erzieheri-
schen Ton an, so wenn er in der 14. Satire die Eltern er-
mahnt, ihren Kindern ein gutes Beispiel zu geben, da diese
von Natur aus das nachahmen, was sie vor sich sehen.
»Wenn Besuch kommt«, sagt Juvenal, »da wird großartig
saubergemacht, da kümmert sich der Herr persönlich um
alles. Ist auch ja kein Schmutz mehr am Boden? Das könnte ein kleiner Sklave mit einem Eimerchen in Ordnung
bringen. Doch darum kümmerst du dich nicht, dass dein

Sohn sein geheiligtes Heim ohne Flecken und Makel erleben möge?«

»*Maxima debetur puero reverentia* – Dem Kinde schuldet man die größte Ehrerbietung« (*Sat.* 14,47), ist eines von Juvenals schönsten Worten, in Übereinstimmung mit dem Erziehungsprogramm seines Lehrers Quintilian.

In der 10. Satire geht es darum, was sich die Menschen wünschen, vom Leben, von den Göttern: immer das Verkehrte. Samuel Johnson hat auch diese Satire nachgestaltet und ihr den treffenden Titel gegeben: *The Vanity of Human Wishes.* Reichtum und Macht haben sich viele hochstrebende Männer gewünscht, doch die Erfüllung ihres Wunsches war schließlich ihr Ruin. Die Statue des allmächtigen Kaisergünstlings Sejan wird zerschlagen, die Trümmer werden eingeschmolzen, er selbst verfiel dem Henker. Das Volk ist freilich auch nicht besser. Nur zwei Dinge begehrt es heutzutage noch: *panem et circenses* – »Brot und Spiele« (*Sat.* 10,81). Ja sollen sich die Menschen denn gar nichts wünschen? Man überlässt es am besten den Göttern. Sie werden uns geben, was uns zuträglich ist. Und wenn man durchaus beten und opfern will:

orandum est ut sit mens sana in corpore sano

soll man gesunden Geist in gesundem Körper erflehen

(*Sat.* 10,356)

Ein vielzitiertes Wort, das aber keineswegs sportlicher Ertüchtigung das Wort redet, denn es heißt weiter:

Bet' um ein mutiges Herz, das die Schrecken des Todes
verachtet,
Welchem die Länge der Lebensbahn als Geschenk der
Natur gilt,

Das alle Mühen erträgt, befreit von Zorn und
          Begierden [...]
All dies kannst du dir selber verschaffen; zum ruhigen
          Leben
Findet man nur auf dem einzigen Pfad, der sich öffnet,
          der Tugend.

(*Sat.* 10,357 ff., Übers. U. Knoche)

Wer die Tugend preist, darf das Laster in grellen Farben
malen. Er bereitet dem Leser damit ein ungetrübtes Vergnügen, ohne schlechtes Gewissen. Im Mittelalter war Juvenal als *Poeta ethicus* Schulautor; mehrere hundert
Handschriften und Kommentare beweisen seine Beliebtheit. So mancher Leser, über dem ein gestrenges Auge
wachte, wie in den Klöstern, wird die Stelle mit dem Preis
der Tugend parat gehabt haben, um sich dann, mit der nötigen sittlichen Entrüstung, versteht sich, in der 6. Satire
die Ausschweifungen der Kaiserin Messalina zu Gemüte
zu führen, die des Nachts das kaiserliche Bett verließ, um
sich nackt in einem Bordell feilzubieten. Doch auch über
eine solche Art von »doppelter Moral« hat sich Juvenal bereits am Anfang seiner 2. Satire geäußert. Alles, was die
Menschen so treiben, ist in der Tat der Stoff seines Büch-
leins.

Neuntes Kapitel

Plinius der Ältere in Misenum
»Jeder Augenblick ist verloren,
der nicht den Studien gewidmet ist«

Eine Villa am Kap Misenum, am westlichen Rand des Golfs von Neapel. Die Bewohner: Gaius Plinius Secundus, seine verwitwete Schwester Plinia, deren achtzehnjähriger Sohn Gaius Plinius. (Onkel und Neffe erhielten von der Nachwelt die Beinamen Maior und Minor, der Ältere und der Jüngere.) Es ist der 24. August 79 n. Chr. Der Neffe sitzt über seinen Büchern und lernt, als sein Onkel kommt und ihn fragt, ob er ihn hinüber zur Küste begleiten wolle. Es gäbe ein eigenartiges Naturschauspiel zu sehen. Nein, der jüngere Plinius will lieber bei seiner Lektüre des Livius bleiben. Der Onkel macht sich ohne den Neffen mit einigen Begleitern auf den Weg, von dem er nicht mehr zurückkehren sollte. Von den Gefährten aber ließ sich der junge Mann erzählen, was der Onkel erlebt hatte, und schrieb es auf. In einem Brief an den Geschichtsschreiber Tacitus ist uns der ausführliche Bericht des Plinius erhalten, nach dem man später das Geschehene genau rekonstruieren konnte (*Ep.* 6,16). Was er schilderte, war der

Plinius d. Ä. Skulptur an der Kathedrale von Como

Vesuvausbruch, der die Städte Pompeji, Herculaneum und Stabiae verschüttete, und nach Plinius' exakter Schilderung wird diese Art eines Vulkanausbruchs heute eine plinianische Eruption genannt.

Der Onkel, Plinius der Ältere, war ein bekannter Naturforscher, Verfasser einer naturkundlichen Enzyklopädie, und damals Kommandant der kaiserlichen Flotte in Misenum. Die Inspektion der sehenswerten Piscina mirabile in Miseno war eine seiner Aufgaben. Der monumentale Gewölbebau, über 70 m lang, etwa 30 m breit, auf 48 Pfeilern ruhend, diente als unterirdisches Trinkwasserreservoir zur Versorgung der Flottenmannschaft im Hafen von Misenum – die größte Süßwasserzisterne der Antike.

Ursprünglich wollte Plinius aus naturwissenschaftlichem Interesse aufbrechen, nachdem er eine große, weißlich-graue Wolke, die wie die Krone einer Pinie aussah, in einiger Enfernung erblickt hatte. Ein solches Naturphäno-

Das Forum in Pompeji, im Hintergrund der Vesuv

men als Vorbote eines Erdbebens hatte er selbst in seinem
Werk beschrieben. Man wusste zu diesem Zeitpunkt – um
ein Uhr mittags – noch gar nicht, dass diese Wolke über
dem Vesuv stand, der 30 km Luftlinie entfernt ist und damals als erloschener Vulkan galt. Im Jahr 62 aber hatte ein
Erdbeben in der Gegend große Zerstörungen angerichtet.
Da kommt ein Bote mit einem Brief: Rectina, eine Bekannte, die am Fuße des Vesuvs wohnt, bittet um Hilfe. Die
Straße ist durch Erdstöße verschüttet, Rectina und die anderen Leute dort wollen sich auf dem Seeweg in Sicherheit
bringen. Daraufhin ändert Plinius seinen Plan. Statt eines
privaten Schnellseglers lässt er mehrere Schiffe der Flotte
rüsten und startet zu einer Evakuierungsaktion in Richtung Herculaneum. Während er sich zur See der Küste nä-
hert, beobachtet er alles, was er sieht, und diktiert es seinem Sekretär: welch eine günstige Gelegenheit, seinem naturkundlichen Werk noch einen auf Autopsie beruhenden
Bericht über ein außerordentliches Naturphänomen anzu-
fügen.

Sein Neffe Plinius überliefert: Es regnete schon Asche
auf die Schiffe, und je näher man kam, desto heißer und
dichter wurde sie. Bald fielen auch Bimssteine und schwarze, halbverkohlte Steine. Da trat plötzlich das Meer zurück,
und man sah, dass die Küste durch herabstürzende Berg-
massen unzugänglich geworden war. Plinius überlegte, ob
er umkehren sollte. Der Steuermann riet eindringlich
dazu, sein Kommandant aber gab zur Antwort: »*Fortes fortuna iuvat* – Den Mutigen hilft das Glück, halte auf Stabiae zu!« Dort, vier Meilen südlich von Pompeji, will Plinius versuchen, an Land zu gehen, an der Stelle, wo sein
Freund Pomponianus wohnt. Dieser hatte schon sein Hab
und Gut zusammengepackt und wollte zu Schiff fliehen,
sobald sich der starke Gegenwind gelegt hätte. Mit diesem
Wind landete Plinius bei Stabiae, begrüßte und umarmte

den aufgeregten Freund, redete ihm zu und beschwichtigte seine Panik. Da man nicht abfahren konnte, setzte sich Plinius mit dem Freund und dessen Angehörigen zum Essen, plauderte ruhig und gelassen, während rings vom Vesuv hohe Feuersäulen und Flammenherde herüberleuchteten. Inzwischen war es Nacht, durch den Feuerschein aber taghell. Plinius beruhigte die Aufgeregten: Das seien nur von ihren Bewohnern verlassene Hütten, durch den starken Wind habe das Feuer auf sie übergegriffen. Man solle sich niederlegen und warten, bis das Meer ruhiger geworden sei. Und Plinius legte sich in der Tat nieder, und, so sein Neffe, dass er wirklich eingeschlafen war, hörte man an seinen schweren Atemzügen.

Die Gelassenheit und Ruhe, die Plinius an den Tag legt, muss man nicht, wie dies heute vielfach geschieht, auf eine Idealisierung zum Bilde des stoischen Weisen durch seinen Neffen zurückführen. Ein Mann, der Heerführer im Jüdischen Krieg war und als Statthalter an Brennpunkten der Welt die oberste Verantwortung trug, wird im heimischen Misenum in keine übergroße Erregung geraten sein, zumal er im Gegensatz zur Nachwelt noch keine Vorstellung über das Ausmaß der Katastrophe hatte. Der Vesuv galt ja damals als erloschener Vulkan.

Der Vorplatz des Hauses bedeckte sich immer höher mit Asche und Bimsstein, so dass man befürchten musste, bald nicht mehr hinauszugelangen. So weckte man Plinius, und es wurde beraten, ob man im Hause bleiben oder ins Freie gehen sollte, denn die Erdstöße nahmen ständig an Schwere zu, das Haus schwankte, wie von seinem Fundament gelöst, dauernd hin und her. Draußen aber ging ein heißer Bimssteinregen nieder. Man entschloss sich dann aber doch zum Hinausgehen und band sich Kissen auf den Kopf. Es war schon Morgen, aber es wurde nicht Tag. Das einzige Licht kam von den Flammen am Berge. Das Meer war weit vom Ufer zurückgetreten und brandete so stark, dass an keinen Aufbruch zu denken war. Plinius legte sich auf eine Decke, einen Wasservorrat neben sich. Da kamen Flammenwände heran und als ihr Vorbote dichter, immer stärker werdender Rauch, Qualm und Schwefelgestank, der einem den Atem nahm. Plinius – der Neffe teilt erst jetzt mit, dass er stark asthmatisch war – erhebt sich, ringt vergebens nach Luft und bricht tot zusammen.

Bei jüngsten Ausgrabungen fand man noch Tote, die offenbar am Hafen von Herculaneum auf die Evakuierungsflotte des Plinius gewartet hatten und vom Tod ereilt worden waren.

Der jüngere Plinius berichtet nicht nur vom Ende seines Onkels, sondern auch von seinen eigenen Erlebnissen bei der Katastrophe. Wie sein Onkel, so hatte auch er sich zunächst durch die Erdstöße nicht beunruhigen lassen; sie waren in Kampanien nichts völlig Ungewohntes. Nachts werden die Erdstöße jedoch stärker: Man hat das Gefühl, alles bewegt sich, ja alles steht auf dem Kopf. Die Mutter kommt in sein Schlafzimmer, beide gehen ins Freie und setzen sich auf eine Terrasse zwischen Haus und Meer, wo sie sich sicher glauben. Da kommt ein Freund und mahnt dringend zur Flucht: Drüben von Pompeji und Herculaneum zieht eine riesige schwarze Wolke heran, man kann kaum mehr etwas sehen! Die Mutter meint, sie wolle hier bleiben und auf Nachricht von ihrem Bruder warten. Der Freund stürzt davon, um sich zu retten, und bald graut düster und trübe der Morgen. Die Häuser ringsum sind schwer beschädigt, die stehengebliebenen Mauern schwanken, und nun beschließen Plinius und seine Mutter endlich, sich außerhalb der Wohngebiete zu begeben. In einer verstörten Menschenmenge schieben und drängen sie sich vorwärts. Die Erde ist in Bewegung, Fahrzeuge, obwohl mit Steinen gesichert, rollen hin und her. Als sie ans Meer

kommen, sehen sie, dass das Wasser weit zurückgewichen
ist, dahinter ballt sich eine riesige schwarze Wolke, die von
Flammen wie von Blitzen durchzuckt wird. Nicht lange
darauf senkt sich die Wolke hernieder, bedeckt das Meer,
Capri wird unsichtbar, dann das nahe Kap Misenum. Schon
regnet es Asche, dichter Qualm droht die Fliehenden ein-
zuholen. Um nicht von der kopflosen Menge zertrampelt
zu werden, setzt sich Plinius mit der Mutter an den Stra-
ßenrand, ganz ruhig, in sicherer Erwartung des Endes.
Ganz plötzlich wird es stockfinster: Geschrei und Geheul
der Menschen, die beten und fluchen: Der Weltuntergang
scheint bevorzustehen. Dann hellt es sich auf, aber nicht
vom Tageslicht, sondern vom Feuer, das den Qualm durch-
bricht. Nun wieder Aschenregen, so dicht und schwer, dass
man die Asche dauernd abschütteln muss, um nicht begraben zu werden. Endlich löst sich der dicke Dunst in Rauch
und Nebel auf, es wird Tag, eine blasse Sonne kommt zum
Vorschein, fahl, wie bei einer Sonnenfinsternis. Alles sieht
verwandelt aus: von einer Aschenschicht wie von einer
Schneedecke begraben.

Plinius kehrt mit seiner Mutter nach Misenum zurück
und verbringt eine unruhige Nacht bei erneuten Erdstö-
ßen. Die beiden wollen aber nicht fortgehen, bevor sie
nicht Nachricht vom Onkel haben. Zwei Tage später, als
sich das Meer wieder beruhigt hat, bringen Überlebende
die Kunde vom vollen Ausmaß der Katastrophe in Pompeji, Herculaneum und Stabiae, und sie bringen den Leichnam des Plinius, der, völlig unversehrt, mehr einem Schla-
fenden als einem Toten gleicht.

1900 Jahre später gedenkt man in seiner Heimatstadt
wie auch hier am Golf von Neapel des prominentesten Op-
fers des Vesuvausbruchs, des Schriftstellers und Naturforschers Plinius.

Um 23/24 n. Chr. ist er in *Novum Comum*, dem heuti-

gen Como, geboren, ebenso wie sein Neffe. Die Skulpturen
beider aus dem 15. Jahrhundert schmücken die Fassade des
Doms von Como. Beide Plinii tragen den mit einer Kapuze
versehenen Mantel (*lacerna*), wie er in der Antike und
noch in den späteren Jahrhunderten vor allem als Gelehr-
tenmantel gebräuchlich war, und halten ein Buch in der
Hand. Der ältere Plinius aber schiebt mit dem Buch den
Mantel vom Knie zurück, und man sieht den *calceus*, den
bis über die Wade hinaufreichenden Offiziersstiefel: der
bildliche Hinweis auf ein Leben auch außerhalb der Ge-
lehrtenstube. Getreu seinem Ausspruch: »*vita vigilia est* –
Leben ist Wachsein«, hatte er sich auf vielen Gebieten betätigt.

Als Sohn eines römischen Ritters genoss er die übliche
juristische und rhetorische Ausbildung in Rom und leistete
in den Jahren 47–52 Militärdienst. Er nahm an den Feldzügen gegen die Chauken und Chatten teil und lernte dabei
die Gebiete Unter- und Obergermaniens kennen. Später
erwähnt er die heißen Quellen von Wiesbaden und die Do-
nauquellen. In Castra Vetera (Xanten) wurde eine bronze-
ne *phalera* gefunden, eine Platte vom Pferdezaumzeug,
mit der Inschrift: »Plinius, Reiteroberst«. Während seines
Aufenthaltes in Germanien erschien ihm, wie er berichtet,
im Traum Drusus mit dem Beinamen Germanicus, der
Bruder des Tiberius und Stiefsohn des Augustus. Er hatte
in Germanien erfolgreich Krieg geführt und hier im Jahre
9 v. Chr. den Tod gefunden. Dieser Drusus nun mahnte
Plinius, sein Andenken bei der Nachwelt lebendig zu halten. Plinius begann daraufhin noch im Feldlager sein Werk
über die Germanenkriege, das uns verloren ist, aber von
Tacitus ausgiebig benutzt wurde. Nach seiner Rückkehr
von den Feldzügen verfasste Plinius eine Biographie seines
Feldherrn und Freundes Pomponius Secundus. Während
Neros Schreckensherrschaft, »als die Knechtschaft jede

etwas freiere und geradsinnige Art wissenschaftlicher Schriftstellerei zur Gefahr werden ließ« (Plinius der Jüngere), widmete er sich rhetorischen und sprachwissenschaftlichen Arbeiten. Nach Neros Tod begann er eine Darstellung zeitgenössischer Geschichte, war als Anwalt auf dem Forum tätig und nahm dann auch seine Militärtätigkeit wieder auf. In Judäa machte er die nähere Bekanntschaft des späteren Kaisers Titus, dann war er in verschiedenen Teilen des Reiches in Militär- und Verwaltungsämtern tätig. Kaiser Vespasian zog ihn in seine Nähe und verschaffte ihm eine Vertrauensstellung am Hofe. Im Jahre 77 wurde Plinius Befehlshaber der Flotte in Misenum, dem Stützpunkt für das gesamte westliche Mittelmeer.

Während dieser ausgedehnten, verantwortungsvollen Tätigkeit entstand sein Hauptwerk, das einzige uns erhaltene Opus, die 37 Bücher der *Naturalis historia*, einer enzyklopädischen Naturkunde. Sie ist das umfangreichste überlieferte Hand- und Lehrbuch ihrer Art, eine unschätzbare Fundgrube für die Folgezeit, bis ins Mittelalter und noch darüber hinaus. Plinius schloss sie im Jahre 77 ab und widmete sie dem Thronfolger Titus. Nicht erst wir Späteren bewundern die Schaffens- und Tatkraft des Plinius. Sein Neffe schreibt an einen Freund, dem er sämtliche Werke des Onkels aufgezählt hat (*Ep.* 3,5): »Du staunst sicher, dass ein derart vielbeschäftigter Mann so zahlreiche und mit solch mühsamer Kleinarbeit angefüllte Werke vollendet hat. Und Du wirst noch mehr staunen, wenn Du erfährst, dass er jahrelang auch Prozesse geführt hat, dass er mit 55 Jahren gestorben ist und die ganze Zeit über durch wichtige Amtsgeschäfte und die Freundschaft des Kaisers in Anspruch genommen war. Er besaß jedoch einen regsamen Geist, unglaublichen Arbeitseifer und war stets hellwach.«

Plinius hat auch den Tagesablauf seines Onkels beschrieben: Schon lange vor dem Morgengrauen begann er zu arbeiten, begab sich vor Sonnenaufgang zu Kaiser Vespasian, der auch ein Nachtarbeiter war, und erledigte dann die Pflichten und Amtsgeschäfte, die dieser ihm auftrug. Nach Hause zurückgekehrt, widmete er die Zeit, soweit es irgend ging, literarisch-wissenschaftlichen Studien. Selbst im Bad und beim Essen war ein Vorleser zugegen. Bei der Lektüre machte er sich ständig Notizen, oder er exzerpierte etwas. Denn er pflegte zu sagen: »Kein Buch ist so schlecht, dass man nicht noch etwas daraus lernen könnte.« An der abendlichen Tafel kam es einmal vor, dass ein Freund den Vorleser unterbrach und ihn eine Stelle wiederholen ließ, die dieser fehlerhaft vorgetragen habe. Darauf Plinius zu seinem Freund: »Du hattest es doch verstanden, warum lässt du es ihn dann noch einmal lesen? Mehr als zehn Verse haben wir nun durch deine Unterbrechung verloren!« So sparsam ging er mit der Zeit um. Auf Reisen begleitete ihn neben dem Vorleser stets ein Stenograph, der bei Kälte Handschuhe trug, damit die Studien auch durch die Unbilden der Witterung nicht beeinträchtigt würden. Um seine Lektüre nicht unterbrechen zu müssen, bediente er sich auch in Rom einer Sänfte und tadelte den Neffen, weil dieser zu Fuß ging: Er hätte damit die Zeit verplempert. Denn, so betont der jüngere Plinius, sein Onkel hielt jeden Augenblick für verloren, der nicht auf die Studien verwandt würde. Und so, in steter geistiger Anspannung, hat er es erreicht, ein solch umfangreiches Lebenswerk zu hinterlassen, darunter die *Naturalis historia*, die der jüngere Plinius ein überaus reichhaltiges, grundgelehrtes Werk nennt, nicht minder vielseitig als die Natur selbst: ein Urteil, das der spätere »Kollege« Alexander von Humboldt bestätigt hat.

Plinius fasst darin das gesamte naturkundliche Wissen seiner Zeit zusammen, und er referiert dieses Wissen nicht nur, sondern zeigt sich durch seine vielfachen Stellungnahmen als ein Mann mit festen Grundsätzen und sicherem Urteil.

Das erste Buch enthält eine ausführliche *praefatio* mit dem stolzen Hinweis darauf, dass man hier ein für die Musen Roms durchaus neuartiges Werk vor sich habe. Ja selbst bei den Griechen gibt es keinen, der all diese Gebiete in einem Werk behandelt hat. Und es ist wahrhaftig ein schwieriges Unterfangen, den zum Teil recht abgelegenen oder schlecht verbürgten Stoff zu erhellen und für alles eine naturgetreue, das heißt der Natur in ihrer Vielfalt angemessene Darstellung zu finden. Mit Rücksicht auf den erlauchten Adressaten des Werkes, den Thronfolger Titus (*iucundissime Imperator*, liebenswürdigster Herrscher, wird er angeredet), der seine Zeit ja hauptsächlich der Wohlfahrt des Menschengeschlechtes zu widmen habe, hat Plinius Inhaltsangaben zu den einzelnen Büchern verfasst und sie im ersten Buch der Einleitung angeschlossen. Davon haben, so sagt er, auch die übrigen Leser den Nutzen: Sie müssen nicht das Ganze lesen, sondern können nachschlagen und wissen dann, wo sie das Gewünschte finden können. Zu diesen Inhaltsangaben kommt jeweils noch ein Quellenverzeichnis, getrennt nach römischen und fremden, meist griechischen Autoren. Denn Plinius findet es höchst unpassend, wie so manche seiner Schriftstellerkollegen vorgehen: Sie schreiben ihre Vorgänger ohne Namensnennung wörtlich ab! Von einer solchen Diebsgesinnung ist Plinius weit entfernt, und so nennt er eine Fülle von Autorennamen, die uns oft nur durch ihn bekannt sind. Auch der fürstliche Adressat ist im Quellenverzeichnis für Buch 2 vertreten: »*Ex auctoribus ... Tito Caesare Imperatore*«, und zwar mit seinem Poem über das Erscheinen eines Kometen im Jahre 76 (2,89).

Mit Buch 2 beginnt die Naturkunde, und zwar mit ei-

Plinius d. Ä. überreicht Kaiser Titus das Widmungsschreiben seiner
»Naturalis historia«.
Romanische Miniatur, 12. Jh., Biblioteca Laurenziana, Florenz

ner Kosmologie, einer Lehre vom Weltall, von den Gestirnen, meteorologischen Erscheinungen, den Elementen, den Göttern, der Witterung und schließlich der Beschaffenheit der Erde (die im Vergleich zum Weltall recht klein ist). Daran schließt sich in Buch 3–6 eine Länderkunde an, samt den Maßen der drei Erdteile. 1195 Städte, 576 Völker, 115 berühmte Flüsse, 38 berühmte Berge, 108 Inseln, 95 verschwundene Städte oder Völker, in summa 2214 Gegenstände, Geschichten und Beobachtungen (*res et historiae et observationes MMCCXIV*) hat Plinius allein für das 6. Buch geliefert, wie er selbst gewissenhaft auflistet: ein Zeugnis des Gelehrtenfleißes, dem später die Mönche der großen Klosterbibliotheken nacheiferten.

Die Natur in eine Ordnung zu bringen und gleichzeitig ihrer Vielfalt gerecht zu werden, ist das Bestreben des Plinius. »*Natura, hoc est vita, narratur* – Von der Natur, die das allumfassende Leben ist, wird berichtet.« Die Natur ist pantheistisch und teleologisch gesehen: Sie ist das *numen*, die Gottheit, die als Weltvernunft das All durchwaltet und alle Dinge nach einem sinnvollen Plan geschaffen hat: *pronoia*, die Vorsehung, wie sie die Stoiker nennen. Plinius spricht von der *ratio*, der Vernunft- und Geisteskraft, und betont, ebenfalls nach stoischem Vorbild, die Teilhabe des Menschen an der göttlichen Weltvernunft. Unter diesem Aspekt steht das an die Kosmologie anschließende Buch 7, das sich mit dem Menschen beschäftigt. Um des Menschen willen, so Plinius, scheint die Natur alles erschaffen zu haben, obwohl sie für ihre großen Gaben einen so hohen Preis gesetzt hat, dass sich nicht genau entscheiden lässt, ob sie für den Menschen eine gute Mutter oder eine Stiefmutter ist (7,1). Als hilfloses Wesen kommt er zur Welt, bleibt im Gegensatz zu den Tieren lange hilfsbedürftig und ist Krankheiten und so vielen Fährlichkeiten des Lebens ausgesetzt. Freilich hat er deshalb keinen Grund, die Natur als Stiefmutter anzusehen. Denn zum einen gilt der Satz: »Aber wahrhaftig! Der Mensch verdankt seine meisten Übel dem Menschen selbst.« Und zum andern hat er die *ratio* erhalten, die planende und schaffende Vernunft, mit deren Hilfe er sich von einem Mängelwesen zum Herrn der Natur machen kann. Er sollte die rechte Haltung gegenüber der Natur einnehmen, ordnend, planend, kultivierend, aber sie nicht sinnlos und maßlos ausbeuten und unterjochen. Ackerbau und Gartenanlagen, Weinbau, das Pflanzen von Bäumen und die Bienenzucht behandelt Plinius in seinem Werk mit besonderer Liebe; darin zeigt sich für ihn eine harmonische Verbindung des Menschen mit der Natur. Gegenüber dem Bergbau, dem gierigen Wühlen in den Eingeweiden der Erde, hat er seine Vorbehalte, vor allem bei der rücksichtslosen Gold- und Erzgewinnung, die aus Habgier und Machtstreben erfolgt. Auch die übertriebene Baukunst seiner Zeit geißelt Plinius: Häuser, die weit ins Meer hinausgebaut werden, unsinnige Luxusbauten wie Neros Goldenes Haus: all dies lässt den Respekt vermissen gegenüber der Natur und ihrem göttlichen Wesen. Unnatürliche, durch Luxus und Geltungsstreben hervorgerufene Verhaltensweisen des Menschen, wie die Bauwut, die Gier nach exotischen Delikatessen oder nach kostbarem Schmuck aller Art, tadelt Plinius immer wieder. Er bemüht sich auch, ähnlich wie Lukrez in seinem Gedicht *Von der Natur der Dinge* (*De rerum natura*), die Menschen von falschen Vorstellungen, das heißt gleichzeitig, von ihren Ängsten, zu befreien. So lehnt er den Glauben an eine Vielzahl von Göttern ab. Dieser sei aus der Schwäche und Hinfälligkeit der menschlichen Natur entstanden, die sich ängstlich absichern will gegen alle Übel, so dass es in Rom sogar Tempel für eine Göttin des Fiebers oder einen Altar des Unglücks gäbe. Und die Geschichten über die olympischen Götter, die miteinander zanken und streiten oder

Ehebruch begehen ...: nichts als kindische Phantasien.
»*Naturae potentia* – Die Macht der Natur, das ist es, was
wir Gott nennen müssen« (2,27). Und für den Menschen
gilt noch ein Weiteres: »*Deus est mortali iuvare mortalem*
– Der Sterbliche soll dem Sterblichen helfen, das ist Gott!«
(2,18.) Und dies ist der Weg zu ewigem Ruhm. Diesen
Weg haben die großen Männer Roms beschritten, und auf
dieser Bahn bewegt sich nun Vespasianus Augustus, der einer erschöpften Welt Hilfe bringt. Solche Wohltäter der
Menschheit hat man schon in der Vorzeit zum Dank für
ihre Verdienste Götter genannt. Mit dieser aus dem Griechischen stammenden »religiösen Aufklärung« (dem sogenannten Euhemerismus) will Plinius keineswegs den gesamten traditionellen Kult verwerfen, er möchte nur Vorstellungen korrigieren, die dem Menschen den Gebrauch
der *ratio* erschweren und ihn unfrei machen. Solche Erörterungen haben ihren Platz in einem Lehrwerk über die
Natur, das einen relativierenden Überblick ermöglicht über
die zahlreichen verschiedenen Völker der Welt mit ihren
mannigfaltigen Gottesvorstellungen, wie etwa dem Tier-
kult der Ägypter.

Trotz seiner Skepsis und seines aufklärerischen Impul-
ses verschmäht es Plinius nicht, alle möglichen bunten Geschichten über Mensch und Welt vorzutragen, wenn er
auch betont, dass vieles recht unglaubwürdig sei. Aber er
will nichts unterschlagen, was er vorgefunden hat; der Leser kann sich selbst sein Urteil bilden. So finden sich Be-
richte über seltsame Volksstämme, mit winzig kleinen oder
gewaltig großen Menschen, solchen, die nur von Blüten-
duft leben oder die Menschenfresser sind. Von der Kugel-
gestalt der Erde ausgehend, wird auch die Frage der »Ge-
genfüßler«, der Antipoden, behandelt.

Die größte Vielfalt aber findet sich in den Büchern 8–11,
die sich mit der Zoologie, und 12–19, die sich mit der Bota-

nik befassen. Hier trifft man auf eine Fülle von kleinen Geschichten oder Einzelzügen, die vom Mittelalter bis in unsere Zeit Büchern über antike Geschichte und Kulturge-
schichte Reiz und Anschaulichkeit verleihen. Es gibt wohl
keine Abhandlung über die Spiele der Römer, in der nicht
von den Elefanten die Rede wäre, die in der Arena allerlei
Kunststücke machen: Sie gehen auf dem Seil, tanzen und
schreiben mit dem Rüssel ein Grußwort an den Kaiser in
den Sand. Und sie sind trotz ihrer Kolossalgestalt in ihrem
Wesen seltsam menschenähnlich. Bei den Löwen darf die
Geschichte von Marcus Antonius nicht fehlen, der mit
einem Gespann zahmer Löwen auf Roms Straßen einher-
fuhr – mit seiner Mätresse, der Komödiantin Cytheris, neben
sich. (Wobei nicht ganz klar wird, was Plinius und die Römer
daran mehr schockierte: die Löwen oder die »Dame«.) Dass
Kaiserin Poppaea in Eselsmilch badete und zu diesem Zwecke
auf Reisen stets eine ganze Herde von Eselinnen im Gefolge
hatte, ist nicht nur Antikeliebhabern bekannt. Und Film-
freunde erinnern sich daran, wie Poppaeas Gemahl, Kaiser
Nero, in *Quo vadis* einen geschliffenen Smaragd vor seine
kurzsichtigen Augen hält, um die Gräuel in der Arena besser
sehen zu können – auch dies wird von Plinius bezeugt. Mit
der Eselsmilch und dem Smaragd befinden wir uns freilich
schon außerhalb der Zoologie und Botanik, im Reich der
Pharmakologie (Buch 20–32) beziehungsweise der Mineralo-
gie, der Kunde von den Steinen (Buch 33–37).

Der umfangreiche Abschnitt über die Arzneimittel glie-
dert sich in Heilmittel aus dem Pflanzenreich (Buch 20–27)
und solche aus dem Tierreich (Buch 28–32). Im Bereich der
Botanik wird man Plinius schon bewundern, wie er als Vorläufer eines Carl von Linné eine lateinische Nomenklatur
der zahlreichen, oft nur griechisch benannten Pflanzen
schafft. Die Arzneimittelkunde, vor allem die aus der Pflan-
zenwelt, überwältigt vollends durch ihre Fülle und den stu-

penden Sammeleifer ihres Autors. Er hält diesen Teil seines
Werkes auch für überaus wichtig und meint, man solle sich
durch die Geringfügigkeit der Namen nicht verleiten lassen,
diese Materie für klein und unscheinbar zu halten. Man
müsse dies vielmehr umso mehr bewundern, weil alles ja
um der Menschen willen existiert. Wir denken an den Hinweis des Plinius auf die Natur als Mutter und Stiefmutter
zugleich. Gegen die zahlreichen Krankheiten, die sie schickt,
hat sie jeweils ein Kraut wachsen lassen, das man freilich
auch kennen sollte. Plinius selbst hatte in seinen jüngeren
Jahren den ersten in Rom angelegten Arzneikräutergarten
des Antonius Castor gesehen und sich von diesem belehren
lassen. Castor war im Übrigen ein lebendiges Beispiel für die
Wirksamkeit seiner Kräutermedizin: hochbetagt und bei
bester Gesundheit (Buch 25,9). So kann Plinius aus eigener
Anschauung die Heilmittel aus den Gartengewächsen beschreiben und empfehlen, die zudem noch jedermann leicht
zugänglich sind: Der Knoblauch, der Schnittlauch, die verschiedenen Kohlarten, die schon der alte Cato als heilsam
pries, Minze und Mohn, Gurken und Zwiebeln, Liebstöckel,
Rosmarin, Fenchel, Sauerampfer und unbekanntere Kräuter
wie Steckenkraut oder Schilfschaum – alles hat seine Wirkung, ob innerlich oder äußerlich angewandt, gegen Ma-
genschmerzen, Blähungen, Gicht und Ausschlag, oder gegen die so häufigen Augenentzündungen und den quälenden Zahnschmerz. Plinius gibt oft auch genau an, wie man
die Heilmittel herstellt, welche Mischungen zu welchen Teilen sich bewährt haben. Eine Arznei, die bis ins 18. Jahrhundert als Allheilmittel galt, ist der Theriak, den man zu Plinius' Zeiten als Mittel gegen Vergiftungen anwendete. Er
wurde aus zahlreichen Bestandteilen gemischt, darunter
Opium, Angelika- und Baldrianwurzel, Myrrhe und Honig.
Kaiser Marc Aurel suchte damit seine langjährigen Schmerzen (vielleicht Magenkrebs) zu bekämpfen.

Viele dieser pflanzlichen Heilmittel finden sich wieder in den Klostergärten des Mittelalters. Dort bediente man sich der *Medicina Plinii*, eines in der Spätantike entstandenen Exzerptes aus den heilkundlichen Büchern des Plinius, das damals eifrig benutzt und dann häufig gedruckt wurde. Die gesamte Klostermedizin ist ohne die von Plinius übernommene Kräuter- und Pflanzenkunde gar nicht denkbar; sie ist ja eine Medizin ohne Ärzte. Zu Plinius' Zeiten gab es freilich einen hochentwickelten Ärztestand; die Mediziner waren hauptsächlich Griechen, die in irgendeiner Weise der berühmten Ärzteschule des Hippokrates von Kos verpflichtet waren. Es handelte sich meist – zumindest in der Hauptstadt – um theoretisch ausgebildete Spezialisten, die sich mit bestimmten Verfahren einen Namen machten, wie der berühmte Antonius Musa, der den todkranken Augustus mit einer riskanten Kaltwasserkur rettete. Es wundert nicht, dass es anschließend zahlreiche Ärzte gab, die mit einer solchen Methode ihre Patienten behandelten, was nicht immer zu deren Heil war. Und es gab auch Patienten, die jeweils so behandelt werden wollten wie der Kaiser, und infolgedessen gab es Modeärzte, die horrende Honorare verlangten und auch erhielten. Auf diesem Hintergrund muss man das überraschend harte Urteil des Plinius über die Ärzte sehen (Buch 29). Er lässt eine Reihe von Koryphäen Revue passieren, die sich ihm zufolge vor allem durch ein riesiges Vermögen auszeichneten. Jeder brachte ein neues Verfahren auf, wie die erwähnte Kaltwasserkur, als deren Folge man vor Kälte zitternde Greise in froststarrenden Teichen stehen sah.

Unstreitig treiben alle diese Männer, die sich durch irgendeine Neuerung einen Ruf zu erwerben suchen, mit unserem Leben einen Handel. Daher jene erbärmlichen

Zänkereien wegen der Kranken und ihrer Behandlung, wobei keiner die Meinung des anderen teilt, damit es ja nicht so aussieht, als pflichte er ihm bei. Daher jene Worte auf dem Grabstein eines Unglücklichen, er sei durch die vielen Ärzte ums Leben gebracht worden. Täglich wird die Kunst verändert und neu zugestutzt, und wir werden von dem Winde des griechischen Erfindungsgeistes umhergetrieben. So viel ist gewiss, dass derjenige unter ihnen, der seine Zunge am besten zu führen weiß, alsbald der Herrscher über unser Leben und unseren Tod wird. Dabei leben Tausende von Völkern ohne Ärzte, jedoch nicht ohne Arzneimittel.

(29,11, Übers G. C. Wittstein)

Und dann zitiert Plinius einen Brief des alten Cato, der seinen Sohn vor den griechischen Ärzten warnt. Griechenland wolle sich rächen für die Niederlage gegen Rom und schicke deswegen seine Ärzte … Aber Plinius weiß sehr wohl, dass auch die Patienten Mitschuld tragen an diesen Missständen in der Heilkunst. Seine Zeitgenossen tadelt er ebenso hart wie die Ärzte: »Wir verdienen es nicht besser, denn wir wollen nun einmal nicht wissen, was wir zu unserer eigenen Wohlfahrt bedürfen. Wir gehen auf fremden Füßen, sehen mit fremden Augen, grüßen nur die, an welche uns ein anderer erinnert hat, leben durch die Bemühung anderer, haben uns um den Wert der Natur gebracht und wissen nicht, warum wir leben. Wir halten weiter nichts mehr für unser Eigentum als Vergnügungen« (Buch 29,5.8).

Stellt Plinius hier die Naturheilkunde und Selbstmedikation bewusst in den Vordergrund, wie man heute vielfach die Homöopathie gegen die Schulmedizin stellt? Wenn wir auf seine Leitbegriffe *natura* und *ratio* blicken, werden wir sagen können, dass es ihm darum geht, selbstherrliches Spezialistentum anzuprangern, aber auch die passive Haltung vieler Patienten zu tadeln. Sie glauben, sich mit Geld die Gesundheit erkaufen zu können, möglichst ohne ihre Lebensweise ändern zu müssen, und schieben anderen die Verantwortung zu, anstatt sich selbst um die Heilkraft der Natur zu bemühen. Und wenn sie zu Heilkräutern greifen, dann verwenden sie nicht die heimischen (die sie gar nicht kennen), sondern bevorzugen exotische, teure Produkte aus fernen Ländern.

Der letzte Teil des Werkes, Buch 33–37, befasst sich mit der Kunde von den Metallen (Gold, Silber, Erz, Eisen, Blei, dazu die Erden mit Ton und den Farben für die Malerei) sowie den Steinen (Marmor und die Bausteine, dann die Edelsteine). Zu ihrer Beschaffenheit und Gewinnung kommt die verschiedenartige Verarbeitung zu praktischen Zwecken wie auch zu Bau- und Kunstwerken. Die *Naturkunde* des Plinius beschert dem Leser zuletzt noch eine griechisch-römische Kunstgeschichte mit einer Fülle von interessanten Details über berühmte Künstler und ihre Werke. Plinius hat der Kunst gegenüber ein etwas zwiespältiges Verhältnis. Einerseits bewundert er natürlich die großen Kunstwerke, andererseits aber kann er es nicht billigen, dass die Kunst zu einem Luxusobjekt geworden ist. Heute hat jeder, der etwas auf sich hält, eine Gemäldegalerie in seinem Hause – früher gab man sich mit den Wachsmasken der Ahnen zufrieden. Diese dienten gleichzeitig als Vorbild und Ansporn für die Nachfahren: Heute schätzt man stattdessen fremde Bilder, und zwar umso mehr, desto teurer sie sind. Die einzige Freude hat man heutzutage am Besitz, und die wirklichen Werte des Lebens sind verlorengegangen. Trotz solcher resignierenden Äußerungen bewährt sich Plinius als treuer Gewährsmann für die bildenden Künste und ihre bedeutenden Vertreter. Unter den griechischen Malern hebt er Apelles hervor, den Hofmaler

Alexanders des Großen, der einen ähnlichen Arbeitseifer wie er selbst hatte. Er ließ keinen Tag ohne einen Pinselstrich vergehen, weshalb man sprichwörtlich sagte: »*Nulla dies sine linea* – Kein Tag ohne einen Strich«, was später abgewandelt wurde zu: »*Nulla dies sine pagina* – Kein Tag, ohne eine Seite zu lesen oder zu schreiben«. Von Apelles stammt auch der Rat: »Schuster, bleib bei deinem Leisten!«, an einen Schuhmacher gerichtet, der ein Bild wegen fehlender Ösen in den Sandalen tadelte und sich nach der Verbesserung dieses Fehlers weiterhin die Rolle des Kritikers anmaßte (35,85). Auf andere Weise bezeichnend erscheint Plinius die Geschichte von dem unvergleichlichen Marmorbildhauer Praxiteles und seiner Venus (36,20). Eigentlich sind es ja zwei: eine Statue mit der verhüllten Göttin und eine nackte Venus. Die Erstere wollten die Bewohner der Insel Kos haben – sie bewiesen damit ihren Sinn für Sitte und Anstand –, die andere aber ging nach Knidos und wurde tausendmal berühmter. Aus der ganzen Welt reisen die Leute herbei, um sie zu sehen!

Zu guter Letzt führt Plinius noch in das Reich der Edelsteine. Er erzählt die Geschichte vom Ring des Polykrates, vom Smaragd des Kaisers Nero und nennt alle Arten von mehr oder weniger kostbaren Steinen, darunter den legendenumwobenen Bernstein, dessen wahre Herkunft und Beschaffenheit er kennt. Wie viele andere Edelsteine dient auch dieser nicht nur zum Schmuck, sondern wird auch zu Arzneizwecken verwendet: In den Alpengebieten jenseits des Po tragen ihn die Frauen um den Hals gegen den Kropf, dessen Entstehung durch das dortige Wasser gefördert werden soll. Dergleichen referiert Plinius mit einiger Zurückhaltung, aber er glaubt es aus der Sicht des Enzyklopädisten nicht unterschlagen zu dürfen. Auch in unserer aufgeklärten Zeit gibt es ja reichlich Literatur zum Thema: heilende Wirkung der verschiedenen

Steine. In diesem Zusammenhang gilt, wie überhaupt bei
Plinius, sein Wort: Hierüber mag jeder selbst entscheiden
(28,29). Dieser humane Grundsatz des Geltenlassens von
Verschiedenartigem und scheinbar Unvereinbarem führte
dazu, dass sein Werk alle Grabenbrüche der Geschichte
überstand und trotz seiner voluminösen Form bis in die
Zeit des Buchdrucks gerettet wurde. So lässt sich anhand
von offenen oder verdeckten Pliniuszitaten geradezu ein
Jahrtausend abendländischer Geistesgeschichte beleuchten.
Man erlebt Plinius als Geburtshelfer bei der Entwicklung
einer nachantiken Zeitordnung in der karolingischen Ära
wie auch bei der Entstehung der mittelalterlichen Enzy-
klopädien. Plinius gilt als Philosoph und Universalgelehr-
ter, sein Werk als »Grundbuch für Weltweisheit« (Arno
Borst).

Zehntes Kapitel

Plinius der Jüngere in Como
»Mein wahrer, abgeschiedener Musenort«

An der Fassade des Domes von Como sieht man die Statuen der beiden Plinii, Onkel und Neffe. Wie zwei Heilige thronen sie dort, jeder in einer *aedicula*, einer kleinen Tempelnische. Die Renaissance, in der die Bildwerke entstanden, billigte auch vorchristlichen Geistesgrößen einen Hauch des heiligen Geistes zu, und so konnten Stadtpatrone wie Stadtheilige dargestellt werden. In Como und Umgebung ist der Name Plinius noch des Öfteren zu finden, und gemeint ist der jüngere Plinius, der in seinen Briefen vielfach von seiner Heimatstadt erzählt und ihr zeitlebens treu verbunden blieb. So gibt es hier die Via Plinio, und die Villa dell'Olmo, das Haus bei einer großen Ulme, die Plinius gepflanzt haben soll. Die Villa Serbelloni in Bellagio nennt sich »Tragedia« und beansprucht damit, auf den Grundmauern jenes Hauses zu stehen, das Plinius so genannt hat: sein Anwesen am Lariner, d. h. am Comer See, das etwas erhöht, also gleichsam auf einem Kothurn steht wie der Schauspieler in der Tragödie (*Ep.* 9,7).

Gaius Plinius Caecilius Secundus ist 61/62 n. Chr. in Novum Comum als Sohn einer ritterlichen Familie gebo-

Villa Serbelloni in Bellagio am Comer See

ren. Er übersiedelte später nach Rom, wo er seine Studien abschloss. Nach dem Tode seines Vaters nahm ihn sein Onkel, der Gelehrte und Naturforscher Plinius der Ältere, zu sich. Mit ihm zusammen erlebte er 79 n. Chr. den Ausbruch des Vesuvs, dem der Onkel zum Opfer fiel. Plinius begann seine Laufbahn als Anwalt auf dem Forum, wo er sich durch sein Rednertalent auszeichnete, und verwaltete dann die Staatsämter. Im Jahr 94 war er Prätor, außerdem Leiter der Finanzkasse, Wasserbauinspektor, zuständig für die Aquädukte, die Kanalisation und die Reinhaltung des Tiberbettes, alles nützliche und verantwortungsvolle Tätigkeiten, für die er jedoch einen musischen Ausgleich brauchte. *Studia* zu betreiben, sich lesend, schreibend und hörend mit Wissenschaft, Literatur und Kunst zu beschäftigen, war ihm ebenso wie seinem Onkel von Jugend auf ein Bedürfnis. So beklagt er sich einmal in einem Brief an einen Freund, dass er wegen seiner ausgedehnten »Bürotätigkeit« den Umgang mit einem beliebten Philosophen versäume: »Ich werde aufgezehrt von meiner zwar wichtigen, aber äußerst mühseligen Tätigkeit. Da sitze ich in meiner Amtsstube, unterzeichne Eingaben, stelle Abrechnungen zusammen, verfasse jede Menge Schriftliches, doch nichts Schriftstellerisches« (*plurimas sed inlitteratissimas litteras; Ep.* 1,10,9). Doch wenn er dem besagten Philosophen sein Leid klagt, erklärt ihm dieser, frei nach Platon, er betreibe doch praktische, nämlich Staatsphilosophie; er praktiziere das Recht, während die Philosophen nur über die Gerechtigkeit redeten. Aber Plinius lässt sich nur schwer überzeugen, dass es besser sei, staubige Pandekten zu wälzen, als Hörer eines Philosophen zu sein. Er rät jedenfalls dem Freund, falls dieser Zeit habe, unbedingt hinzugehen. »Und ich beneide keineswegs, wie so viele, die anderen um etwas Schönes, auf das ich verzichten muss; im Gegenteil, ich habe richtig Freude daran, wenn ich sehe, dass Freunde das haben können, was mir selbst gerade abgeht« (1,10,12). Dieser Brief bietet ein typisches Bild des Plinius, das zum einen bestimmt ist von seiner umfassenden Tätigkeit im Staatswesen. Er war auch Mitglied eines Richterkollegiums, des Centumviralgerichtshofes, der für privatrechtliche Fragen wie Eigentums- und Erbschaftsfälle zuständig war. Außerdem gehörte er zum *consilium*, zum Beirat des Kaisers Trajan. Zum anderen aber offenbart sich seine besondere Neigung zu den *studia*, der Beschäftigung mit Literatur und Wissenschaft. Dazu kommt seine liebenswürdige, umgängliche Art. Zu dieser passt seine Sprache, der klare, urbane und anschauliche Stil seiner Briefsammlung, die ihn berühmt gemacht hat.

Sie ist in zehn Bücher eingeteilt, von denen neun Plinius selbst, das zehnte postum wohl seine Gattin und Freunde herausgegeben haben. Während die Bücher 1–9, an Freunde und Verwandte gerichtet, vom politischen, kulturellen und gesellschaftlichen Leben in Rom berichten, bietet Buch 10 den Briefwechsel des Plinius, den er 111/112 n. Chr. als Statthalter in Bithynien (Kleinasien) mit seinem obersten Dienstherrn, Kaiser Trajan, führte. Mit den berühmten Christenbriefen, in denen Plinius anfragt, wie er sich den Christen gegenüber zu verhalten habe, und den besonnenen Antworten des Kaisers, ist dieses Buch ein unschätzbares Dokument römischer Provinzverwaltung und kaiserlicher Rechtsauffassung.

Die Briefe an die Freunde haben neben ihrem literarischen Reiz ebenfalls einen hohen dokumentarischen Wert. Sie beleuchten die Jahre der Unfreiheit unter Domitian, der sich *Dominus et Deus*, Herr und Gott, nennen ließ, und die neue, bessere Zeit unter Trajan. Tacitus, der Freund des Plinius, hatte zwar bestätigt, dass das Kaisertum des Nerva und Trajan die einstmals unvereinbaren Dinge, Prinzipat und Freiheit, verbunden habe und täglich das Glück der Zeiten mehre (*Agr.* 3,1), er sah sich jedoch außerstande, diese positiven Züge des kaiserlichen Rom zu beschreiben, sondern verharrte in Zurückhaltung und Pessimismus, der Reaktion auf das Schreckensregiment Domitians. Auch sah er als Geschichtsschreiber wohl noch kein dauerhaftes Ordnungsgefüge vor sich, in das er die Zeitgeschichte beschreibend einordnen konnte. Plinius, der die schlimmen Zeiten keineswegs verleugnet – man sehe seinen Bericht über einen »Volksgerichtshof« (1,5) oder über die Grausamkeit des Domitian (4,11) –, erkennt ebenfalls an, dass sich das Kaisertum gewandelt hat: Mit der Abkehr von der blutmäßigen, der dynastischen Abfolge nach Domitians Tod (96 n. Chr.), mit der Wahl des jeweils Besten beginnt eine neue Epoche, ein humanitäres, aufgeklärtes Kaisertum, in dem der Herrscher kein Gott ist, sondern von Gott zur Herrschaft berufen, verantwortlich für die Wohlfahrt der Menschen. Die Bemühungen der Kaiser Nerva und Trajan bedürfen jedoch, um auf Dauer Erfolg zu haben, der Unterstützung der staatstragenden Schichten Roms. Plinius bejaht diesen neuen Kurs und zögert nicht, sich in den Dienst des Kaisers und seiner Ideen zu stellen. Dabei weiß er sehr wohl, dass es sich nicht um eine Wiederkehr der *res publica* der Vorfahren handeln kann. Aber das Beispiel seines Onkels hatte ihm gezeigt, dass auch unter dem Prinzipat eine Mitwirkung im Staat möglich ist, die den Einzelnen befriedigen kann, vorausgesetzt, die Persönlichkeit des Kaisers lässt dies zu. In seinem uns erhaltenen *Panegyricus*, der Rede zum Antritt seines Konsulats im Jahre 100, lobt er Trajan und spricht ihm seinen Dank aus, wobei dieser Preis wieder in echt römischer Weise stark appellativ ist: »Dafür musst Du vor allem gepriesen werden, dass Du diejenigen, die Du zu Konsuln machst, auch wirklich Konsuln sein lässt. Sie haben nichts zu befürchten, sie müssen nichts wider ihren Willen beschließen. Du willst, dass wir frei sind, Du forderst uns auf, unsere Meinung frei herauszusagen, aber wir zögern. Wir müssen unsere ans Schweigen gewöhnte Zunge erst lösen und uns daran gewöhnen, dass es wieder ein Gemeinwesen, eine *res publica* gibt.« Bei aller Freude über Trajans segensreiches Regiment betont Plinius, wie schwierig es für sie, die Senatoren, sei, nach so langer Zeit wieder als Bürger zu handeln, ja überhaupt zu reden. Über der *felicitas temporum*, dem Glück der neuen Zeit, liegt noch der Schatten der früheren Knechtschaft, und fast scheint es, wie schon Livius düster bemerkt hatte, »dass wir weder unsere Gebrechen noch die Heilmittel dagegen ertragen können« (*Praefatio* 9). So hatte auch Tacitus konstatiert, dass die Gegenmittel langsamer wirken, als die Krankheit ihren Verlauf nahm. Plinius berichtet, dass sich, nachdem die geheime Abstimmung wieder eingeführt worden war, auf manchen Stimmtäfelchen statt des Votums Witze und dumme Sprüche fanden. Die Mitwirkung an der *res publi-*

ca, soweit sie möglich ist, muss erst eingeübt werden. Dies
war ein langwieriger Prozess, den Trajan durch ein recht
modern wirkendes pädagogisches Konzept, durch verpflich-
tendes Lob und öffentliche Anerkennung, zu befördern
suchte. *Nec poenis malorum, sed bonorum praemiis bonos
facias!* »Nicht durch Bestrafung der Schlechten, sondern
durch Belohnung der Guten schaffst du dir Gute«, erklärt
Plinius (*Paneg.* 70.2).

Plinius bemüht sich nach Kräften, den Vorstellungen
des Herrschers zu entsprechen, im Gerichtswesen, in der
Verwaltung der Staatsämter und vor allem während seiner
Statthalterschaft in Bithynien. Er ist auch im Kulturleben
seiner Zeit präsent, bei Lesungen und Vorträgen, bei der
Unterstützung jüngerer Autoren, er ist ein treuer, redli-
cher Freund, auch in gefahrvollen Zeiten, ein gütiger Herr
seiner Untergebenen und ein zärtlicher Gatte. So erscheint
er »als einer der liebenswürdigsten Repräsentanten römischer humaner Bildung« (Karl Büchner) und bildet ein Ge-
gengewicht zu den wenig erfreulichen Gestalten der Zeit,
die Juvenal in seinen *Satiren* Revue passieren lässt. Juvenal
stellt sich dar, wie er an einer Straßenkreuzung in der Subura sein Notizbuch mit den Lastern der Vorübergehenden
füllt. Er hätte auch Plinius treffen können, der dort wohn-
te, aber dieser wäre nicht »ergiebig« gewesen. Auch Juvenals Dichterkollege Martial, der Plinius ein Gedicht widmet, kann seine satirische Feder nicht eintunken, es sei
denn, man glaubt herauszuhören, dass er Plinius ein wenig
Eitelkeit attestiert, dem »hochgelehrten Herrn«, der tagsüber für leichte Verslein nicht zu sprechen ist, weil er Reden fürs Gericht verfasst, die von der Nachwelt wohl mit
denen Ciceros verglichen werden (*Epigr.* 10,20). Plinius hat
dem Poeten die Reise ins heimatliche Spanien bezahlt, als
dieser des Weltstadtgetriebes müde war. Solch mitmensch-
liches Engagement gehört zu seinem Charakter, und ein

besonderer Nutznießer war seine Heimatstadt Como, auch die Geburtsstadt seiner Gattin Calpurnia.

In einem Brief an seinen Freund Tacitus (4,13) erzählt er Folgendes: Er hat sich kürzlich bei einem Aufenthalt in Como mit einem jungen Mann unterhalten und erfahren, dass dieser in Mailand (*Mediolanum*) studiert, weil es in Como keine Lehrer für die höheren Studien gibt. Warum eigentlich, meint Plinius. Es wäre doch viel besser und billiger, wenn die Kinder am Heimatort studieren könnten. Man muss die Eltern dafür interessieren, aber so, dass sie auch interessiert bleiben. Also sagt er den Eltern: »Ich stifte für die Anstellung von Lehrern ein Drittel von dem, was ihr aufbringen werdet. Ich würde, obwohl ich kinderlos bin, das Ganze stiften, aber dann kümmert ihr euch nicht genügend darum, dass die Lehrer auch wirklich den höchsten Anforderungen entsprechen. Nicht ich, nicht die Gemeinde, sondern die Elternschaft soll die Lehrer anstellen und besolden. Das ist die beste Gewähr für eine gewissenhafte und dauernde Überwachung der neu zu gründenden Schule in Como. Ihr könnt nichts Ehrenvolleres für eure Kinder und nichts Dankenswerteres für eure Heimatstadt tun. Wer hier geboren wird, soll auch hier erzogen werden und gleich von Kindheit an lernen, die Stätte seiner Geburt zu lieben und gerne hier zu verweilen.« Und im Folgenden bittet er Tacitus, unter den vielen Studenten, die sich bei ihm einfinden, solche auszuwählen, die man als Lehrer nach Como empfehlen kann.

Zu diesem Schulmodell, das sich auf das Prinzip der Subsidiarität stützt, kam noch eine Alimentärstiftung des Plinius für Kinder seiner Heimatstadt, ein Erziehungsfonds. Dies war ein von der Sorge um das Gemeinwohl getragenes, höchst nützliches, aber nicht eben populäres Geschenk, wie er selbst sagt (1,8,11 f.). In einer Zeit, in der Kinderlosigkeit so vorteilhaft erscheint, dass man schon ein einziges Kind als Belastung ansieht (4,15,3), muss er um Verständnis für seine Stiftung werben, bei Spielen und Gladiatorenkämpfen wäre das nicht nötig gewesen: »Wenn aber jemand die Mühe und Plage der Erziehung bereitwillig auf sich nehmen soll, dann ist es nicht mit Geldzuwendungen getan, dann muss man auch noch mit gezielter Aufmunterung nachhelfen.« Auch eine Bibliothek hat er gestiftet, eine kostbare Bronzestatue lässt er aufstellen, und er sorgt dafür, dass Como auch von anderen große Zuwendungen erhält. In seinem Testament hat er seine Heimatstadt reich bedacht. Eine Inschrift aus Como hält fest, dass Plinius testamentarisch den Bau von Thermen verfügt und zur Bausumme auch noch ein Kapital zur Ausschmückung sowie zur Unterhaltung bereitgestellt hat. Auch zur Speisung der ärmeren Bevölkerung wie zum Unterhalt von Waisenkindern hat er beträchtliche Summen gestiftet, ebenso wie für die von ihm bereits früher erbaute Bibliothek. So hat sich Plinius den Ruhm eines Stadtpatrons durchaus verdient.

In der Nähe von Como, bei Torno am Ende des westlichen Ausläufers des Comer Sees, entspringt eine Quelle, die seit der Antike als Naturwunder galt. Plinius der Ältere schreibt in seiner *Naturkunde*: »Im Gebiet von Como, beim Lacus Larius, gibt es eine reich sprudelnde Quelle, die jeweils im Abstand einiger Stunden zu- und abnimmt« (2,232). Plinius der Jüngere hat dieser wundersamen Quelle einen ganzen Brief gewidmet (4,30). Er ist an einen Freund gerichtet, der sich offenbar gern mit schwer erklärbaren Phänomenen beschäftigt, denn Plinius hat ihn auch gefragt, was er von Gespenstererscheinungen hält, und ihm einige mehrfach beglaubigte Geschehnisse mitgeteilt (7,27). Die Quelle erscheint ihm ebenfalls als ein Mirakel:

Im Gebirge entspringt eine Quelle, eilt über Felsen zu Tal, wird in einer künstlichen Grotte aufgefangen; dort ein wenig aufgehalten, ergießt sie sich in den Lariussee. Mit dieser Quelle hat es eine sonderbare Bewandtnis: dreimal am Tage steigt und fällt sie in regelmäßigem An- und Abschwellen. Man sieht das ganz deutlich und beobachtet es mit dem größten Vergnügen. Man setzt sich daneben zu Tisch, isst und nimmt auch ab und zu einen Schluck aus der Quelle – sie ist nämlich schön kühl – derweilen hebt oder senkt sie sich in bestimmten regelmäßigen Abständen. Man legt einen Ring oder dergleichen an den trockenen Rand; nach und nach wird er bespült und zuletzt ganz zugedeckt, kommt wieder zum Vorschein und wird allmählich freigelegt. Wenn man lange genug zuschaut, kann man beides zwei- und dreimal beobachten.   (Übers. H. Kasten)

Plinius machte aber nicht nur Picknick an der Quelle, er überlegte sich die verschiedensten Erklärungen: Ob es sich verhält wie bei Flaschen mit engem Hals? Wenn man sie schräg nach unten hält, dann stockt in ihnen infolge des Gegendrucks der Luft die Flüssigkeit. Oder gibt es wie beim Ozean eine Art von Ebbe und Flut? Vielleicht befindet sich auch in der Tiefe verborgen eine besondere Wasserstandsregulierung, die das Wasser jeweils fließen lässt und wieder anhält? Mit dieser Annahme eines *libramentum* ist Plinius gar nicht so weit von der heutigen Erklärung entfernt: »Es geht um eine intermittierende Quelle, wie sie vor allem in Karstgebieten anzutreffen ist. Hierbei sammelt sich in einer unterirdischen Höhle so lange Wasser, bis der Wasserspiegel die Höhe des Überlaufs der gebogenen Austrittsröhre hat: In diesem Moment schüttet die Quelle durch Sogwirkung das in der Höhle befindliche Wasser bis zur Höhe des Eingangs der Austrittsröhre aus.

Sodann tritt eine Ruhepause ein, bis das nachlaufende
Wasser wieder den ersten Spiegel erreicht« (Eckard Lefèvre). Die Quelle blieb auch in der Folgezeit ein bekanntes
Naturwunder, das von vielen, auch berühmten Personen,
aufgesucht und als *fons Pliniana* beschrieben wurde. Im
16. Jahrhundert wurde eine schlossähnliche Villa dort erbaut, in deren Hof die Quelle in Marmor gefasst wurde.
Der Text des Plinius wurde dort eingraviert. Die Villa Pliniana konnte von Interessenten besichtigt werden, bis sie
in allerjüngster Zeit aus dem Besitz einer adligen Familie
ins Eigentum eines Großkonzerns überging.

Plinius hatte Haus- und Grundbesitz in und bei Como,
den er gern aufsuchte. An einen Freund schreibt er: »Was
macht Comum, Dein und mein geliebter Aufenthaltsort?
Was macht Deine reizende Villa?« Plinius fragt an, ob der
Freund überhaupt Zeit hat, sie zu genießen, oder ob ihn die
Gutsherrenpflichten samt den damit verbundenen Inspek-
tionsreisen so sehr beanspruchen, dass er die Annehmlichkeiten des Hauses und der umgebenden Natur gar nicht
genießen kann. Womöglich kommt er gar nicht zu seinen
Studien, vor lauter Alltags- und Verwaltungskram? Dies
war wohl der Grund, warum Plinius selbst, bei aller Liebe
zu Como, seinen Lieblingssitz andernorts aufschlug, wo er
nicht gar so viel Pflichten hatte wie bei der Verwaltung des
Familienbesitzes. Er nennt vor allem zwei Villen (*Ep.* 2,17;
5,6), die ihm als Sommer- und Wintersitz dienten. Letzte-
rer war das *Laurentum*, das südlich von Ostia, am Lido di
Castel Fusano lokalisiert wurde. Die dort gefundenen
Überreste einer römischen Villa erlauben freilich keine sichere Zuschreibung. Plinius sagt von diesem Besitz, er
habe zwar keinen landwirtschaftlich besonders ergiebigen
Boden, bringe aber reiche Erträge durch die Studien, die
dort gut gediehen. Der andere, nicht zu lokalisierende
Landsitz, den er die *Tusci*, den etruskischen Besitz, nennt,

lag in der Toskana und macht Plinius zum Ahnherrn aller Liebhaber dieser Landschaft. Die Beschreibung, die Plinius von beiden, zumal von dem toskanischen gibt, ist so ausführlich und genau, dass wir uns ein gutes Bild davon machen können.

Lassen wir uns also wie der Freund Apollinaris, der Adressat des Briefes 5,6, von Plinius in seinem Toskanergut herumführen. Der Freund hatte Bedenken angemeldet (oder Plinius nimmt solche zum Anlass seines Schreibens), die Gegend sei im Sommer vielleicht ungesund. Die *Tusci*, die Etrusker, hatten dort zu ihrer Zeit mit großartigen Entwässerungsmethoden das Sumpfland ausgetrocknet; inzwischen waren viele solcher Anlagen nicht mehr gewartet und nicht modernisiert worden, und als Folge davon breitete sich im Küstengebiet das Sumpffieber aus. Aber Plinius kann den Freund beruhigen: Sein Landsitz hat die günstigste Lage, am Fuß des Apennin, der als das gesündeste

Modell des Laurentum von Clifford Pember.
Ashmolean Museum, Oxford

Gebirge gilt. Der Tiber fließt in der Nähe, er ist bereits schiffbar, was für den Transport der Erzeugnisse wichtig ist. (Es kann sich also um die Gegend nördlich von Perugia, nahe dem Trasimenischen See, handeln.) Das Klima ist ebenfalls günstig: kalte, frostreiche Winter und milde Sommer, in denen immer eine leichte Brise weht. Die Leute werden dort erstaunlich alt. Die Landschaft ähnelt einem riesigen Amphitheater, wie es nur die Natur hervorbringen kann. Eine weite Ebene wird rings von reich bewaldeten Bergen umschlossen. Unterhalb der Waldungen breiten sich Weingärten aus, dann fruchtbare Felder und mit Blumen übersäte Wiesen, von nie versiegenden Bächen durchzogen. Das Wasser bildet keine Sümpfe, sondern fließt zum Tiber ab. »Es wird für Dich ein Genuss sein, von einem Berg auf diese Landschaft hinunterzublicken. Denn Du wirst meinen, Du siehst keine Ländereien vor Dir, sondern ein außerordentlich schön gemaltes Landschaftsbild, an dessen Vielfalt und Gliederung sich Deine Augen erquicken können, wohin sie auch blicken.«

Die Natur wird wie ein Bild unter ästhetischem Gesichtspunkt gesehen, in der Ferne wie auch im Garten vor dem Haus, den man nun betritt. Man sieht den Portikus, den vorgelagerten Arkadengang, und vor diesem wiederum eine Terrasse mit Blumenbeeten, von Buchsbaumhecken eingefasst, die zu verschiedenen Formen zurechtgestutzt sind, als kleine Kegel, als Tierfiguren oder Buchstaben. Über einen weichen Rasenteppich kommt man zu einem Promenadenweg, von künstlich kleingehaltenen Bäumchen – also in Bonsai-Art – gesäumt und so angelegt, dass man immer wieder einen neuen Blick auf die Wiesen, Felder und Berge hat. Aus diesem künstlich gehaltenen, gestutzten und frisierten Garten kommt man dann aber auf eine blühende Wiese im Naturzustand. Das eine ist, wie Plinius anmerkt, durch *natura* nicht weniger hübsch anzusehen als das andere durch *ars*: französischer und englischer Garten in einer Anlage. Noch gehen wir nicht ins Haus, denn Plinius führt uns zunächst zu seinem Lieblingsplätzchen, das von vier Platanen umgeben ist. Ein Springbrunnen rieselt in ein Marmorbecken und schafft erquickende Kühle für den dortigen Gartenpavillon, der einen Schlaf- und einen Speiseraum enthält, ein Refugium für den Hausherrn, wenn allzu viele Gäste und durch sie bedingt allzu viel geschäftiges Personal die geistige Konzentration erschweren. Auch in seinem *Laurentum* hat Plinius einen solchen von ihm selbst geplanten Ort, an den er sich zurückzieht, wenn im Dezember beim römischen Karneval, den Saturnalien, die Dienerschaft ausgelassen feiert. In einem der Gemächer des Pavillons erblickt man ein Wandgemälde mit Vögeln, die auf Zweigen sitzen, und einen kleinen, lieblich plätschernden Quell in der Mitte.

Nun geht es ins Haus, in den Speisesaal und das geräumige Schlafzimmer, aus dessen Fenstern man verschiedene Ausblicke hat. Die Natur erscheint jeweils gerahmt, als ein Bild, und stets zeigt sich dem Auge ein neuer *locus amoenus*, ein »Lustort«. Die Wohn- und Schlafräume sind so angelegt, dass sie dem Lauf der Sonne folgen, also der Morgen- und Abendsonne Zutritt gewähren und die Mittagshitze aussperren. Dann aber gibt es auch Räume, die speziell für Winter und Sommer geeignet sind: tiefergelegene »Sommerzimmer« und der Sonne zugewandte »Winterzimmer«. Und natürlich ein leistungsstarkes *hypokauston*, ein Heizgewölbe, das die Wohnräume wie auch das Bad versorgt. Zu diesem gehören neben dem üblichen Warm- und Kaltbad und dem großen Schwimmbecken auch Spielplätze und im Oberstock ein »Fitnessraum«. Wer es nach dem Bad gemütlicher haben will, kann Plätze in der Sonne oder im Halbschatten aufsuchen oder sich im gedeckten Wandelgang ergehen. Auch ein *hippodromus*,

Das Haus der Vettier in Pompeji

eine Reitbahn, steht zur Verfügung. Diese ist von Bäumen eingefasst, von den bei Griechen und Römern so beliebten großblättrigen und reichen Schatten spendenden Platanen. Ihre Stämme sind mit Efeu umwachsen, der wie ein Vorhang zwischen ihnen bis zum Boden herniederhängt und zusätzlichen Schatten spendet. Zum Essen geht es dann ins Speisezimmer, in das die frische Luft aus dem Apennin einströmt. Bis zum Boden gehende Fenster geben den Blick auf die Weingärten frei. Auf der fensterlosen Seite befindet sich eine verdeckte Stiege, über die man die leiblichen Genüsse herbeischafft. Es kann aber auch im Freien diniert werden. Zwischen vier von Weinlaub umschatteten Säulen steht eine halbkreisförmige Ruhebank, unter der Plinius ein der geheimnisvollen Quelle bei Como nachempfundenes Wasserspiel installiert hat. In kleinen Röhren fließt unter der Bank Wasser hervor, als würde es durch das Gewicht der darauf Lagernden herausgedrückt. Es ergießt sich in eine Marmorschale und wird auf verborgene Weise so reguliert, dass es die Schale füllt, aber nicht überläuft. Die Schüsseln mit den Speisen werden am Rand abgestellt, Leichteres wie die Horsd'œuvres, Früchte und Nachtisch schwimmen auf dem Wasser in Gefäßen, die wie Schiffchen oder Vögel gebildet sind. Ein solch extravaganter Luxus, ein »Gelagebecken«, war vor einem halben Jahrhundert noch den kaiserlichen Villen vorbehalten, wie der Residenz des Claudius und Nero in Baiae. Nach dem Essen kann man in einer kühlen Veranda ruhen, einem kleinen Anbau im Schatten eines Weinstocks, der sich über das ganze Gebäude bis zum Dach ausgebreitet hat. Man liegt dort wie in einem Waldeshain, nur spürt man den Regen nicht wie im Wald. Die Natur wird nur in gleichsam gefilterter Form zugelassen. Und man kann hinausblicken auf die Rasen- und Parkflächen, die mit verstellbaren Rasensprengern stets frisch gehalten werden.

Geradezu paradiesisch will dies alles anmuten, eine perfekte, höchst luxuriöse Freizeitwelt. Doch darf man nicht vergessen, dass die Beschreibung, ebenso wie die des *Laurentums*, als Einladung für einen Gast gedacht ist. Der Hausherr selbst gibt sich keineswegs dem *dolce far niente* hin. Zwar genießt er es, von den Zwängen des gesellschaftlichen Lebens in der Stadt frei zu sein: Er braucht die Toga nicht anzulegen, muss am Morgen keine Pflichtbesuche über sich ergehen lassen und kann die Ruhe und die gute Luft genießen. Aber sein Tageslauf ist auch auf dem Lande streng geregelt (vgl. *Ep.* 9,36). Zur »ersten Stunde« wird Plinius wach, im Sommer also schon vor 6 Uhr, er lässt die Läden geschlossen und widmet sich seiner Morgenmeditation. Dabei überdenkt er seine schriftlichen Arbeiten, wohl hauptsächlich Reden vor Gericht oder im *consilium*, dem Rat des Kaisers, und überlegt, was daran zu ändern oder zu verbessern ist. Dann ruft er seinen Sekretär, lässt das Tageslicht herein und diktiert, was er gerade entworfen hat. Zwischen 8 und 9 Uhr begibt er sich je nach Wetter auf die Terrasse oder in die Wandelhalle, denkt über das Weitere nach und diktiert. Danach fährt er im Wagen, ebenso beschäftigt wie zuvor. Durch die Abwechslung bleibt die geistige Spannkraft erhalten, ja, sie wird neu belebt. Nach einem kurzen Schlummer wieder ein Spaziergang, anschließend lautes Lesen einer griechischen oder lateinischen Rede, was für die Stimme wie auch für den Magen als heilsam betrachtet wird. Nochmals ein Spaziergang, Massage, Gymnastik und Baden. Bei Tisch wird vorgelesen, wenn die Gattin oder einige Freunde dabei sind, nachher hört man Musik. Vielleicht erklangen hier die Lieder Calpurnias, die mit Vorliebe Gedichte ihres Mannes vertonte. Es folgt eine Spazierrunde in Gesellschaft der Sklaven: »mit den Meinen«, sagt Plinius. Darunter sind gebildete Leute, mit denen er abwechslungsreiche Gespräche führt. Dann naht schon der Abend, denn auch der längste Tag verfliegt auf diese Weise rasch. Zuweilen kommen auch Freunde aus der Umgebung, oder Plinius geht auf die Jagd. Hierzu nimmt er neben Jagdspieß und Netzen auch die Schreibtafel mit. So kommt er, wie er amüsant schildert, zwar oft ohne einen Fang, doch nie ohne Beute nach Hause – wie Goethe, der als Jagdgenosse seines Herzogs zwar kein Wild erlegte, aber dafür ein Gedicht mit heimbrachte. Zu Hause aber warten oft schon die Pächter mit ihren Abrechnungen und mancherlei Wünschen und Ansinnen. Ihre bäuerlichen Klagen lassen Plinius wieder die Tätigkeit in der Stadt als wünschenswert erscheinen. Er ist wie Horaz nur ein Städter auf dem Land, aber wie dieser erhebt er sein ländliches Leben zu einer idealen Lebensform. Seine Villa mit ihrer Umgebung ist ihm sein »wahrer, abgeschiedener Musenort« (1,9,6).

In der Villa des Plinius sind Landschaft und Architektur, Natur und Kunst eine vollkommene Synthese eingegangen, es ist ein neues Kunstwerk entstanden. Wenn wir die Beschreibungen des Plinius lesen, stehen uns die berühmten Renaissance- und Barockvillen Italiens vor Augen, toskanische Häuser, vor allem aber die von Palladio geprägten Villen des Veneto, die keinen bloßen Baustil, sondern einen Lebensstil verkörpern. Palladio und vor ihm schon der Humanist Gianbattista Alberti bezogen sich in ihren Schriften zum Bauwesen auf die Antike. Im Blick auf seine Auftraggeber, die vornehmen Venezianer, die aus der Stadt auf die *terraferma* am Brenta-Kanal zogen, schrieb Palladio: »Aber nicht geringeren Nutzen und Erholung [als in den Stadthäusern] wird er [der Edelmann] vielleicht aus den Villen ziehen. [...] Hier ist auch der Ort, wo der Körper durch die Ertüchtigung zu Fuß oder zu Pferde leichter seine Gesundheit und Widerstandsfähigkeit erhält und wo schließlich die von den Geschäften der Stadt ermüdete Seele Erfrischung und Trost findet und sich ruhig den Studien der Wissenschaft [*studii delle lettere*] und der Kontemplation widmen kann. Zu diesem Zwecke begaben sich die antiken Denker sehr häufig an solche Orte, wo sie von tugendhaften Freunden [*vertuosi amici*] oder Verwandten besucht wurden. Sie besaßen Häuser, Gärten, Brunnen und andere ergötzliche Orte. Und diese Denker besaßen vor allem eine solche Tugend [*vertù*], dass sie leicht in jener Seligkeit leben konnten, die man hier unten auf der Erde überhaupt erlangen kann« (*Quattro libri* 2,12; zit. nach: Gerda Bödefeldt / Berthold Hinz, *Die Villen im Veneto*, Köln 1987, S. 169). Man glaubt, Plinius, seine Villen und seinen Tagesablauf vor sich zu haben. Dass man in der Tat so lebte, beweist der Humanist Alvise Cornaro

(1484–1566). Er lud im hohen Alter Freunde ein, ihn zu
besuchen und zu erleben, wie er rüstig, bei bester Gesundheit, froh und zufrieden sein Leben führe. Er verkehrt mit
weisen, gelehrten und ausgezeichneten Leuten von Stande,
und wenn diese nicht bei ihm sind, liest und schreibt er
und sucht damit wie auf jede andere Weise seinen Mitmenschen nach Kräften nützlich zu sein. So genießt er seine schöne Villa, die mit allen Mitteln der Baukunst auf
Sommer und Winter eingerichtet ist und auch Gärten am
fließenden Wasser besitzt. Bisweilen geht er auch auf die
Jagd, oder er besucht eine andere von seinen Villen in der
Ebene, um die sich ein kleiner Ort entwickelt hat, seit er
die Sümpfe trockenlegte. Die *villeggiatura*, das Leben auf
dem Lande, ist wie bei Plinius kein endloser Urlaub. Der
Gutsherr beschäftigt sich mit den Studien, wie einst Plinius, aber er sieht es darüber hinaus auch als eine würdige
und geziemende Aufgabe an, sich der Agrikultur zu widmen, der Praxis der Landwirtschaft mit all ihren Techniken
der Bodenbewirtschaftung und des Gartenbaus.

Den reichsten Ertrag der *villeggiatura* jener Zeiten
brachte wohl eine Villa nordöstlich von Florenz, in Careggi.
Cosimo de' Medici machte sie 1462 dem Humanisten Mar-
silio Ficino zum Geschenk, und dieser übersetzte dort bis
1477 die Werke Platons aus dem Griechischen ins Lateinische: ein Markstein europäischer Geistesgeschichte. Von
großer Wirkung war auch der Ertrag, den Niccolò Machiavelli in seinem kleinen Landgut südlich von Florenz, in San
Casciano, erwirtschaftete. Dort lebte er zeitweilig zurückgezogen von der Politik. In einem Brief aus dem Jahre 1513
schildert er seinen Tageslauf. Er widmet sich seinen Pflichten als Gutsherr, liest an einer Quelle römische Dichter,
besucht seinen Wald und seine Bauern. Abends jedoch
zieht er sein Feiertagsgewand an und begibt sich in die Gesellschaft der großen Geister des Altertums. In seinem

Studierzimmer, dem *scrittorio,* entstehen die Betrachtungen zur römischen Geschichte und sein Hauptwerk *Il Principe, Der Fürst.*

So wie Ficino oder Machiavelli hat Plinius in seinen Villen geschrieben, gefeilt, manches in Angriff genommen oder geplant, wovon er sich die Erfüllung seines heißen Wunsches nach *diurnitas,* nach dauerndem Fortleben, versprach. Nur seine Briefe haben ihn überdauert. Sie sind Zeugnisse des Lebens der römischen Kaiserzeit, in der sich die beiden Schwerpunkte *otium – negotium* zugunsten des *otium* als einer freien, erfüllten Mußezeit des Einzelnen zu verschieben beginnen. Freilich stellt Plinius seine Tätigkeit für den Staat nicht ernsthaft in Frage, aber er besteht auf einem Freiraum: »Die erste Zeit unseres Lebens und die Mitte müssen wir dem Vaterland weihen, das Ende aber uns selbst« (4,23,3).

Die Selbstverwirklichung in einem eigens gestalteten privaten Bereich wird gleichberechtigt neben den Dienst an der *res publica* gestellt und als ein wünschenswertes, ja vielleicht sogar als das eigentliche Lebensziel angesehen. Diejenigen Mitglieder der römischen Gesellschaft aber, die weniger fest in der traditionellen Ideenwelt verwurzelt waren als der Neffe eines Plinius des Älteren, wandten sich gänzlich von der Betätigung im Staatswesen ab und widmeten sich nur noch ihrem *otium,* ihren geistigen und sonstigen Liebhabereien. Und sie verschanzten sich hinter jenem saloppen Wort, das Plinius auf Griechisch zitiert: »Der Kaiser wird's schon richten!« (4,25,5.)

Elftes Kapitel

Marc Aurel auf dem Kapitol in Rom
»Die Menschen sind füreinander da.
Entweder belehre sie oder ertrage sie«

Das Kapitol in Rom ist von Michelangelo zu einem der schönsten Plätze der Welt gestaltet worden. Auf einer breiten Treppe steigt man hinauf zum einstigen Zentrum römischer Weltherrschaft. Eine Balustrade mit zwei monumentalen antiken Jünglingsfiguren, den Dioskuren, begrenzt den Platz auf der einen Seite; dahinter erhebt sich der Senatorenpalast, das heutige Rathaus von Rom, daneben der Konservatorenpalast und das Kapitolinische Museum. Die Mitte des Platzes war beherrscht von der Reiterstatue des Marc Aurel – bis sie 1981 aus Restaurierungs- und Konservierungsgründen ihren Sockel verlassen musste und dann durch eine Kopie ersetzt wurde. Das Original ist nun in einem neuen Raum des Kapitolinischen Museums zu besichtigen.

Das Denkmal aus vergoldeter Bronze war als einziges Reiterstandbild aus der Antike erhalten geblieben, da man es für das des christlichen Kaisers Konstantin hielt. Um das Jahr 790 war es von Papst Hadrian I. vor dem La-

Reiterstandbild des Kaisers Marc Aurel

teranspalast, der päpstlichen Residenz, aufgestellt worden. Es verkörperte den auf der sogenannten Konstantinischen Schenkung beruhenden weltlichen Machtanspruch der Päpste. Dort sah Karl der Große das Standbild, als er in Rom zum Kaiser des neugegründeten Heiligen Römischen Reiches gekrönt wurde. Die Reiterstatuette Karls des Großen aus dem Dom zu Metz (heute im Louvre) war sinnfälliger Ausdruck seines Versprechens, als ein zweiter Konstantin ein treuer Bündnispartner der christlichen Kirche zu sein. Im Hoch- und Spätmittelalter trug die Figur des kaiserlichen Reiters verschiedene Namen und war Symbol für eine immer wieder erstrebte *renovatio imperii*, sei es unter geistlicher oder weltlicher Vormacht. In der Renaissance ließen sich ehrgeizige Fürsten zu Pferde in der imperialen Pose des Reiterstandbildes darstellen, wie Gattamelata von Donatello in Padua und Colleoni von Verrocchio in Venedig. Noch das Reiterdenkmal des Großen Kurfürsten von Schlüter in Berlin geht auf das römische Standbild zurück: vollendeter Ausdruck vornehmer Herrschergröße. 1475 hatte der Vorsteher der neugegründeten Vatikanischen Bibliothek aufgrund von Münzvergleichen den kaiserlichen Reiter als Marcus Aurelius identifiziert. 1538 wurde das Denkmal unter Paul III., dem Papst aus dem fürstlichen Hause Farnese, auf dem von Michelangelo gestalteten Platz, der Piazza del Campidoglio, aufgestellt, in der Mitte eines großräumigen, sternförmigen Bodenmosaiks. Die Statue sollte die weltlichen Herrscher – wie Karl IV. – bei ihren Besuchen in Rom gebührend beeindrucken und demonstrieren, dass die Päpste nun das Erbe der Caesaren verwalteten.

Seit dem 18. Jahrhundert begann man, die Statue nicht mehr vorrangig unter imperialem Aspekt zu sehen. Nicht der Kaiser, sondern der Mensch zog das Interesse auf sich. Inzwischen hatte das philosophische Tagebuch Marc Aurels, seine *Selbstbetrachtungen*, eine immer größer werdende Leserschaft gefunden. Hier war ein Kaiser, ein Mensch, der Gedanken und Lebensmaximen niedergeschrieben hatte, von denen sich jeder in seiner persönlichen Existenz angesprochen fühlen konnte. Bis heute hat Marc Aurel seine Leser, die ihm dankbar sind, dass man für ihn, im Gegensatz zu anderen Autoren aus der Antike, nur wenig Vorkenntnisse benötigt. Und keine Sprachkenntnisse: Marc Aurel, der römische Kaiser, schrieb griechisch, was aber nicht jeder weiß und auch nicht zu wissen braucht, um sich ihm nahe zu fühlen. Seine Gedanken über das Leben und über den Tod sind in allen Sprachen verständlich, ein Trost vielleicht auch für diejenigen, die das Abnehmen der griechischen und lateinischen Sprachkenntnisse bedauern. Und selbst unter den Sprachkennern gibt es manche, die angesichts der spröden Begrifflichkeit des kaiserzeitlichen Griechisch nicht unbedingt für den Urtext votieren, und die bedauern, dass der Kaiser nicht auf Lateinisch geschrieben hat. Die stoische Terminologie war ja seit Cicero und Seneca im Lateinischen eingebürgert.

Aber anders als Cicero und Seneca hat Marc Aurel keine römischen Gesprächspartner im Blick, keinen Freund Lucilius und mit ihm die Gleichgesinnten der Mit- und Nachwelt. Monolog statt Dialog: *Tà eis heautón, An sich selbst*, heißen die Aufzeichnungen Marc Aurels. Sie stehen in der Tradition der philosophischen »Seelenführung«, der geistigen Exerzitien, wie sie auch von Seneca geübt wurden. Über die in griechischer Philosophie geschulten frühen Mönchsväter kam diese Praxis ins Christentum, wo sie noch heute bei Thomas a Kempis in der *Nachfolge Christi* oder im Exerzitienbuch des Ignatius von Loyola nachzulesen oder nachzuüben ist. »Der innerliche Mensch zieht die Sorge für seine Seele allen anderen Sorgen vor«, schreibt Thomas a Kempis, ganz im Einklang mit den Philosophie-

renden der Antike, die sich seit Sokrates um die »Gesundheit der Seele« bemühten. Man nahm sich Lehrsätze der
Philosophie oder Aphorismen berühmter Philosophen vor
(Sokrates und Platon erscheinen immer wieder, bei Marc
Aurel ist der stoische Weisheitslehrer Epiktet präsent),
oder man hatte Sätze der eigenen Lehrer zur Hand, die
man wie Losungen memorierte und über die man medi-
tierte, um sich in bestimmten Lebenslagen, angesichts
schwieriger Probleme, zu orientieren. Marc Aurel verord-
net sich selbst möglichst oft einen solchen Rückzug aufs
eigene Ich, eine »geistige Einkehr«, um sich zu erholen.
Dabei will er sich kurze und elementare Sätze vor Augen
führen, wie sie ihm gerade einfallen, und die ausreichen
sollen, um jegliche Betrübnis aufzuheben und sich freizu-
machen vom Ärger über die Dinge, mit denen man gerade
befasst ist (*Selbstbetrachtungen* 4,3). Daraus ergibt sich
auch der kunstlose, ganz aufs Persönliche abgestimmte Stil
von Marc Aurels Schrift, oft nur in Stichworten und Gedanken:

> Keinen Ekel empfinden, nicht den Mut verlieren, nicht
> aus Verdruss aufgeben, wenn es dir nicht vollständig
> gelingt, alles nach richtigen Grundsätzen auszuführen.
> Wenn etwas misslungen ist, fang' wieder von neuem an
> und sei zufrieden, wenn das meiste von dem, was du
> tust, eines Menschen würdig ist. Und denke daran, dass
> die Philosophie nur das will, was auch deine Natur will.
> Und was ist denn angenehmer als dieses?   (5,9)

Von den drei Teilen der Philosophie, der Logik, Physik und
Ethik, steht zwar die Letztere bei Marc Aurel im Mittelpunkt; doch wählt er seine Perspektive aus der Physik, aus
den Gesetzmäßigkeiten des Seins. Was man die Götter
nennt, sind nur Erscheinungsformen der einen Gottheit,

die mit der Allnatur eins ist. Im Blick auf die Unendlichkeit des Kosmos, seine Größe und die in ständiger Wandlung begriffene Natur, von der der Mensch ein Teil ist, vermag er die fragile menschliche Existenz auszuhalten. Tapfer und unverdrossen, in völliger Illusionslosigkeit, ohne die Gewissheit einer Belohnung im Jenseits, ohne den Glauben an einen personhaft nahen Gott, nimmt er die Lasten und Bürden seines Herrscheramtes auf sich und bestärkt sich selbst in diesen tagebuchartigen Meditationen, die so vielen Menschen nach ihm Trost und Hilfe boten.

Ein breiteres Publikum fanden die *Selbstbetrachtungen* zuerst in Frankreich; unsere heutige Namensform Marc Aurel – Marc-Aurèle – deutet noch darauf hin. Die deutschen Gelehrten dagegen sprachen lange Zeit von Kaiser Marcus. Einer seiner prominentesten Leser war Friedrich der Große, der Marc Aurel auf Französisch las. Er verstand besser als wir Heutigen, dass der Kaiser – »Le stoicien« nannte er ihn – griechisch schrieb. Es war damals nicht nur die Sprache der Bildung, besonders der Philosophie, sondern auch die des persönlichen Umgangs, ganz wie das Französische zur Zeit des Preußenkönigs, der sein Tagebuch auf Französisch abfasste. Dieser fühlte sich dem römischen Herrscher in vielem verwandt, nicht nur in seinem strengen Ethos der Pflichterfüllung, sondern auch in einer stillen Resignation über das Leben, das Friedrich ebenso wie Marc Aurel nicht, wie in der Jugend gewünscht, in der friedvollen Welt des Geistes, sondern im Feldlager, in innerer Einsamkeit, zu führen hatte. »Das sind brave Leute, die im Unglück Halt geben«, äußerte Friedrich anlässlich einer Lektüre Marc Aurels während der Schlesischen Kriege.

Der römische Kaiser, der sein späteres Leben in langen, mühsamen Kriegen aufzehrte, hatte seine Jugend in der Epoche verbracht, die vielfach als die glücklichste in der Geschichte Roms bezeichnet wird. Als sich das Leben Kai-

ser Hadrians dem Ende zuneigte, »beschloss er, den Dank
der Nachwelt zu verdienen, indem er das ausgezeichnetste
Verdienst auf den Thron setzte« (Edward Gibbon). Er
wählte einen Mann zu seinem Nachfolger, der ebenso inte-
ger wie liebenswürdig war: Antoninus Pius, einen 52jähri-
gen Senator, und dieser sollte seinerseits als Nachfolger einen Jüngling adoptieren, der trotz seiner Jugend zu den
schönsten Hoffnungen berechtigte: Annius Verus (nach
seiner Adoption Marcus Aurelius), den Hadrian wegen seiner Ernsthaftigkeit und unbedingten Wahrheitsliebe *Veris-
simus*, den Allerwahrsten, nannte. Dieser stammte wie Hadrian aus einer spanischen Familie, war aber in Rom geboren (121 n. Chr.). Er genoss eine sorgfältige Erziehung und
Ausbildung, war Schüler des bedeutenden Redelehrers
Fronto, mit dem er einen freundschaftlichen, uns noch erhaltenen Briefwechsel führte. Schon früh aber wandte er
sich von der Rhetorik ab und der Philosophie zu. Er wählte
sich keine der mystizistischen Strömungen, wie sie damals
im Schwange waren, sondern die Stoa, die für ihn lebenslang Religion, Lebensform und Zuflucht wurde. Pflichtge-
fühl, Freisein von Affekten, Menschenliebe und Dienst an
der Gemeinschaft, das waren die Prinzipien dieser philosophischen Schule, die mit der traditionellen Selbstauffas-
sung eines Römers in Einklang waren. Marc Aurel übernahm die Übungen, die zu einer autonomen Lebensform
verhelfen sollten, mit Strenge und Konsequenz, schlief als
Zwölfjähriger auf dem Fußboden und benützte nur auf
eindringliche Bitten seiner Mutter eine Decke, er verzich-
tete auf Vergnügungen seiner Altersgenossen wie Zirkus
und Theater und pflegte das allabendliche *examen con-
scientiae*, die Gewissenserforschung, eine philosophische
Praxis, die dann zu seinen *Selbstbetrachtungen* überleitete.
Es scheint, als ob er bereits damals als Zögling des Antoninus Pius inmitten der Annehmlichkeiten des kaiserlichen

Palastes geahnt hätte, wie sehr er einen solchen inneren Halt benötigen würde.

Zunächst aber hatte er Anteil an den glücklichen Zeiten des Reiches unter seinem Adoptivvater Antoninus Pius. Ihm hat er im ersten Buch seiner *Selbstbetrachtungen* ein Denkmal gesetzt. Wie auch aus seinem Porträt erkennbar, vereinte Antoninus Sanftmut und Freundlichkeit mit Festigkeit. Er verachtete eitlen Ruhm und Schmeichelei, war unermüdlich für das Wohl des Reiches tätig und hatte ein offenes Ohr für die Anliegen der Bürger. Antoninus hielt bei allem die Mitte, bewahrte Besonnenheit und Augenmaß – kurz, er war eine reife und vollkommene Persönlichkeit. »Wie zu einer Festfeier hat der ganze Erdkreis sein altes Gewand, das Eisen, abgelegt und sich zu Schmuck und allem Erfreulichen gewandt«, rühmt der griechische Redner Aelius Aristides anlässlich eines Rombesuchs um das Jahr 143. An Kriege vermag man gar nicht mehr zu glauben, es kann höchstens noch Grenzscharmützel mit unverständigen Barbaren geben – weltweit herrscht Friede. Die Götter mögen gewähren, so schließt der Redner, dass dieses Reich und diese Stadt immerdar gedeihen, dass der große Herrscher und seine Söhne wohlbehalten bleiben und das Reich zum Besten aller regieren.

Als Antoninus Pius 161 n. Chr. starb, hinterließ er ein wohlgeordnetes Staatswesen und für dieses einen tüchtigen Nachfolger, den er selbst durch sein eigenes Beispiel und mit Hilfe der besten Lehrer sorgsam herangebildet hatte. Von einem dieser Lehrer, dem Philosophen Severus, sagt Marc Aurel: »Von ihm habe ich die Vorstellung von einem Gemeinwesen, das auf bürgerlicher Gleichheit und Redefreiheit beruht, und von einem Herrschertum, dem die Freiheit der gesamten Bürgerschaft über alles geht« (1,14).

Triumphzug des Marc Aurel. Relief von einem 176 errichteten
Triumphbogen. Konservatorenpalast, Rom

Marcus Aurelius war mit Faustina, der Tochter des Antoninus Pius, verheiratet und hatte zwölf Kinder, von denen ihm freilich die meisten durch den Tod entrissen wurden. Aus dem Briefwechsel mit seinem Freund und Lehrer Fronto ist die zärtliche Liebe des Vaters zu ersehen, besonders zu seinen kleinen Töchtern, die später mit ihm zusammen sogar auf dem Triumphwagen fahren durften. Von den Söhnen hat nur der nachher so unrühmlich bekannte Commodus überlebt, der ein zweiter Nero werden sollte. Die spätantike Kaisergeschichte *Historia Augusta* – eine Quellensammlung, die ebenso unentbehrlich wie im Einzelnen zweifelhaft ist – hat uns eine Lebensbeschreibung Marc Aurels überliefert. Darin heißt es, die Kaiserin Faustina sei recht lebenslustig gewesen, ja mehr als das: Sie habe allerlei Liebschaften gehabt, auch mit Gladiatoren. Und es wurde sogar behauptet, ihr Sohn Commodus sei der Spross eines Gladiators. Möglicherweise kamen diese Gerüchte aber erst auf, nachdem sich der Sohn als höchst unwürdiger Nachfolger seines Vaters entpuppt hatte: Er liebte die Arena mehr als die Philosophie. Der Kaiser selbst hat nie Kritik an seiner Gattin geübt; in seinen *Selbstbetrachtungen* nennt er sie unter den Personen auf seinem Lebensweg, für die er den Göttern Dank weiß: hingebungsvoll, zärtlich und unkompliziert heißt sie da. War sie extrovertiert und von leichterem Naturell, eine willkommene Ergänzung zu ihrem schwerblütigen, vergeistigten Gatten? Und gab es gerade wegen dieser Verschiedenheit auch Klatsch und böswillige Nachrede? Faustina begleitete ihren Gatten getreulich auf mehreren Feldzügen, wofür sie den Ehrentitel »Lagermutter« (*mater castrorum*) erhielt, und starb auf einer dieser Reisen in Kleinasien.

Der allseits gepriesene und gefeierte Friede im gesamten römischen Reich schien durch die Persönlichkeit des Kaisers auch für die Zukunft verbürgt zu sein. Schon die Mitwelt erkannte, dass auf ihn Platons Wort passte, die Staaten würden erst dann glücklich, wenn die Philosophen Herrscher und die Herrscher Philosophen wären. Marc Aurel hatte sich gleich bei seinem Regierungsantritt vorgenommen:

> Sieh zu, dass du nicht ›verkaiserst‹. Das kann nämlich so kommen. Bewahre dich also als ein Mensch, der einfach ist, gut, ehrlich, ernsthaft, schlicht, ein Freund der Gerechtigkeit, ein Verehrer der Götter, wohlmeinend, liebevoll und standhaft in der Erfüllung deiner Pflichten. Ringe darum, dass du so bleibst, wie die Philosophie dich haben wollte. Ehre die Götter, rette die Menschen! Kurz ist das Leben. Die einzige Frucht des Erdendaseins ist eine fromme Gesinnung und Taten für die Gemeinschaft. Erweise dich in allem als Schüler des Antoninus.   (6,30)

Dieser hatte mit ihm zusammen auf Geheiß Hadrians noch Lucius Verus adoptieren müssen, den Sohn eines verstorbenen Adoptivsohnes. Dieser Lucius Verus, liebenswürdig, aber leichtlebig, teilte nun als sein Adoptivbruder mit Marc Aurel die Herrschaft, aber keineswegs die volle Verantwortung für das Reich. Er war offenbar, ebenso wie die lebenslustige Faustina, ein »Probierstein« für Marc Aurel, an dem er die von der Philosophie geforderten Tugenden der Selbstbeherrschung und des Gleichmuts wie der Freundlichkeit übte. Später sollte sein Sohn dazukommen, dessen bedenkliche Charakterzüge ihm auf die Dauer wohl nicht verborgen blieben und den er doch nicht von der Thronfolge ausschließen konnte, ohne die Gefahr eines Bürgerkriegs heraufzubeschwören. Bezüglich des Lucius Verus schreibt er: »Ich bin den Göttern dankbar, dass ich einen solchen Bruder bekommen habe, der mich durch sein Betragen dazu aufweckte, an mir selbst zu arbeiten, und der mich durch seine Achtung und Liebe erfreute« (1,17).

Schon bald nach Marc Aurels Regierungsübernahme begann das Wetterleuchten an den Grenzen, zunächst im Osten. Die »Erbfeinde« Roms, die Parther, beanspruchten Armenien, den ewigen Zankapfel der beiden Reiche, für sich, sie bedrohten sogar Syrien. Marc Aurel sandte seinen Adoptivbruder Lucius Verus mit einem Heer aus, um in Armenien Stärke zu demonstrieren. Er gab Lucius erfahrene Generäle mit, die erwartungsgemäß Roms Waffen zum Siege führten. Lucius Verus entsprach den Erwartungen nicht in vollem Umfang; anstatt sich sogleich in Krieg und Feldlager zu stählen, schlug er seine Zelte zunächst einmal im mondänen syrischen Antiochia auf. Schließlich kam er dann doch achtbar seiner Feldherrnpflicht nach (wie auf dem Partherdenkmal von Ephesus abgebildet; jetzt in Wien zu sehen). Als Sieger kehrte er nach Rom zurück, wo er, zusammen mit Marc Aurel, einen Triumph feierte. Dieser hatte Lucius Verus mit seiner Tochter vermählt und musste es erleben, dass er ihr eine weltbekannte Kurtisane, Pantheia, vorzog. Er übte Gleichmut im philosophischen Selbstgespräch:

Alle Menschen sind für einander geboren. Entweder belehre sie oder ertrage sie. Bedenke doch nur, mit welch großer Nachsicht die Götter die Menschen ertragen. Und wie lange sie es tun, denn sie sind ja unsterblich. Und sie ertragen sie nicht nur, sondern sie sind auch noch um sie besorgt. Und du willst die Menschen in ihrer Unvollkommenheit nicht ertragen, obwohl du einer von diesen Minderwertigen bist? (8,59; 7,70)

Die Siegesstimmung nahm ein jähes Ende, als in Rom die Pest ausbrach. Die Truppen hatten sie aus dem Osten eingeschleppt und verbreiteten sie nun bei der Entlassung in ihre Heimatstandorte im ganzen Reich. Marc Aurel musste seine Abreise in den Norden verschieben, wo sich zahlrei-

che wehrhafte Kelten- und Germanenstämme erhoben
hatten. Italien war entvölkert und lag brach; Hungersnot
war die Folge, dazu kamen Naturkatastrophen.

Wo war das Glück der Untertanen, das der Philoso-
phenherrscher gewährleisten sollte? Es wundert nicht, dass
Marc Aurel, der in dieser Zeit auch sein geliebtes Zwil-
lingssöhnchen begraben muss, in seinen *Selbstbetrachtungen* oft so düster und resignierend klingt. Er übt sich darin,
im Blick auf die gottbeseelte Natur in ihrer dauernden
Wandlung, auch den Verlust von Kindern zu ertragen. Er
zitiert das bekannte Wort Homers, die Menschen seien nur
wie Blätter, die im Frühling hervorsprießen, aber bald wieder vom Wind verweht werden (*Ilias* 6,146 ff.). Es gilt, sich
mit dem abzufinden, was nicht in unserer Macht steht.
»Der Unverständige fragt: Was ist zu tun, dass ich mein
Söhnchen nicht verliere? Du musst fragen: Was ist zu tun,
dass ich seinen Verlust ertrage?« Für Marc Aurel gilt: Bitte
die Götter nicht, dass sie dir dieses oder jenes geben, sondern dass du erträgst, was sie dir geben!

Immer wieder kreisen die Gedanken des Kaisers um die
Vergänglichkeit, und er sucht, wenn nicht Trost, so doch
Ruhe und Gelassenheit zu gewinnen, indem er auf das
Weltganze blickt.

Die ganze Erde ist nur ein Punkt im All, das Leben des
Menschen ein Augenblick, sein Wesen in beständigem
Fluss, die Empfindungskraft schwach, der Körper zur
Fäulnis bestimmt, die Seele ein Irrlicht, das Schicksal
unberechenbar, alles Reden verworren. Kurz, alles Kör-
perliche geht dahin wie ein Fluss, das Seelische aber ist
Schall und Rauch. Das Leben ist Kampf, die Welt ein
Durchgangsquartier für Fremde, der Nachruhm Ver-
gessenheit. Was kann uns da Halt bieten? Einzig und
allein die Philosophie. Sie lehrt uns, den göttlichen

Geist in uns unverletzt zu bewahren und darauf zu vertrauen, dass alles, was ihm widerfährt, nichts Böses, sondern vom Schicksal so gewollt ist. Schließlich müssen wir auch den Tod mit heiterer Gelassenheit erwarten, so, als ob er nichts anderes sei als eine Auflösung in die Urstoffe, aus denen sich alles zusammensetzt. Diese stete Trennung und Wandlung vollzieht sich im Einklang mit der Natur, und was der Natur gemäß geschieht, kann nicht schlimm sein.   (2,17)

Doch der Blick auf die Allnatur wirkt nicht nur relativierend, er zeigt auch, dass der Mensch, trotz all seiner Hinfälligkeit und Vergänglichkeit, einen Funken des Göttlichen in sich trägt, der alle Menschen zu Verwandten und zu Gemeinschaftswesen macht. Das Wirken für die Menschen bleibt das oberste Ziel, und das Wort des Sokrates behält seine Gültigkeit: »Wo sich jemand hingestellt hat in der Überzeugung, hier sei sein Platz, oder wohin er von einem Vorgesetzten gestellt wurde, dort muss er ausharren, ohne an den Tod oder etwas anderes zu denken außer der Schande« (7,45 nach Platon, *Apol.* 28d). Die Pflichterfüllung trägt ihren Lohn in sich selbst, unabhängig von äußerem Erfolg oder Anerkennung und Ruhm. Wer dem göttlichen Gesetz folgt, findet Glück und Zufriedenheit in sich selbst, weil er dann im Einklang mit der Allnatur lebt. »Mit ganzer Seele das Rechte tun und das Wahre reden, eine gute Tat an die andere zu reihen, worin sonst besteht der Lebensgenuss?« (12,29.)

Die Ausrichtung all seiner Taten auf das Allgemeinwohl fiel Marc Aurel als Schüler und Sohn des Antoninus Pius nicht schwer, aber die damit verbundenen Reibungen mit seinen Mitmenschen verursachten Spannungen, die in den Meditationen abgebaut werden sollten. »Am Morgen sollte man sich sagen: Ich werde mit einem dreisten, undankbaren, unverschämten, falschen, verleumderischen und unverträglichen Menschen zusammenkommen. Alle diese Fehler haben die Leute aber doch nur an sich, weil sie nicht wissen, was Gut und Böse ist« (2,1). Folglich kann ich, sagt Marc Aurel, ihnen nicht zürnen, außerdem sind sie meine Verwandten, nicht dem Blute nach, sondern weil wir alle teilhaben an dem gleichen göttlichen Geist. Wir sind ja geboren, um zusammenzuarbeiten, wie die Füße, die Hände oder die oberen und die unteren Zähne. Gegeneinander statt miteinander zu arbeiten wäre gegen die Natur. In diesem Vertrauen auf einen sinnvollen Plan des göttlichen Weltgeistes erträgt der Kaiser die Menschen, die sich nicht zu seiner Höhe aufzuschwingen vermochten, also wohl die meisten aus seiner Umgebung. »Diejenigen, mit denen dich das Schicksal zusammengeführt hat, die habe lieb, aber von Herzen«, lautet eine seiner Losungen (6,39).

Im Jahre 169 rückt Marc Aurel zusammen mit Lucius Verus aus, um die Nordgrenze des Reiches zu verteidigen. Germanische Völker wie die Markomannen und Quaden, dazu die Sarmaten und andere Stämme in ihrem Gefolge waren in die Donauprovinzen eingefallen, sie hatten die Alpen überwunden, römische Heere vernichtet und standen vor Aquileia. Zum ersten Mal seit Hannibal hatte ein Feind römischen Boden betreten. Vor den römischen Heeren und den beiden Imperatoren ziehen sich die Barbaren zurück, und Marc Aurel sichert die Grenzen Italiens und Illyriens, an der östlichen Adriaküste. Auf dem Weg ins Winterquartier in Aquileia stirbt Lucius plötzlich an einem Schlaganfall. Marc Aurel kehrt nach Rom zurück und hält das Leichenbegängnis ab.

Da die Markomannen und Quaden abermals im Balkanraum und dazu noch an der Donau ins Reichsgebiet eingefallen sind, muss der Kaiser neue Legionen ausheben; die vorhandenen Truppen sind durch die Pest stark dezimiert.

Doch die ebenso stark in Mitleidenschaft gezogene Zivilbevölkerung kann nicht mit den Kosten einer Rekrutierung belastet werden. Auf dem Trajansforum findet 169 ein aufsehenerregendes Schauspiel statt: eine kaiserliche Versteigerung. Marc Aurel bietet Wertgegenstände aus dem Palast zum Kauf an: all die Kostbarkeiten, die ausländische Fürsten bei einem Besuch den Kaisern zum Geschenk gemacht hatten, wie Pokale aus Gold und Kristall, aber auch kaiserliches Tafelgeschirr, kostbare Gewänder der Kaiserin und Juwelen aus dem Erbe Hadrians. Der Erlös der zwei Monate dauernden Aktion sei beträchtlich gewesen, wie die Quellen vermelden. Noch mehr wirkte wohl das Beispiel, dass auch der Souverän zu Opfern in der Not bereit war und dass er den Titel »Vater des Vaterlandes« zu Recht trug.

Im Herbst des Jahres 169 zieht Marc Aurel ins Feld; vorher hat er noch seinen siebenjährigen Sohn begraben. Er macht sich daran, die Markomannen und Quaden und ihre Verbündeten aus Norditalien und den Alpenprovinzen zu vertreiben und sie dann über die Donau zurückzudrängen. 171 schlägt er sein Hauptquartier in Carnuntum auf, in der Nähe von Wien (Vindobona), beim heutigen Petronell und Deutsch-Altenburg. »Dieses in Carnuntum« steht unter den Aufzeichnungen des zweiten Buches der *Selbstbetrachtungen*, während es am Schluss des ersten heißt: »Dieses bei den Quaden am Gran«, einem Zufluss zur Donau, der durch die Slowakei fließt. Kann man philosophieren in der Enge und im Lärm eines Heerlagers? Man muss es, und man kann es auch. »Wo man leben kann, dort kann man auch der Philosophie gemäß leben. Du brauchst keine ländliche Stille, keinen Strand und keine Berge. Lerne, dich in dein Inneres zurückzuziehen. – Grabe in deinem Innern. Denn da ist die Quelle des Guten, die stets wieder aufsprudeln kann, wenn du stets wieder nachgräbst« (4,3; 7,59). Was für Seneca eine selbstgewählte Übung war, der Auf-

enthalt im lärmerfüllten Baiae, wird für den kriegführenden Kaiser zum Exerzitium seines Lebens.

Noch steht in Rom auf der Piazza Colonna die Marc-
Aurel-Säule an ihrem Platz, die mit ihrem Reliefschmuck
von den Markomannenkriegen kündet, die den Kaiser von
169 bis 175 und dann wieder von 178 bis zu seinem Tod
180 n. Chr. beschäftigten. Nach dem Vorbild der Trajanssäule errichtete der römische Senat dem siegreichen Kaiser,
der 176 n. Chr. seinen Triumph gefeiert hatte – zusammen
mit seinem Sohn Commodus –, diese Säule, die von einer
Bronzefigur gekrönt wurde (als 1589, unter Papst Sixtus V.,
der Apostel Paulus dort aufgestellt wurde, war die Kaiser-
statue bereits nicht mehr vorhanden). Die Säule ist wie die
Trajanssäule 100 Fuß hoch, das sind fast 30 m. Die Reliefs
ziehen sich wie ein überdimensionales Bilderbuch um den
Säulenschaft. In der Mitte sind sie unterteilt durch die Figur einer Victoria, die auf einen Schild die Siegesbotschaft
schreibt: Die untere Hälfte schildert den ersten, die obere
den zweiten Markomannenkrieg. In realistischer Weise
werden hier Szenen aus dem Krieg gegen Quaden, Markomannen und Sarmaten geschildert, Tötung von Feinden,
verbrannte Hütten, in Gefangenschaft geratene Frauen
und Kinder, aber auch Audienzen des Kaisers, der Gesandte
der kriegführenden Stämme empfing und ihnen auf ihren
Wunsch hin Land auf römischem Boden zuwies.

Marc Aurel muss bald gemerkt haben, dass es sich hier
nicht um einen der üblichen Grenzkriege handelte. Er wurde belehrt, dass manche der in Bewegung geratenen Stämme wiederum von anderen aus ihren Wohnsitzen ver-
drängt und bis über die Reichsgrenze geschoben worden
waren. Keltische und germanische Völker zogen bis nach
Kleinasien und Griechenland, die Kostoboken verwüsteten
das altehrwürdige Mysterienheiligtum von Eleusis. Wir
Späteren wissen, dass es sich hier um das Vorspiel der Völ-

kerwanderung handelte, und müssen dem Weitblick des Kaisers Anerkennung zollen. Er war bestrebt, soweit vertretbar, viele Stämme in das Reichsgebiet aufzunehmen, nicht nur, um ihre kämpferische Stoßkraft den Römern nutzbar zu machen oder den durch die Pest entvölkerten Landstrichen neue Siedler zu geben. Nach dem bewährten römischen Grundsatz: *Divide et impera*, Teile und herrsche!, trennte er sie auch von ihren Kampfgenossen, wie im Falle einiger vandalischer Völkerschaften. Unter den gegebenen Umständen schien es ihm am günstigsten, die Romanisierung möglichst weit voranzutreiben. So ging er daran, das Gebiet von Böhmen und Mähren einzubeziehen. Da traf ihn wie ein Blitz aus heiterem Himmel die Nachricht, dass sein Oberbefehlshaber im Osten, Avidius Cassius, in Syrien einen Aufstand erregt, ja sich zum Kaiser ausgerufen hatte (175 n. Chr.).

Marc Aurel schließt einen Waffenstillstand mit den Markomannen und Sarmaten und lässt den vierzehnjährigen Commodus aus Rom kommen, seinen nunmehr einzigen Sohn, den er zum Caesar, zum Kronprinzen, ernannt hatte. Dann bricht er in den Osten auf. Avidius Cassius hatte sich im Partherkrieg bewährt, er war loyal geblieben, obwohl der militärisch unerfahrene Lucius seine Lorbeeren geerntet hatte. Marc Aurel hatte ihm dafür den hohen Vertrauensposten eines Gouverneurs von Ägypten verliehen und ihm dann bei seiner Abreise an die Nordgrenze den gesamten Osten unterstellt. Die *Historia Augusta* erwähnt Behauptungen, wonach Faustina, in Sorge um den schlechten Gesundheitszustand ihres Gatten und sein baldiges Ableben befürchtend, Avidius Cassius zur Rebellion ermuntert haben soll. Dies mag eines jener böswilligen Gerüchte sein, wie sie sich um die Kaiserin rankten. Den Ausgangspunkt können besorgte Äußerungen Faustinas gebildet haben, die sich um das Schicksal ihrer unmündigen Kinder sorgte und diese im Fall von Marc Aurels Tod dem Schutze des Avidius Cassius unterstellen wollte. Der Kaiser war in der Tat nicht gesund, auch der berühmteste Arzt seiner Zeit, Galen aus Pergamon, vermochte ihm nicht zu helfen. Marc Aurel konnte nur wenig Nahrung zu sich nehmen, er lebte nach einer strengen Diät und gebrauchte regelmäßig Theriak, jenes aus der *Naturkunde* des älteren Plinius bekannte opiumhaltige schmerzdämpfende Mittel. Die Vermutung liegt nahe, dass er an einem Magenleiden, vielleicht sogar Magenkrebs, litt. Ob sein Leiden eine Folge der Unterdrückung seiner allzu menschlichen Regungen war, der Preis für den gerühmten Gleichmut in allen Lebenslagen?

Der Verrat des Avidius Cassius traf den Kaiser hart; nannte er ihn doch *amicissimus,* da er sich ihm politisch wie persönlich eng verbunden fühlte. Es blieb ihm erspart, an dem Hochverräter ein Exempel zu statuieren. Noch bevor der Imperator in Syrien eintraf, war der selbsternannte Kaiser von einem seiner Soldaten getötet worden. Marc Aurel verbot ein strenges Einschreiten gegen Mitwisser und Sympathisanten, er verzieh auch den Städten, die sich auf die Seite des Cassius geschlagen hatten. Darunter war Antiochia, die lebenslustige syrische Metropole, deren Bewohner es Marc Aurel übelgenommen hatten, dass er ihre Vergnügungen eingeschränkt wissen wollte. Gegen sie richtete er ein *edictum gravissimum,* einen geharnischten Erlass, und wollte ihre Stadt nicht besuchen. Fast zwei Jahrhunderte später wiederholte sich die Geschichte: Kaiser Julian – *Apostata,* der Abtrünnige, genannt – hatte in Antiochia sein Standquartier auf dem Weg in den Perserkrieg (363 n. Chr.). Auch er war ein Philosophenkaiser, der Marc Aurel als sein Vorbild ansah. Und Julian zog sich ebenfalls den Unmut der Antiochener zu, da er ihre allzu große Vergnügungssucht missbilligte. Sein tadelndes Edikt ist noch erhalten: die am Palast angeschlagene satirische Rede *Miso-*

pogon, Der Barthasser. Erhalten ist auch Julians *Caesaren-gastmahl* (*Caesares*), in dem er alle Kaiser Roms Revue passieren lässt und Marc Aurel den Ehrenplatz zuweist.

Marc Aurel kehrte nach Rom zurück und feierte dort im Dezember 178 seinen Triumph. Vor dem Auszug hatte er eines seiner Kinder begraben, nun beklagte er den Tod seiner Gattin, die auf der Rückreise gestorben war. Er trug Sorge, dass Commodus, obwohl er noch in jugendlichem Alter stand, alle nötigen Vollmachten erhielt, um als Mitkaiser zu regieren. So war die Nachfolge gesichert, als Marc Aurel im August 179 wieder in den Donauraum aufbrach. Der Markomannenkrieg war erneut ausgebrochen, und der Kaiser war gewillt, ihn mit aller Härte bis zur Kapitulation seiner Gegner zu führen. Die Marc-Aurel-Säule zeigt ihn, wie er die abgeschlagenen Köpfe seiner Feinde als Trophäen entgegennimmt. Man hat mehrfach den Unterschied in der Darstellung bei der Trajans- und der Marc-Aurel-Säule konstatiert. Der Dakerkrieg Trajans ist eine kriegerische Unternehmung, die planmäßig durchgeführt wird; Tod und Zerstörung werden dabei als unumgängliche Folgen in Kauf genommen. In den Markomannenkriegen aber sind alle Teilnehmer gezeichnet von Strapazen, Leid und Erschöpfung. Wunder müssen helfen: Das Blitz- und das Regenwunder sind dargestellt. Auf das Gebet des Kaisers hin, so heißt es, schlug der Blitz in einen Belagerungsturm der Feinde, und ein großer Flügeldämon schickt den verdurstenden Römern und ihren Verbündeten einen Regenguss, der sie erquickt, die Feinde aber hinwegschwemmt. Auffallend ist das Gesicht des Kaisers, das im Gegensatz zu bisheriger Bildtradition nicht in typischer, altersloser Herrschermiene verharrt, sondern Marc Aurel erschreckend gealtert und müde zeigt. Es passt zu den Aufzeichnungen im Tagebuch, in denen der Kaiser illusionslos sein Handwerk betrachtet:

Regenwunder. Marc-Aurel-Säule, Rom

> Eine Spinne ist stolz, wenn sie eine Fliege gefangen hat,
> ein Mensch, wenn er ein Häschen, ein anderer, wenn er
> einen Fisch im Netz, wenn er Wildschweine, Bären –
> oder Sarmaten gefangen hat. Aber sind sie, wenn man
> ihre Beweggründe untersucht, nicht alle Räuber?
>
> (10,10)

Doch hier war der Platz, auf den ihn das Schicksal gestellt
hatte, und hier gedachte er auszuharren. Er errang ermuti-
gende Erfolge, sowohl im Feld wie in den Verhandlungen
mit einzelnen Stämmen wie etwa den Jazygen, mit denen
er einen Vertrag schloss. Er glaubte sich seinem Ziel, der
Errichtung einer neuen Provinz Marcomannia, schon nahe,
da erkrankte er in Vindobona (Wien). Als sich sein Zustand verschlechterte, ließ er Commodus rufen und er-
mahnte ihn, den Krieg in seinem Sinne zu Ende zu brin-

gen. Dann schickte er ihn weg, um ihn vor Ansteckung zu bewahren. Es war also nicht sein langjähriges Leiden, das ihm den Tod brachte – worauf auch der Biograph in der *Historia Augusta* hinweist –, sondern wohl die Pest, die seit dem Partherkrieg immer wieder in vielen Teilen des Reiches aufflackerte. »Was beweint ihr mich, statt an die Pest und das Massensterben zu denken?«, soll er zu seinen Freunden gesagt haben.

In seinen *Selbstbetrachtungen* hatte er, wohl verstärkt durch seinen jahrelangen schlechten Gesundheitszustand, immer wieder die *praemeditatio mortis* geübt, in Gedanken das Sterben und den Tod vor Augen gehabt, getreu dem Worte des Sokrates, dass das Leben des Philosophen eine stete Vorbereitung auf den Tod sei und dass dieser daher auch den Tod nicht fürchte (*Phaidon* 67a–e). Ich will so leben, sagt er sich, dass ich wie Antoninus Pius guten und ruhigen Gewissens sterben kann. Und der auch von Seneca betonte Gedanke, dass es nicht auf die Länge des Lebens ankomme, dass die Qualität vor der Quantität stehe, ist einer seiner Kernsätze, der auch die *Selbstbetrachtungen* beschließt: »O Mensch, du bist in dieser großen Stadt [der Welt] Bürger gewesen. Was macht es für dich aus, ob fünf Jahre, oder drei. Was nach den Gesetzen der Natur geschieht, ist für niemanden hart. Was ist schlimm daran, wenn dich kein Tyrann oder ungerechter Richter aus der Stadt weist, sondern die Natur, die dich auch hineingeführt hat?« Marc Aurel vergleicht das Leben mit einem Theaterstück, zu dem man von dem Beamten, der das Spiel veranstaltet, eingestellt wird. Wenn man sagt: Aber ich habe die fünf Akte des Stückes noch nicht zu Ende gespielt, sondern erst drei!, wird man die Antwort erhalten: Ja, aber in deinem Leben waren die drei Akte eben das ganze Stück. Beginn und Ende hängen nicht von dir ab: So scheide denn freundlich von hier, denn auch der dich entlässt, ist freundlich. So schließen die *Selbstbetrachtungen*, so wollte sich Marc Aurel von der Welt verabschieden. Doch diese bewundernswerte Serenität des Philosophenkaisers ist schwer errungen, und es vervollständigt das Bild des historischen Marc Aurel, wenn man sich als Abschluss eine andere seiner Sterbemeditationen vergegenwärtigt:

Niemand ist so glücklich, dass unter denen, die sein Sterbelager umstehen, nicht einige sind, die das herannahende Ende begrüßen. Und war er auch ein noch so tüchtiger und weiser Mann, da wird schließlich doch einer zu sich selbst sagen: »Werden wir endlich, von diesem Schulmeister erlöst, wieder aufatmen können? Er war zwar für keinen von uns unerträglich, aber ich habe doch gespürt, dass er uns im stillen verachtete.« Das kann vorkommen, wenn ein durchaus rechtschaffener Mann stirbt. Und was kann es bei uns noch alles für Gründe geben, weshalb so mancher uns loswerden will. Daran wirst du beim Sterben denken, und du wirst leichter von hier fortgehen, wenn du dir sagst: »Ich scheide aus einem Leben, in dem gerade die Mitmenschen, für die ich so viel gekämpft, gebetet und gesorgt habe, mich forthaben wollen, weil sie nämlich hoffen, sich das Leben zu erleichtern.« Wie könnte man unter solchen Umständen noch länger hier verweilen wollen? Und doch sei deshalb beim Scheiden nicht weniger freundlich gegen sie, sondern bewahre deiner gewohnten Art nach einen freundschaftlichen, wohlwollenden und heiteren Sinn und nimm keinen gewaltsamen, sondern einen sanften Abschied von den Deinen. Mit ihnen hatte die Natur dich verknüpft, nun trennt sie dich wieder. Denn auch dieses Geschehen vollzieht sich gemäß der Natur.   (10,36)

Zwölftes Kapitel

Minucius Felix und Augustinus mit Monica in Ostia
»Nichts ist ferne von Gott«

Die Hafenstadt Ostia an der Tibermündung erlebte in der Kaiserzeit ihre höchste Blüte. Handelsflotten aus sämtlichen Gegenden des römischen Reiches kamen hier an, Waren aller Herren Länder wurden umgeschlagen, und Reisende schifften sich nach vielen Orten des Imperiums ein. Mit dem regen Verkehr kamen auch religiöse Ideen und fremde Kulte, die hier bei der buntgemischten Bevölkerung – man schätzt sie auf achtzig- bis hunderttausend Menschen – bereitwillige Aufnahme fanden. Die Große Mutter Kybele aus Phrygien in Kleinasien landete schon im Jahr 204 v. Chr. in Gestalt ihres Kultsteins in Ostia, der ursprünglich persische Lichtgott Mithras besaß in der Kaiserzeit fast zwanzig Heiligtümer (einige davon sind noch erhalten), und auch das Christentum fasste schon früh hier Fuß.

In der ersten Hälfte des 3. Jahrhunderts schrieb der zum Christentum übergetretene, aus Afrika stammende Minucius Felix seinen Dialog *Octavius*, der Ostia zum Schauplatz hat. Das kleine Werk gehört zur apologetischen Literatur, die die neue Religion gegen die Vorwürfe ihrer Gegner verteidigen und zugleich für sie werben will. Der

Ladenzeile in Ostia

Octavius, der die Frische eines ciceronianischen Dialogs hat, beleuchtet die Phase des jungen Christentums zwischen Assimilation und Selbstbehauptung. Minucius Felix erzählt, wie ihn sein inzwischen verstorbener Freund und Glaubensgenosse Octavius, aus Afrika kommend, in Rom besucht hat und wie sie beide, begleitet von einem anderen Freund, Caecilius, für einige freie Tage nach Ostia gehen. Es sind gerade Weinleseferien, und Minucius Felix hat als Anwalt etwas Zeit zum Ausspannen, die er nutzen will, um in Ostia Bäder zu nehmen.

In der Frühe gehen die Freunde durch die Stadt ans Meer und spazieren in der Morgenkühle am Strand entlang, lassen sich vom leichten Wind erfrischen und spüren

wohlig den weichen Sand unter den Füßen. Da kommen
sie an einer Statue des Serapis vorbei, des ägyptischen
Heil- und Segensgottes, und Caecilius wirft dem Götterbild
eine Kusshand zu, wie es Sitte ist. Der Christ Octavius
nimmt Anstoß daran, wendet sich aber nicht an den heidnischen Gefährten Caecilius, sondern an dessen christlichen Freund Minucius Felix. Das gehöre sich doch nicht
für ihn, dass er seinen Kameraden in heidnischer Blindheit
stecken lasse! Die drei Freunde gehen weiter am Strand
entlang, freuen sich am Anblick der leicht gekräuselten
Meeresfläche, schauen den Kindern zu, die Steine übers
Wasser tanzen lassen. Caecilius aber ist in sich gekehrt; ihn
beschäftigen die Tadelworte des Octavius. Er meint, es sei
eine Klärung darüber nötig: Die Sache muss diskutiert
werden. Wie Angehörige der verschiedenen Philosophenschulen ihre Streitgespräche führen, so sollen auch sie beide versuchen, in Rede und Gegenrede den althergebrachten Götterglauben und die neue Lehre darzustellen. Caecilius schlägt vor, man solle sich auf einer Steinmole, die
zum Schutz der Badenden ins Meer hinausgebaut ist, nie-
derlassen. Dort könne man vom Wege ausruhen und unge-
stört diskutieren. So geschieht es auch, und die Kontrahenten nehmen Minucius Felix als Schiedsrichter in die Mitte.
Er kennt ja beide *genera vivendi*, beide Lebensformen, da
er die eine aufgegeben und die andere angenommen hat.
Caecilius beginnt nun, und sein erster Vorwurf gilt der
Anmaßung der Christen:
  Ungebildete Tröpfe sind doch die meisten, aber sie glauben sich im Besitz des wahren Wissens über die erhabens-
ten und schwierigsten Dinge der Welt, über die sich die
Philosophen aller Schulen bis heute noch nicht einig geworden sind. Ist es nicht eher angebracht, sich im Bewusstsein der Unerforschlichkeit der Naturgesetze zu bescheiden
und die Gottheit in den Gestalten und in den Formen zu

Bodenmosaik vom Platz der Korporationen in Ostia
(»Die Seeleute und Händler von Karala«)

verehren, wie sie uns seit Vorväterzeiten überliefert sind?
Rom hat aus dieser frommen Grundhaltung heraus stets
mit den neuen Völkern auch deren Götter in sein Reich
aufgenommen, und dies war zum Besten aller. Es ist nicht
zu billigen, dass nun Leute in gottloser, frecher Schein-
klugheit auftreten und unsere althergebrachte, Nutzen und
Heil bringende Religion entkräften oder gar abschaffen
wollen. Und was sind das überhaupt für Leute – aus der
untersten Hefe des Volkes, Ungebildete und leichtgläubige
Weiber; sie schließen sich zu Verschwörerbanden zusammen, treffen sich nachts zu obskuren Versammlungen, bei

denen sie die schlimmsten Ausschweifungen begehen, ja sogar Verbrechen verüben. Vor Inzest und Kindermord schrecken sie nicht zurück, die Mitglieder dieser gottlosen, verbrecherischen Sekte! Und ihre Lehre steckt voller Ungereimtheiten: Was ist das für ein Gott, dieser einzige, einsame und vereinsamte, den man nirgendwo erblicken kann, der aber seinerseits die Menschen sieht mit all ihrem Tun und Treiben, ja mit ihren geheimen Gedanken, ein ruheloser, ja neugieriger Gott, der überall und nirgends ist. Und einen künftigen Weltuntergang stellen sie uns drohend vor Augen; sie selbst aber werden nach dem Tode aus Staub und Asche wieder auferstehen, und ihnen, den Guten, wird ein glückliches, ewiges Leben zuteil, – während den Übrigen, den Ungerechten, eine immerwährende Strafe und Pein bevorsteht. Dabei solltet ihr euch nur selber sehen, wie unglücklich und elend ihr seid: Ihr haltet euch von allen Vergnügungen fern, auch von den harmlosen und durchaus anständigen, verabscheut alles, woran eure Mitbürger Anteil nehmen, ihr leidet Not und Mühsal, ja Folter und Tod drohen euch, und euer Gott hilft euch nicht. Was seid ihr doch für armselige, ängstlich schwankende Gestalten, ihr verdient wahrhaftig Mitleid, aber das Mitleid unserer Götter! (Vgl. Kap. 5,4–12,6.)

In dieser schwungvoll vorgetragenen und triumphierend abgeschlossenen Rede sind alle gängigen Vorurteile und Verleumdungen gegen die Christen vereint, die ihre Keimzelle in dem Befremden über die Andersartigkeit und Fremdheit dieser Religion haben. Sie ist ja nicht nur ein neuer Kult, sondern eine völlig neuartige Lebensform, die sich vom allgemeinen Leben absondert.

Der Gegenanwalt Octavius aber ist gerüstet, diese Kloake übler Verdächtigungen im Strom der Wahrheit wegzuspülen. Zunächst jedoch betont er, dass es keinen Tadel verdiene, wenn sich einfache Leute Gedanken über Gott und die Welt machen. Schließlich seien alle Menschen, unabhängig von Alter, Geschlecht und Rang, mit der Gabe der Vernunft ausgestattet. Jeder Mensch kann also nach Erkenntnis streben und damit die Wahrheit, das heißt aber, den christlichen Glauben, erkennen. Er wird sich in seinen Worten, mit denen er sich den anderen mitteilt, nicht auf sein Ansehen stützen, sondern einzig auf diese Wahrheit. Daher darf seine Rede auch ungeschminkt, ohne rednerischen Aufputz daherkommen, desto klarer wird ihr Sinn hervortreten. Diese kühne Absage an das antike System der rhetorischen Bildung wird mit gefälliger und gewinnender Redekunst vorgetragen: Schließlich ist Octavius wie seine Freunde selbst Anwalt und will seinen Hörer gewinnen und nicht abschrecken. So konfrontiert er diesen im weiteren Verlauf der Rede mit Argumenten, die ihm aus der Philosophie geläufig sind. Er bringt zum Beispiel den in der Stoa gebräuchlichen teleologischen Gottesbeweis: Aus der sinnvollen Gestalt der Schöpfung und der Vorsorge (*providentia*) für alle Geschöpfe ist auf einen göttlichen Schöpfer zu schließen. Außerdem zitiert er bekannte Dichter und Denker – aber all diese Argumente und Aussprüche sind nun auf den Christengott bezogen. Ja, man kann geradezu meinen, die Philosophen von damals seien schon Christen gewesen, wenn sie auch ihr oberstes göttliches Prinzip Natur, Geist, Vorsehung oder Allseele genannt haben. Mit den philosophisch Gebildeten gibt es in Wahrheit also gar keinen Dissens. Das Gleiche setzt Octavius auch bei seiner Kritik an den Göttern voraus: Diese teils törichten, teils degoutanten Geschichten über die einzelnen Götter, das sind doch Fabeleien von Ungebildeten. Da waren unsere Vorfahren allzu leichtgläubig und haben sich in ihrer Einfalt allerlei Ammenmärchen aufschwatzen lassen. Schon die Griechen wussten ja, dass es sich bei den meisten Göttern in Wahrheit um verdiente Menschen handelt, um gute Herrscher oder Gesetzgeber, die man nach ihrem Tode besonderer Ehren würdigte, woraus sich dann die Ansicht von ihrer Göttlichkeit entwickelte.

Im letzten Teil seiner Verteidigungsrede geht es Octavius nicht mehr um die Harmonisierung des heidnischen und christlichen Denkens; er will nicht nur verteidigen, sondern werben, indem er das Glück und die freudige Zuversicht aufzeigt, worin er und seine Glaubensgenossen leben. Er weist die Vorwürfe gegen die Christen zurück und betont ihr sittenreines Leben:

Wir bilden keinen gefährlichen Geheimbund, sondern versammeln uns in aller Friedfertigkeit; wir lieben einander und nennen uns Brüder, denn wir sind Kinder des einen Vatergottes, Geschwister im Glauben, Miterben in der Hoffnung. Wir leben ruhig und bescheiden, sorglos in der Güte unseres Gottes, und genießen schon jetzt die künftige Glückseligkeit. Und wir werden auch nicht an Gott irre, wenn er uns im Leiden prüft, so wie Gold im Feuer seine Echtheit erweist. Im Martyrium bewährt sich der Christ als Sieger und Triumphator, denn er hat das Ziel erreicht, nach dem er strebte (vgl. Kap. 31,6–38,4).

Die Zuhörer schweigen ergriffen; Minucius Felix bewundert, wie sein Freund die Gegner mit ihren eigenen Waffen aus dem Arsenal der Philosophie geschlagen und wie er dies auch rednerisch anziehend und eingängig dargestellt habe. Caecilius aber ist überwunden, jedoch so, dass auch er sich als Sieger und Triumphator fühlen kann: Er besiegt seinen Irrtum und triumphiert über ihn. Heiter und frohen Herzens begeben sich alle drei Freunde auf den Heimweg: Caecilius ist froh, weil er zum Glauben gelangt ist, Octavius, weil er gesiegt hat, und Minucius freut sich über beide.

Das junge Christentum behauptet sich gegenüber der antiken Bildung, gegenüber dem Machtanspruch des römischen Staates, und es beginnt mit seiner Apologie des christlichen Glaubens selbst ein neues Kapitel der antiken Geistes- und Literaturgeschichte. Es waren vor allem Afrikaner, wie Minucius Felix, die als Meister der römischen Redekunst, als Anwälte und Redner in der lebendigen afrikanischen Latinität verwurzelt waren und den juristischen Scharfsinn des römischen Denkens und die Brillanz des Ausdrucks in den Dienst der Glaubensverteidigung stellten: Tertullian und Cyprian, Arnobius und Laktanz und der größte von ihnen, Augustinus. Durch sie begann die bisher vom griechischen Osten des Reiches geprägte Kirche nun lateinisch zu reden.

Der Weg der großen Afrikaner nach Rom führte über Ostia. Mit Bedacht hat Minucius Felix als Schauplatz seines Dialogs die Hafenstadt an der Tibermündung gewählt. Noch heute kündet das weiträumige Forum der Korporationen in Ostia von den zahlreichen großen Reedereien der nordafrikanischen Hafenstädte. Ihre Wappen in Mosaikform auf dem Boden ihrer Gilderäume sind noch zu sehen.

Anderthalb Jahrhunderte nach Minucius Felix kommt sein bedeutender Landsmann Augustinus hierher nach Ostia (387). Er ist von Mailand her auf der Rückreise nach Afrika, und seine verwitwete Mutter Monica ist bei ihm. Aus einem christlichen Hause stammend und ihrem Glauben mit glühender Liebe zugetan, hatte Monica schwer daran getragen, dass ihr Sohn den rechten Weg zum Glauben nicht finden konnte. Ihr Mann Patricius war Heide, aber tolerant; er hatte nichts gegen eine christliche Erziehung seiner Kinder einzuwenden und ließ sich selbst am Ende seines Lebens taufen. Augustinus (354–430), in Thagaste in Numidien (heute Souk Ahras in Algerien) geboren, studierte in Madaura und Karthago, ging 383 als Rhetor, also Professor für Redekunst und Literatur, nach Rom. Von dort aus empfahl ihn Symmachus, der heidnische

Stadtpräfekt von Rom, ein Jahr später nach Mailand, der damaligen Hauptstadt des weströmischen Reiches. Dort fand er in der Begegnung mit Bischof Ambrosius den endgültigen Weg zum Christentum.

Der Taufe des Augustinus im Jahre 387 war eine lange Zeit des Irrens und Suchens vorausgegangen. Zur Wahrheitssuche angestoßen durch die Lektüre von Ciceros philosophischer Schrift *Hortensius,* hatte er bei der strengen, leibfeindlichen Sekte der Manichäer, dann beim antiken Skeptizismus die geistige Erfüllung gesucht, aber nicht beim Glauben seiner Mutter, der ihm, dem bildungsstolzen Gelehrten, allzu simpel und anspruchslos erschien. Die beeindruckende Persönlichkeit des Ambrosius, eines hochge-

Augustin und seine Mutter Monica landen in Ostia.
Fresko von Benozzo Gozzoli in S. Agostino, S. Gimignano

bildeten Mannes und glanzvollen Predigers, eröffnete ihm
nun einen neuen Zugang und stellte ihm, dem freien
Geist, eine Autorität vor Augen, die er akzeptieren konnte:
Ambrosius war ein Lehrer der Suchenden und Zweifelnden
und ein aufrechter Hirt seiner Herde, der auch im politischen Leben mutig seine Überzeugung vertrat. In unver-
gleichlicher Weise hat Augustinus selbst im achten Buch
seiner *Confessiones,* der *Bekenntnisse,* von dem Erlebnis
seiner endgültigen Bekehrung und völligen Hingabe an
den christlichen Glauben berichtet. Es war im Garten seiner Wohnung in Mailand, wo er mit Freunden und mit
seiner Mutter lebte. Er hörte, wie eine Kinderstimme rief:
»*Tolle, lege* – Nimm und lies!« Daraufhin schlug Augustinus die auf dem Tisch liegenden Paulusbriefe auf und fühlte sich im Innersten getroffen: »Die Nacht ist fortgeschrit-
ten, der Tag hat sich genaht. Lasset uns also ablegen die
Werke der Finsternis und anziehen die Waffen des Lichtes.
Lasst uns wie am lichten Tage ehrbar wandeln, nicht in
Gelagen und Rausch, nicht in Unzucht und Schamlosig-
keit, nicht in Streit und Eifersucht! Zieht vielmehr den
Herrn Jesus Christus an und sorgt nicht für das Fleisch zur
Befriedigung seiner Lüste!« (*Röm.* 13,12 ff.) Sein Freund
Alypius, der bei ihm ist, liest den nächsten Vers: »Nehmt
die Schwachen im Glauben auf!« Er bezieht dieses Wort
auf sich und schließt sich dem großen geistigen Aufbruch
an. Augustinus geht hinein zu seiner Mutter, die voll
höchster Freude ihre Gebete endlich erhört sieht. Augustinus will sich nicht nur taufen lassen, sondern legt auch
sein Amt als Rhetorikprofessor nieder. Er will kein Wort-
verkäufer mehr sein auf dem Markt der Eitelkeiten, und er
entsagt damit einer möglichen großen Karriere als höherer
Verwaltungsbeamter, die ihn vielleicht bis zum Amt eines
Provinzgouverneurs geführt hätte.

Aber Augustinus fühlt sich krank; Brustschmerzen und

Atembeschwerden (vielleicht Bronchialasthma) plagen ihn so sehr, dass ihm der Entschluss nicht schwerfällt. Er spürt selbst, dass es sich um eine Lebenskrise handelt: Sein Inneres fordert von ihm, dem radikalen Wahrheitssucher, nun die radikale Abkehr von seinem bisherigen Leben und die völlige Hinwendung zu dem neugefundenen Gott. Mit Staunen haben er und seine Freunde vom abgeschiedenen Leben der Wüstenväter gehört, von Männern wie Antonius, die sich in die Einsamkeit begeben, um dort in Gemeinschaft Gleichgesinnter nur der Betrachtung Gottes zu leben. Der Freund Verecundus stellt sein Landgut Cassiciacum (nach anderer Lesart auch Cassiacum) zur Verfügung, wo man vor der Taufe der nötigen Klärung und inneren Sammlung leben will. Man vermutet es bei Cassago, etwa 30 km nördlich von Mailand, in den Hügeln der Brianza, des »Gartens der Lombardei« (zwischen Como, Lecco und Monza). Augustinus und seine Freunde, zusammen mit Monica, vertreten eine neue pfingstliche Gemeinschaft, wie einst die Apostel mit Maria.

In dem ansprechenden kleinen Dialog *De beata vita*, *Vom glücklichen Leben* (ein Konkurrenztitel zur gleichnamigen Schrift Senecas und anderer Philosophen), hat Augustinus ein Bild jener glücklichen Tage gezeichnet, in denen man in Gemeinschaft lebt und diskutiert. Antiker Geist verbindet sich mit christlichem Glauben. Am 13. November 386, an seinem Geburtstag, hat sich Augustinus, wie er erzählt, mit den Freunden versammelt, erst im Badehaus, dann, als das Wetter schön wird, im Freien auf einer Wiese. Damit alles ganz authentisch festgehalten wird, ist auch ein Stenograph mit von der Partie. Man will über das Kernthema aller philosophischen Bemühungen diskutieren, über das Glück als das letzte und eigentliche Ziel des Menschen. Die Dialoge sind Teile des Gastmahls: Der Gastgeber wie die Gäste tragen zur Tafel bei, so dass wie der Körper auch der Geist gesättigt wird. Zu den Gesprächsteilnehmern gehört auch Monica, die für die Gemeinschaft sorgt, als wäre sie, wie es heißt, die Mutter aller, aber auch gleichzeitig so, als wäre sie aller Kind: mütterlich, aber nicht dominant. Sie äußert sich im Verlauf des Gesprächs so treffsicher, dass Augustinus ihr zugesteht, sie habe »die Zitadelle der Philosophie erobert«, denn das Gleiche wie sie sage auch Cicero im *Hortensius,* nämlich: Wer sich das Rechte wünscht und es erhält, ist glücklich; wenn er aber etwas Unrechtes wünscht und es erhält, ist er unglücklich, obwohl er es hat. Das Rechte aber ist Gott. »Wir vergaßen beinahe ihr Geschlecht und glaubten, irgendein berühmter Mann sitze unter uns. Ich aber ahnte, aus welch göttlicher Quelle ihr diese Einsichten kamen.« Auch auf dem Weg des Glaubens gelangt man zur Erkenntnis; der Glaube steht nicht im Widerspruch zur Vernunft: Er ist eine christliche Philosophie.

Nach der Taufe wollen die Freunde ihr gemeinsames Leben fortführen. Sie suchen einen Ort, wo sie ihre geistliche Wohnstatt aufschlagen können, und beschließen, nach Afrika zurückzukehren. »Wir kamen nach Ostia an den Tiber, da starb meine Mutter.« Aus Mailand kommend, haben Augustinus und die Seinen in Ostia Quartier genommen, um sich, dem Trubel entrückt, von den Anstrengungen der Reise zu erholen: Der Professor der Redekunst, der seinen Lehrstuhl aufgegeben hat, durfte nicht mehr die bequemere Staatspost benutzen. Und gleichzeitig wartet man auf ein Schiff nach Afrika. Hier kommt es zu jenem letzten, der Welt entrückten Gespräch zwischen Monica und Augustinus, das dieser im neunten Buch seiner *Bekenntnisse* zwar nicht im genauen Wortlaut, aber doch dem Sinne nach wiedergegeben hat (9,10 f.). »Wir standen beide allein an ein Fenster gelehnt, das in den Garten innerhalb des Hauses ging, das uns beherbergte.«

Wer heute durch das antike Ostia wandert, kann noch manche solcher Häuser finden, auf die diese Beschreibung passt, ein- oder mehrstöckige Häuser mit einzelnen Wohnungen und einem Innenhof mit Garten, wo man abgeschirmt war vom regen Treiben der geschäftigen Hafenstadt. Man denke nur an das »Haus von Amor und Psyche«. »Wir ließen das Vergangene hinter uns und streckten uns aus nach dem, was vor uns liegt.« Mit dem Apostelwort (*Phil.* 3,13) beginnen Mutter und Sohn ihr Gespräch. Innig einander zugewandt fragen sich beide, welcher Art jenes ewige Leben sei, das kein Auge je gesehen und kein Ohr je gehört hat und das noch in keines Menschen Herz gedrungen sei (1. *Kor.* 2,9). Auch die höchste Wonne dieses Lebens, die durch die Sinne vermittelt wird, muss doch irdisch und vergänglich bleiben. Also richten sich beide auf das unvergängliche Sein hin aus und durchwandern im Geiste stufenweise die körperliche Welt und den Himmel, von dem Sonne, Mond und Sterne auf die Erde herableuchten. Dann kommen sie in ihren Geist, in ihre Seele selbst (*in mentes nostras*), und sie schreiten noch über ihr Denken hinaus, »um das Gebiet unerschöpflicher Fülle zu erreichen, wo du Israel weidest mit der Speise der Wahrheit«. Dort ist Weisheit und Leben eins, unvergänglich, ohne Vergangenheit und Zukunft. Und während sie so reden und sich nach dieser Weisheit sehnen, »da berührten wir sie leise und wie mit einem vollen Schlag des Herzens, dann kehrten wir mit einem Seufzen wieder zurück, zum tönenden Laut unseres Mundes, zu Worten mit Anfang und Ende«. Und daraufhin sagen sie sich: Stellen wir uns vor, dass alles einmal zum Schweigen gekommen ist, die Unrast des Körpers, die Bilder von Himmel und Erde, ja, dass das Himmelsgewölbe und sogar die Seele mit all ihren Regungen schweigt und sich über sich selbst hinaus erhebt – und wenn dann Gott spräche, nicht durch seine Schöp-

fung, nicht durch Bild und Gleichnis, sondern so, wie wir
nun für einen Augenblick die ewige Weisheit berührt haben –, wenn dieser Augenblick für immer währte, erfüllte
sich dann nicht das Wort: »Gehe ein zur Freude deines
Herrn?« (*Matth.* 25,21.)

Für einen kostbaren »höchsten Augenblick« war Augustins unruhiges Herz zur Ruhe gekommen, in einer
mystischen, visionären Schau. Diese ist nicht in einem Ri-
tual der Ekstase, durch Außersichsein, erfolgt, sondern wie
in der neuplatonischen Philosophie durch die Erhebung des
Geistes, in einem Akt der schauenden Vernunft (*momen-
tum intelligentiae*). Für Augustinus war sie gleichsam die
Initiation in sein neues Leben, das in Afrika auf ihn wartete, für Monica aber war es Übergang, Erfüllung und Heim-

Ostia, Haus von Amor und Psyche, Blick auf den Gartenraum

kehr der Seele. »Was tue ich noch hier? Gott hat mir meinen größten Wunsch gewährt, dass ich dich als Christen sehe. Mein Leben hat sein Ziel erreicht.« Einige Tage später erkrankt Monica an einem Fieber und kommt rasch ihrem Ende nahe. Zu Augustinus und ihrem anderen Sohn Navigius, die weinend an ihrem Bett stehen, sagt sie: »Ihr werdet hier eure Mutter bestatten!« Die Brüder sind erstaunt: Hat sie sich nicht immer gewünscht, in der Heimat neben ihrem Gatten ihr Grab zu finden? Als man sie fragt, ob es ihr nicht doch schrecklich sei, so fern der Heimat zu sterben und begraben zu werden, sagt sie: »Nichts ist ferne von Gott, und ich brauche nicht zu fürchten, dass er am Ende der Zeiten nicht weiß, wo er mich auferwecken soll.« Augustinus zeigt sich erfreut, dass seine Mutter diesen früheren, nichtigen Wunsch aufgegeben hat. Sie ist nun ganz vom Irdischen gelöst und bereit, hinüberzugehen.

Man hat aus der Sicht der Psychoanalyse gemeint, in Augustins Reaktion den Triumph einer überstarken Mutterbindung zu sehen, die endgültige Verdrängung des Vaters, des Rivalen. Doch vereint Augustinus gerade die Gatten für alle Zeit, indem er Monicas letzten Wunsch, die Ihren möchten jeweils beim Gottesdienst an sie denken, noch auf den Vater ausdehnt und zu diesem Gedenken auch die Leser seiner *Bekenntnisse* auffordert: »Möge sie also in Frieden mit ihrem Manne ruhen ... und gib, o Herr, es all deinen Kindern, die diese Schrift gelesen haben, ins Herz, dass sie deiner Magd Monica und des Patricius, ihres Gatten, meines Vaters, am Altare gedenken« (9,13). Augustinus zeigt auch – unter irdischem Aspekt – durchaus Verständnis für Monicas Wunsch, neben ihrem Gatten ihr Grab zu finden, »da sie in großer Eintracht miteinander gelebt hatten« (9,11). Aus dem, was er über seine Eltern erzählt, ergibt sich im Übrigen keineswegs der zwingende Schluss, Monica sei in ihrer Ehe nicht glücklich gewesen und habe deshalb ihre Erfüllung im Glauben und in einer allzu starken Bindung an den Sohn gesucht. Wir hören, dass Patricius oft aufbrausend war und zuweilen außereheliche Abenteuer hatte und dass die Schwiegermutter Monica zuerst unfreundlich behandelte – was für eine damalige Ehe keine untragbaren Verhältnisse schuf. Monica aber habe sowohl den Gatten wie die Schwiegermutter mit Klugheit und Sanftmut zu behandeln und zu gewinnen verstanden. Patricius überließ ihr die Erziehung der Kinder, was für sie sehr wichtig war, und sie plante mit ihm zusammen die – durchaus weltliche – Karriere ihres hochbegabten Sohnes. Sie war sich im Klaren, dass dieser, mit seinem scharfen Intellekt auf der Suche nach dem Höchsten, nur im christlichen Glauben schließlich Genüge finden würde. Diese ihre feste Überzeugung hat sicher auf Augustinus zuweilen irritierend gewirkt, und er wollte sich ihr – und der Mutter – entziehen, um seinen Weg selbst zu finden. Aber er war sich wohl schon immer bewusst, dass es, wie er sagt, Gottes eigene Worte waren, die er durch die Mutter, seine treue Dienerin, ihm ins Ohr flüstern ließ (2,3). So kann man nicht ohne Weiteres behaupten, dass Monica den Sohn zu sehr an sich gefesselt oder dass sie gar auf Kosten des Sohnes gelebt habe. Die Anwendung psychologischer und psychoanalytischer Kategorien auf Monica führt dazu, eine bedeutende weibliche Persönlichkeit des frühen Christentums ins Abseits privater Konfliktbewältigung zu stellen. Augustinus hat im neunten Buch seiner *Bekenntnisse* der Mutter ein Denkmal gesetzt, indem er ihr Leben würdigte. Mit Monicas Tod schließt der biographische Teil der *Bekenntnisse*. Er hat Monica durch das Zitat eines Schriftwortes einen bedeutsamen Platz, ihren Platz, zugewiesen: *fide non ficta*, einen echten, unverfälschten Glauben habe sie gehabt (9,12). »Mit Freuden habe ich deinen Glauben vor Augen, einen echten, unverfälschten Glauben, wie er schon in deiner Großmutter Lois und in deiner Mutter Eunike lebte und der nun in dir lebendig ist.« So schreibt der Apostel Paulus an seinen Mitstreiter Timotheus (2. Tim. 1,5). Auch diese Frauen haben, wie die zahlreichen anderen bei Paulus genannten Frauen und wie Monica in ihrem gemeinsamen Leben auf ihre Männer und Kinder eingewirkt, um sie zum Glauben zu bekehren.

Frauen spielten in den ersten Jahrhunderten eine wichtige, eigenständige Rolle im Christentum, und dieses war zwar ein Hafen für die Mühseligen und Beladenen, aber keineswegs eine Ersatzbefriedigung für die Zukurzgekommenen, eine Nische für frustrierte, lebensfremde Frömmler. Es war ein kämpferischer, den Einzelnen auf Leben und Tod fordernder Glaube, eine aufregend neue Lebensform, und dies auch noch, als zu Augustins Zeiten das Christentum zur Staatsreligion geworden war. An die Stelle des Widerstandes gegen den Staat war der Kampf gegen die Irrlehren getreten, der ebenso standhaft ausgetragen werden musste. Monica warf ihren heißgeliebten Sohn aus dem Hause, als dieser in Thagaste mit seiner brillanten Redekunst die Hausgenossen zur Sekte der Manichäer bekehren wollte. In Mailand versammelte sie sich mit den Gemeindemitgliedern in der Kirche zu nächtlichen Demonstrationen gegen die arianische Kaiserin Justina.

Als sie nun starb, hatte sie ihren letzten Kampf gewonnen und sah nach ihrem Gatten nun auch ihren Sohn durch ihr Gebet und Beispiel im Glauben geborgen. Wäre ihr ein längeres Leben beschieden gewesen, so hätte sie sicher an der neuen autonomen Lebensform für Frauen teilgenommen, wie sie sich bald in den klösterlichen Gemeinschaften in Afrika entwickelte. So taten es ihre Tochter und ihre Enkelinnen, die Töchter des in Ostia anwesenden Navigius.

Monica beschloss ihr Leben im Herbst 387 im sechsund-
fünfzigsten Lebensjahr und wurde in Ostia begraben, bei
der frühchristlichen Basilika, die dem Andenken der heiligen Aurea geweiht war. Diese hatte im Jahr 269 zusammen
mit Bischof Cyriacus in Ostia das Martyrium erlitten. Im
5. Jahrhundert wurde am Grabe Monicas, das von Pilgern
oft besucht wurde, eine Marmortafel mit einer Inschrift angebracht, von der 1945 ein Fragment wiedergefunden wurde. Es ist in einer Seitenkapelle der in der Renaissance
erbauten Kirche S. Aurea aufgestellt. Die Reliquien der inzwischen heiliggesprochenen Monica wurden unter Papst
Martin V. 1430 aus Ostia nach Rom in die Kirche S. Agostino (in der Nähe der Piazza Navona) gebracht. In den Ruinen
der antiken Hafenstadt aber bleibt die Erinnerung lebendig
an das »Gespräch von Ostia« und an den regen Austausch
der römisch-afrikanischen Güter des Geistes.

Während das römische Reich in seine letzte, unheilbare
Krise versank, nahm Augustinus alle brauchbaren Schätze
des Heidentums mit sich und bewahrte sie, indem er sie
mit christlichem Geiste verschmolz. Er vergleicht diesen
bereits von seinen christlichen Vorgängern geübten Assi-
milierungsprozess in einprägsamer Weise mit dem Vorgehen der Kinder Israels beim Auszug aus Ägypten. Diese
nahmen Gefäße und Schmuck aus Gold und Silber sowie
kostbare Gewänder, die sie sich von den Ägyptern geliehen
hatten, insgeheim mit sich, um sie einem besseren Gebrauch zuzuführen (*Conf.* 7,9; *doctr. christ.* 2, 40,60). So
will auch Augustinus alles wertvolle Bildungs- und Gedan-
kengut nicht zurückweisen, sondern es in den Dienst der
Verkündigung stellen.

Seine zukunftweisenden Schriften, wie die *Bekenntnisse*
oder der *Gottesstaat*, nahmen, aus seiner afrikanischen Bischofsstadt Hippo Regius kommend, den Weg über Ostia.
Und beim Landen eines Getreideschiffes aus Afrika ließen

die römischen Buchhändler anfragen, ob auch *panis Afer,* afrikanisches Brot, dabei sei: Bücher von Augustinus. Als Bischof von Hippo Regius starb der Kirchenvater 430 während der Belagerung seiner Stadt durch die Vandalen. Seine sterblichen Überreste aber, samt seinen Büchern, wurden 496 von Flüchtlingen nach Cagliari auf Sardinien in Sicherheit gebracht. Drei Jahrhunderte später ließ sie der Langobardenkönig Liutprand in seine Hauptstadt Pavia bringen. Dort, in der Kirche S. Pietro in Ciel d'oro (Vom goldenen Himmel), fand Augustinus 725 seine letzte Ruhestätte, nicht gar so weit entfernt von Mailand und Cassiciacum, wo er gelebt und gewirkt hatte. In der gleichen Kirche liegt Boethius begraben (gest. 524), den man den letzten Römer genannt hat. Mit seiner *Consolatio philosophiae,* dem *Trost der Philosophie,* setzte er dem antik geprägten philosophischen Denkgebäude des Augustinus den Schlussstein ein und leitete über zur Scholastik des Mittelalters.

Dreizehntes Kapitel

Symmachus und der Victoria-Altar in der römischen Kurie

»Auf einem Wege vermag man nicht zu einem so großen Geheimnis zu gelangen«

Wer auf dem Forum in Rom nach Zeugen des glanzvollen Imperiums Ausschau hält, wird zunächst Tempelreste, Säulen und Ehrenbogen betrachten und dann erst ein schlichtes, schmuckloses Gebäude ins Auge fassen, auf dessen Bedeutung mancher nur durch die Namenstafel aufmerksam wird: *curia*. Hier in der Kurie, im Sitzungsgebäude des Senats, wurden jahrhundertelang die Geschicke der antiken Welt bestimmt, hier hielt Cicero viele seiner flammenden Reden.

Das jetzige Gebäude wurde 303 unter Diokletian an der Stelle der früheren, durch Brand zerstörten Kurie errichtet. Seine Erhaltung verdankt es der Umwandlung in die Kirche S. Adriano unter Papst Honorius I. (625–638). In den Jahren 1931–38 wurde der antike Bau weitgehend wiederhergestellt. Die Ziegelmauern waren in der Antike mit Marmor verkleidet; der Innenraum mit den Maßen 27 × 18 m hatte einen bunten Marmorfußboden, von dem

Rom, die Kurie (Backsteinbau)

noch Reste vorhanden sind. An den Längsseiten befanden
sich Estraden für die Sitze der 300 Senatoren. Ein Podium
an der Schmalseite war für die amtierenden Magistrate reserviert. Hier standen ein Altar und auf einem Sockel die
Statue einer geflügelten Victoria, der römischen Siegesgöt-
tin. Augustus hatte die Kurie nach den Plänen seines Adop-
tivvaters Julius Caesar als *curia Julia* neu gestaltet. Dabei
hatte er den Altar sowie das Bildnis aufstellen lassen und
dem Ort damit eine religiöse Weihe gegeben. Es war im
Jahr 29 v. Chr., als nach der Schlacht von Actium der endgültige Sieg errungen und dem Frieden die Bahn geebnet
war. Die Statue, heute nur noch von Münzbildern bekannt,
trug einen Siegeskranz und einen Palmzweig und schwebte
über dem Globus: Sie war die *Victoria Romana*, wie sie
noch im 3. Jahrhundert genannt wurde, Garantin von Roms
Glück und Wohlfahrt. Am Victoria-Altar wurde vor jeder
Senatssitzung ein Weihrauchopfer dargebracht; hohe Be-
amte, wie die Konsuln und der Stadtpräfekt, begannen ihre
Amtsperiode hier mit Gebet und Opfer. Symmachus, der
traditionsbewusste Stadtpräfekt des Jahres 384, betonte:

> Dieser Altar erhält die allgemeine Eintracht, dieser Al-
> tar verbürgt die Treue jedes Einzelnen, und nichts ver-
> leiht unseren abgegebenen Stimmen ein größeres Ge-
> wicht, als dass sämtliche Beschlüsse gleichsam durch
> eine vereidigte Körperschaft zustande kommen.
>
> (3. Relatio 5, Übers. R. Klein)

Auch die christlichen Kaiser waren sich der Symbolkraft
dieses Altares bewusst und reagierten ihrer Überzeugung
gemäß: Konstantin, der die längste Zeit seines Lebens Heide gewesen war, ließ den Altar unangetastet, so wie er
selbst auch noch den Titel eines Pontifex Maximus beibe-
hielt. Sein Sohn Constantius II. aber ließ den Altar entfer-

nen. Nach seinem Tode kam sein Vetter Julian auf den
Thron, dem man den Beinamen Apostata, der Abtrünnige,
gab. In den drei Jahren seiner Regierung (361–363) drehte
er das Rad der Zeit noch einmal zurück und erneuerte das
Heidentum. Die Tempel wurden wieder geöffnet, und auch
der Victoria-Altar kehrte an seinen Platz zurück. In der
Folgezeit festigte das Christentum seine Position; die
christlichen Kaiser wollten sich, von ihren religiösen Verpflichtungen abgesehen, angesichts der bedrohlichen Zustände im Reich auf eine loyale Mehrheit ihrer Untertanen
und vor allem der staatstragenden Schicht stützen. Es bestand die Gefahr, dass eine nichtkonforme Gruppe mit
Landesfeinden konspirierte oder, ob mit oder ohne Absicht,
Usurpatoren ermunterte. So wurde der Victoria-Altar von
Kaiser Gratian 382 wieder aus der Kurie entfernt. Er handelte damit im Sinne seines Mitkaisers Theodosius, der
von Konstantinopel aus den Osten des Reiches regierte
und die heidnischen Kulte wie auch häretische Strömungen des Christentums, vor allem die Arianer, scharf be-
kämpfte. Wie Theodosius legte auch Gratian den Titel eines Pontifex Maximus ab, den seit Caesar jeder Herrscher
Roms getragen hatte. Gratian residierte in Mailand; diese
Maßnahme war gleichzeitig eine Brüskierung der altehrwürdigen Kapitale der Welt und ihrer ruhmreichen Kör-
perschaft, des Senats. Seit Konstantin seinen Thron in der
neuerbauten christlichen Hauptstadt Konstantinopel errichtet hatte, war die politische Bedeutung Roms ge-
schwunden, gleichzeitig aber wuchs sein ideelles Prestige.
Die Romidee, seit Cicero und Vergil wie eine Münze geprägt, erhielt jetzt in der Spätantike, trotz des Verlustes der
imperialen Macht, eine neue Prägekraft, zunächst durch
die Heiden, dann aber auch durch die Christen.

   Wie Rom damals wirkte, zeigt die Schilderung eines
Kaiserbesuchs aus dem Jahr 357. Der Kaiser war Constan-

Trajansforum

tius II., der in Konstantinopel residierte, aber in Rom einen
Triumph abhalten wollte. Dafür war die alte Hauptstadt
noch immer die legitime Stätte. In Konstantinopel aber besaß der Herrscher inzwischen den Nimbus eines den Menschen entrückten Stellvertreters Gottes. Diesem »Byzanti-
nismus« entsprechend hielt Constantius seinen Einzug in
Rom: auf hohem Wagen über den Köpfen der Menschen,
unbeweglich wie ein glänzendes Standbild, von seinen Pan-
zerreitern abgeschirmt und von den östlich-fremdartigen
Drachenbannern umweht. Das Forum Romanum mit all
seinen berühmten Bauten und Kunstwerken weckte seine
Anteilnahme und sein Erstaunen, noch mehr aber das Trajansforum, das großartigste und prächtigste der Kaiserfo-
ren, dessen mehrstöckige Bauten damals noch in ihrem
Marmorglanz erhalten waren. Wie vom Donner gerührt

blieb der Kaiser stehen und betrachtete alles. Über menschliches Maß schienen ihm diese gewaltigen Konstruktionen zu gehen, und er gestand sich ein, dass er nichts dergleichen nachbilden könne. Höchstens das Pferd Trajans von dessen Reiterstatue, meinte er schließlich tief beeindruckt, und ein neben ihm stehender persischer Prinz bemerkte vielsagend, da müsse er dem Pferd aber auch einen entsprechenden Stall bauen – wenn er könne. Constantius überlegte lange, was er der Pracht Roms noch hinzufügen könne, und ließ schließlich im Circus Maximus einen Obelisken aufstellen. In der Kurie hielt er eine Ansprache an die Senatoren und verfügte später die Entfernung des Victoria-Altars.

Rom wird von einem Kaiser besichtigt, zunächst wie eine fremde Sehenswürdigkeit, dann aber mit echter Anteilnahme. Er erblickt hier das Abbild des Imperium Romanum, die Verkörperung von dessen geschichtlichem und geistigem Erbe. Der Berichterstatter dieses Besuchs war ebenso beeindruckt, und er ist schließlich in Rom geblieben und hat, obwohl aus dem griechischen Kulturraum stammend, sein Geschichtswerk auf Lateinisch geschrieben. Es ist Ammianus Marcellinus, ein Grieche aus dem syrischen Antiochia, der als hoher Offizier am Perserfeldzug Kaiser Julians teilgenommen hat. Nach seinem Abschied vom Militär begann er seine umfangreiche *Römische Geschichte*, in der er viele selbsterlebte Ereignisse schildert und Personen porträtiert, die er gut kannte, wie die Kaiser Constantius und Julian. Die altehrwürdige Stadt hatte ihn in ihren Bann geschlagen, obwohl sie nicht mehr das einstige Machtzentrum war. Als Geschichtsschreiber bedient er sich des Lebensaltervergleichs: Völker und Staaten lassen sich in ihrer Geschichte mit den einzelnen Abschnitten des Menschenlebens vergleichen. Nachdem das Volk der ehrwürdigen Roma in seiner Kindheit bis zum Ende der Knabenzeit Kriege im Umkreis seiner Mauern bestanden hatte,

griff es im Erwachsenenalter weit aus in alle Gegenden des
Erdkreises und hat dort Lorbeeren und Triumphe geerntet.
Dann, schon ins Greisenalter übergehend und durch seinen
bloßen Namen siegreich, hat es sich einem ruhigeren Leben zugewandt. Die verehrungswürdige Stadt hat den Na-
cken übermütiger Völker gebeugt und weithin Gesetze gegeben als dauerhafte Fundamente und Stützen der Freiheit
– Ammian erinnert an Vergils berühmte Verse über Roms
Macht und Auftrag (*Aen.* 6,851 ff.) –, dann aber hat sie wie
eine Mutter voller Weisheit und Wohlstand den Kaisern
als ihren Söhnen die Verwaltung ihres Erbteils anvertraut.
Nun erkennt man sie überall als Herrin und Königin an,
das graue Haar der Senatoren wird respektiert, der Name
des römischen Volkes genießt Ansehen und Verehrung
(14,6).

Ammianus Marcellinus erlebte aber in Rom nicht nur
den Abendglanz eines Weltzentrums, er fühlte sich hier
auch wohler als in den damaligen Kaiserresidenzen Konstantinopel oder Mailand, denn er war Heide. Und in Rom,
das bald zum Haupt der Christenheit werden sollte, besaß
das Heidentum damals, in der zweiten Hälfte des 4. Jahrhunderts, noch großen Einfluss. Jene Metapher vom Übergang Roms ins ehrwürdige, ruhige Greisenalter umschloss
eine Rückbesinnung auf alles, was wertvoll – und bedroht
– war: die Bräuche der Väterreligion und die Schriften der
Dichter und Denker. In den Traditionen der alten Familien
wurde dieses geistige Erbe lebendig gehalten. Drei Männer
mit ihren Angehörigen waren es, die in Rom das Bild der
heidnischen Geisteskultur prägten: Vettius Agorius Praetextatus, Nicomachus Flavianus und Aurelius Symmachus.
Da nur der Letztere in seinen Schriften überlebt hat, gilt er
als der Wortführer, als Haupt eines Symmachuskreises. Ein
einzigartiges Zeugnis für das geistige Programm dieses
Kreises ist uns erhalten in der sogenannten Symmacher-

tafel: ein Diptychon aus Elfenbein, dessen Seiten mit
SYMMACHORUM und NICOMACHORUM überschrieben
sind. Auf den 30 cm hohen Tafeln sind in edlem klassizisti-
schem Stil Opferszenen dargestellt: Auf der Tafel der Nico-
machi sieht man eine Priesterin der Demeter mit den zum
Kult gehörenden gesenkten Fackeln. Auf der Symmacher-
tafel steht eine Priesterin vor einem Altar und spendet ein
Weihrauchopfer. Auf dem Altar sind Schlangen abgebildet.
Die Schlange, die sich häutet und sich dabei, wie man
meinte, stets verjüngt, ist das Zeichen vieler Mysterienkul-
te, die dem Eingeweihten eine Verwandlung, das Erlebnis
eines »neuen Menschen« verheißen. Da die Priesterin und
ihre Opferdienerin mit Efeu bekränzt sind, kann man an
ein Opfer zu Ehren des Bacchus denken. Beide Darstellun-
gen lassen sich auf die zu den Gottheiten gehörenden Mys-
terienkulte deuten, auf die eleusinischen und die bacchisch-
dionysischen Mysterien. Wenn die Tafeln, wie man vermutet hat, anlässlich einer Hochzeit entstanden sind, bei der
sich beide Familien auch blutmäßig verbanden, liegt diese
Bildwahl nahe, denn die Mysterien versprachen Glück und
Heil für das Diesseits und Jenseits.

Die religiösen Erneuerungsbestrebungen der adligen
Familien galten vorrangig dem Staatskult, also den Zere-
monien, die seit alters mit der *res publica Romana* verbunden waren, mit Jupiter Optimus Maximus, mit Vesta oder
Victoria. Aber es ließ sich nicht leugnen, dass diese Götter-
gestalten inzwischen verblasst waren. Nur in symboli-
schem oder allegorischem Sinn konnte man sie noch erhalten, das hatte auch Kaiser Julian Apostata einsehen müssen, als er den alten Götterglauben wieder einführte. Er
hatte die verschiedenen Götter aus philosophischer Sicht
als Erscheinungsformen der alles durchwaltenden, einen
und geistigen Gottheit erklärt und versucht, die Sonne als
oberstes und sichtbares Prinzip für alle Schichten der Alt-

Elfenbeindiptychon der Nikomacher und Symmacher.
Musée Cluny, Paris, und Victoria and Albert Museum, London

gläubigen annehmbar zu machen. Allzu große Strahlkraft konnte er diesem Sonnenkult freilich nicht verleihen; lebendige Religiosität gab es zu dieser Zeit nur noch bei den Mysterienkulten, gleichsam Sekten, die neben dem Staatskult bestanden und in die man sich einweihen ließ. Es waren die Mysterien der Demeter von Eleusis, des Bacchus, der Isis, des Mithras oder der Großen Mutter Kybele. Hier fand man, was die Staatsreligion vermissen ließ: die Nähe eines personal empfundenen Gottes, der seinen Anhängern ein besonderes Heilsversprechen für dieses wie für jenes Leben machte. In der Einweihungszeremonie konnte man einen geistigen Aufschwung, eine Erneuerung, erleben, und die überschaubare und exklusive »Mysteriengemeinde« bot Geborgenheit und Wärme.

Während dem Isis- und Mithraskult das Odium des Fremdländischen anhaftete, konnte die *Mater Magna Cybele* als nationalrömische Göttin gelten, denn ihr Kult war 204 v. Chr. auf Beschluss des römischen Staates eingeführt worden. Die Große Mutter hatte einen Kultgefährten, den Jüngling Attis, der in der Spätantike als Typus eines sterbenden und wiederauferstehenden Gottes besonders hervortrat. Wer sich in diesen Kult einweihen ließ, konnte wie Attis auf eine Art von Wiedergeburt hoffen. Ein neues Heiligtum war auf dem Vaticanhügel für Kybele und Attis errichtet worden, und hier unterzogen sich viele Kultanhänger einer Zeremonie, die bei den Christen Befremden, ja Abscheu erregte. Es war das *taurobolium*, ein Stieropfer, bei dem der Gläubige in eine mit Brettern abgedeckte Grube hinabstieg, wo das Blut des geopferten Stieres auf ihn herabrann. Das Blut des Tieres, das seit Urzeiten als Träger der Lebenskraft galt, sollte den Gläubigen neu beleben. In der Grube entspricht der Mensch dem Toten, als ein Neugeborener steigt er wieder empor. Zahlreiche Inschriften solcher Taurobolienweihen im Kult der Großen Mutter sind uns aus dem späten 4. Jahrhundert erhalten, mit den Namen der vornehmen Familien Roms. Vettius Agorius Praetextatus aus dem Symmachuskreis findet sich hier; er hatte schon bei Kaiser Julians Bestrebungen zur Erneuerung der alten Kulte eine aktive Rolle gespielt und war später als Statthalter von Achaia (Griechenland) erfolgreich gegen das Verbot der Mysterienfeiern von Eleusis aufgetreten. Er hatte den christlichen Kaiser Valentinian I.

Der Tempel der Dei Consentes

zwar nicht von seinem Glauben überzeugt, aber ihn doch
so beeindruckt, dass er das Amt des Stadtpräfekten von
Rom erhielt. In dieser Eigenschaft ließ Praetextatus im
Jahr 367 auf dem Forum Romanum den Tempel der *Dei
consentes,* der zwölf olympischen Götter, wiederherstellen,
dessen Säulenhalle unterhalb des Tabulariums, in der Nähe
des Saturntempels, noch gut erhalten ist. Vettius Praetextatus war Eingeweihter mehrerer Kulte und Inhaber einiger Priesterämter. Seine Grabinschrift bezeichnet ihn als:
Augur, Pontifex der Vesta und des Sol, Aufseher über den
Kult der Mater Magna (*quindecimvir*), Priester des Hercules, Eingeweihter in die Mysterien des Bacchus und der
Demeter von Eleusis, Oberpriester der Hecate, Tempelauf-
seher des Serapis (des Göttergemahls der Isis), *taurobolia-*

tus und oberster Mithraspriester. Diese Kumulierung religiöser Funktionen finden wir bei vielen Mitgliedern der altrömischen Adelsfamilien. Sie ist Ausdruck der philosophisch durchdrungenen Religiosität der Gebildeten, die wie Kaiser Julian in den verschiedenen religiösen Formen das *divum multiplex numen,* die eine Gottheit in ihren verschiedenen verehrungswürdigen Aspekten, sahen. Gleichzeitig manifestiert sich hierin auch das Festhalten an der überkommenen Religion, die umso mehr Standhaftigkeit und auch Opfer verlangte, je mehr die christlichen Kaiser sie einengten. Auf kaiserlichen Erlass war nicht nur der Victoria-Altar aus der Kurie entfernt worden, der Götterkult war auch finanzieller Mittel und Einkünfte beraubt worden. So war es nötig, dass die vornehmen Geschlechter möglichst viele Priesterämter übernahmen und mit ihrem Vermögen für die Fortführung der einzelnen Kulte, für Gottesdienst und Priesterschaft, sorgten. Aus der Sicht der Nachwelt wird man freilich, wenn man Grabinschriften mit einer Fülle von Weihegraden der verschiedensten Kulte liest, auch ein Suchen nach religiöser Erfüllung konstatieren, das in jener Zeit besonders stark war und den schließlichen Sieg des Christentums erklärlich macht.

Kaiser Gratian, der 382 den Victoria-Altar hatte entfernen lassen und dem Götterkult die staatlichen Mittel entzogen hatte, war ein Jahr später ermordet worden. Von heidnischer Seite aus lag der Gedanke an eine Strafe der alten Götter nahe. Unter seinem Nachfolger, dem jungen Valentinian II., schien sich eine tolerantere Politik abzuzeichnen. Daher ergriffen die Wortführer der Altgläubigen die Initiative und wandten sich an den jungen Kaiser in Mailand. Der Stadtpräfekt Symmachus, ein erfolgreicher Redner und gewandter Schriftsteller, verfasste in ihrem Namen eine Bittschrift (die sogenannte 3. Relatio) und reiste 384 in die kaiserliche Residenz. Es war bereits sein

zweiter Besuch; bei Gratian war er gar nicht vorgelassen
worden. Nun appellierte er an den jugendlichen Kaiser:
»Wir bitten darum, dass die Form der Religion wiederhergestellt wird, die dem Staat so lange von Nutzen war.« Sie
ist mit den Bräuchen der Vorfahren, mit Roms Weltmacht
unlöslich verbunden und garantiert auch eine glückliche
Zukunft. Deshalb soll man sie nicht aufgeben, oder man
soll sie wenigstens respektieren, wie dies ja einige Herrscher taten. Der Victoria-Altar aber ist für Roms Geschick
in besonderer Weise bedeutsam, da sich mit ihm die Eides-
leistung der führenden Männer und damit zugleich Treu
und Glauben verbinden. Und braucht man nicht die Göttin
und ihre Kraft gegen die feindlichen Barbaren? Symmachus verlässt sich nicht auf die Kraft seiner Argumente, er
appelliert an das Gefühl, indem er, wie einst Cicero im
Kampf gegen Catilina, Roma selbst auftreten lässt, als
Stadtgöttin und Mutter aller Römer:

> Ihr auserwählten Kaiser, Väter des Vaterlandes, habt
> Scheu vor meinen Jahren, in die ich durch Ausübung
> solch frommer Bräuche gekommen bin. Ich will die hei-
> ligen Zeremonien der Vorfahren beibehalten; ich brau-
> che sie nicht zu bereuen. Leben will ich nach meiner ei-
> genen Weise, denn frei bin ich! Dieser Kult der Götter
> hat den Erdkreis meinen Gesetzen unterworfen, diese
> Opfer haben Hannibal von den Mauern, die Kelten
> vom Kapitol zurückgeschlagen. Bin ich dazu errettet
> worden, um nun in meinem hohen Alter dem Tadel
> ausgesetzt zu sein?
> Ich werde sehen, welchen Wert das hat, was man nun
> einführen zu müssen glaubt, aber verspätet und
> schmählich ist es, wenn man sich im Alter noch bessern
> soll. Deshalb bitten wir um Frieden für die Götter un-
> serer Väter, für die Götter unseres Landes. Es ist recht

und billig, dasjenige, was alle verehren, als ein Einziges anzusehen. Die gleichen Sterne sehen wir, gemeinsam ist uns der Himmel, die gleiche Welt umgibt uns. Welchen Unterschied macht es, nach welcher Lehre jeder die Wahrheit sucht? Auf einem einzigen Wege kann man nicht zu einem so großen Geheimnis gelangen.

(3. Relatio 9 f., Übers. R. Klein)

Auf dieses Manifest der religiösen Toleranz lässt Symmachus noch besondere Bitten folgen, die die Aufhebung der finanziellen Repressionen betreffen, zum Beispiel das Verbot testamentarischer Zuwendungen an die alten Kulte. Zum Schluss beschwört Symmachus das Beispiel von Gratians Vater, des verstorbenen Valentinian I., der, obwohl Christ, die Altgläubigen in ihrer Kultausübung nicht behindert habe. »Mögen die geheimnisvoll verborgenen Mächte sämtlicher Glaubensrichtungen Euch in Eurer Milde Glück und Segen verleihen, und besonders diejenigen, die Euren Vorfahren einst zur Seite standen!« (3,19.) Diese »Rhetorik des Herzens« (Eduard Norden) verfehlte ihren Eindruck auf den jugendlichen Kaiser nicht. Selbst seine christlichen Berater stimmten für einen positiven Bescheid. Da trat ein Gegner auf den Plan, der es an Rede- und Überzeugungskraft mit Symmachus aufnehmen konnte: Bischof Ambrosius. Er hatte bereits einen Sieg über Symmachus errungen: Der von diesem empfohlene heidnische Rhetorikprofessor Augustinus hatte in Mailand nicht, wie gewünscht, die Sache der Altgläubigen gestützt, sondern war unter dem Einfluss des Ambrosius zum eifrigen Christen geworden. Ambrosius hatte den hochgelehrten, scharfsinnigen Denker bekehrt, wie viel leichter musste ihm das bei dem dreizehnjährigen kaiserlichen Knaben gelingen. Er wies ihn mit Nachdruck auf die Konsequenzen seines christlichen Kaisertums hin:

Wer dem wahren Gott dient, muss dies mit Eifer und Ausschließlichkeit tun. Er allein ist Gott, die Götter der Heiden sind Dämonen. Wie soll ein christlicher Herrscher die Altäre für die heidnischen Götterbilder wieder errichten und dafür Gelder aufwenden? Ihr könnt nicht zwei Herren dienen, hat Christus, unser Herr, selbst gesagt. Und was von den Heiden an Toleranz in Glaubensfragen zu erwarten ist, haben wir ja erst vor kurzem erlebt: Unter der Herrschaft des Julian Apostata sind unsere Kirchen abgerissen worden, Blutzeugen haben ihr Leben geopfert, und es ist den Christen sogar untersagt worden, zu reden und zu lehren, so dass sie ihre Kinder zu heidnischen Lehrern in die Schule schicken mussten. Sollen diese Zeiten wiederkehren? Und was den Victoria-Altar angeht, so wird der christliche Teil der Senatoren damit zu einem heidnischen Opfer gezwungen – wie einst in den Zeiten der Christenverfolgungen! (Vgl. Brief 17,1–9.)

Die christlichen Senatoren haben sich durch Damasus, den Bischof von Rom, an ihn, Ambrosius, gewandt, um ihre Missbilligung jenes Antrags des Symmachus kundzutun. Dieser spreche durchaus nicht im Namen der Mehrheit.

Auch Ambrosius lässt die greise Roma auftreten. Sie widerlegt die Argumente des Symmachus, dass die alten Götter Rom stets geschützt hätten. Rom hat Niederlagen und Katastrophen hinnehmen müssen, trotz seines Götterdienstes. Durch die eigene Tüchtigkeit und die Tapferkeit ihrer Feldherrn hat Rom den Erdkreis unterworfen, nicht durch das sinn- und nutzlose Blut geopferter Tiere. In genauer Gegenrede lässt Ambrosius seine Roma erklären:

Mich reut mein Irrtum, und mein altersgraues Haupt wird rot vor Scham angesichts des vergossenen Blutes. Ich schäme mich aber trotz meines Alters nicht, mich

mit dem ganzen Erdkreis zu bekehren. Wahr ist es in
der Tat, dass es in keinem Alter zu spät ist, um zu lernen. Schämen soll sich das Alter, das sich nicht mehr
bessern kann. Nicht das Lebensalter verdient Preis, sondern Sitten und Charakter. Es ist keine Schande, sich
dem Besseren zuzuwenden. Man kann nicht nur auf einem einzigen Weg zu einem so großen Geheimnis gelangen, sagt Symmachus. Wir Christen aber brauchen
keine verschiedenen Wege zu gehen, wir haben die
Wahrheit als zuverlässigen Besitz aus dem Munde Gottes erfahren. (Brief 18,7 f.)

Aus dieser Überzeugung heraus weist Ambrosius im Folgenden auch die Forderungen nach staatlichen Mitteln für
die Götterkulte zurück. Nicht ohne einigen Sarkasmus erinnert er an die ersten Christen, die unter schweren Re-
pressalien, völlig mittellos, an ihrem Glauben festhielten
und gerade in dieser scheinbar aussichtslosen Lage immer
zahlreicher wurden. Was brauchen die vestalischen Jungfrauen Geld? Es sind, wie man hört, ohnehin nur noch
sehr wenige, die sich zu diesem Dienst bereitfinden. Bei
den Christen aber ist kein Mangel an Jungfrauen, die sich
dem Herrn weihen, und zwar unentgeltlich! Wenn Symmachus aber das Heil des römischen Reiches ausschließlich
mit dem alten Götterglauben verknüpft sieht, so irrt er.
»Ein sicheres Heil gibt es nur, wenn ein jeder den wahren
Gott, das heißt, den Gott der Christen, von dem alles regiert wird, aufrichtig verehrt.« Symmachus hatte am
Schluss seiner Bittschrift den verstorbenen Vater Valentinians, den »vergöttlichten Greis«, auftreten und ihn in seinem Sinne sprechen lassen, um mit diesem effektvollen
rhetorischen Mittel der Personifikation den jugendlichen
Kaiser zu beeindrucken. Ambrosius tut nun das Gleiche in
seinem Sinne. »Du hast ein völlig falsches Urteil über

mich, wenn Du meinst, ein fremder Götzendienst und nicht mein Glaube hätte mir meine Herrschaft erhalten.« So lässt er den Vater des Kaisers sprechen, und er selbst fügt abschließend hinzu: »Wenn Du erkennst, Kaiser, dass Du zuerst Gott, dann Deinem Vater und Bruder ein Unrecht tust, wenn Du einen derartigen Beschluss fasst, dann bitte ich Dich, so zu handeln, wie es Deinem Heil bei Gott von Nutzen sein wird« (Brief 17,17).

Für den Fall, dass der Herrscher andere Vorstellungen über sein Heil haben sollte, hat Ambrosius noch gewichtigere Argumente zur Hand. Er verweist Valentinian auf den »väterlichen Beschützer seines frommen Wandels«, den Kaiser des Ostens. Theodosius, der ältere und ranghöhere der beiden Herrscher, war ja als strenger Verfechter des Christentums bekannt. Und falls dies noch nicht genügt: Ambrosius ist nicht nur der Bischof von Mailand, er ist der erste Kirchenpolitiker. So erklärt er dem jungen Kaiser nachdrücklich: »Wenn aber etwas anderes beschlossen wird, werden wir Bischöfe dies nicht ruhig hinnehmen. Du kannst zwar weiterhin in die Kirche kommen, aber du wirst dort keinen Priester vorfinden, oder aber einen, der sich dir entgegenstellt.«

Der junge Kaiser gibt nach. Wenige Jahre später wird sich selbst der große Herrscher Theodosius unter das Geheiß des Ambrosius beugen. Nach einem Massaker an der Zivilbevölkerung von Thessalonike im Jahr 390 zwingt Ambrosius den Kaiser zur Kirchenbuße. Weder für Valentinian noch für Theodosius boten sich Zeit und Gelegenheit, das Verhältnis von »Thron und Altar« zu klären und einer zu engen Bindung beider für die Zukunft vorzubeugen. Was die Person des Ambrosius anging, ließen sich seine Kompetenzen auch nur schwer trennen, denn er war ebenso loyal wie unentbehrlich, ob als Ratgeber, als Vermittler zwischen den jeweiligen Ost- und Westherrschern oder zwischen einem Kaiser und einem Usurpator. Und ungeachtet seines scharfen Auftretens zugunsten seines Glaubens verhielt er sich auch loyal gegenüber seinen nichtchristlichen Mitbürgern. Seinem Kontrahenten Symmachus gegenüber nahm er persönlich eine durchaus freundschaftliche Haltung ein.

Valentinian, der junge Kaiser des Westens, fand 392 den Tod – eine Gelegenheit zum Handeln für einen Mann, der schon lange auf seine Stunde wartete. Es war der Franke Arbogast. Die römischen Kaiser hatten die ehrgeizigen, militärisch tüchtigen Männer aus den jungen Völkern lange Zeit erfolgreich in den Heeresverband eingliedern können. Auch in jüngster Zeit gelang dies noch, wie das Beispiel des vandalischen Reichsfeldherrn Stilicho zeigt. Die schlagkräftige Mannschaft der Randvölker bildete die Kerntruppe des römischen Heeres, das in der Spätantike zum größten Teil aus Angehörigen der Provinzen sowie reichsfremder Stämme bestand. Schwache, rasch wechselnde Kaiser oder solche, die sich gegen Usurpatoren zu Wehr setzen mussten, hatten die Position der fremdstämmigen Heerführer gestärkt. Diese entschieden mit ihrer Truppenmacht bisweilen über Sein und Nichtsein der römischen Kaiser, bis sie diese schließlich ablösten. Arbogast führte zwar nur den Titel *comes*, wie er einem verdienten Truppenführer verliehen wurde, er war aber de facto Heermeister und gewann die Oberhand über den jungen Valentinian II., den er schließlich in seinem Palast wie einen Gefangenen hielt. Als es diesem nicht gelang, zu Theodosius zu fliehen, beging er Selbstmord. Man beschuldigte auch Arbogast des Mordes an seinem Gefangenen. Ambrosius, der vermitteln wollte, kam zu spät.

Nach dem Tode des jungen Valentinian ergriff Arbogast seine Chance. Er selbst konnte sich als »Barbar« keine Hoffnung auf den Thron machen, so wurde er zum »Königsmacher«. Symmachus hatte Arbogast, dessen Einfluss er kannte, einen Freund empfohlen, den Rhetorikprofessor Flavius Eugenius aus Rom. Durch Arbogasts Vermittlung war Eugenius *magister scrinii*, Kanzleichef, Valentinians in Mailand geworden. Eugenius war offiziell Christ, dem Herzen nach aber Heide und stand den Bestrebungen des Symmachuskreises nahe. Arbogast hielt ihn für einen allen Parteien genehmen Mann. Zudem konnte er als Zivilbeamter ihm seinen Einfluss auf die Heere nicht streitig machen. So ließ Arbogast nach dem Tode Valentinians kurzerhand und unter entsprechendem Nachdruck Eugenius zum Kaiser des Westens ausrufen (392). Nicomachus Flavianus, mit Symmachus befreundet und verschwägert, war derzeit *praefectus praetorio*, höchster Beamter für Italien. Als Symmachus erfolglos aus Mailand zurückkehrte, fühlte sich Flavianus in seiner Überzeugung bestärkt, dass man den alten Götterkult nur zusammen mit einem heidnischen Staat wiederherstellen könne. Er rief nun alle Altgläubigen zum bewaffneten Widerstand auf und stellte sich Arbogast zur Verfügung. Als sichtbares Zeichen eines künftigen Sieges ließ er den Victoria-Altar in die Kurie zurückbringen. Theodosius erklärte Eugenius zum Usurpator und zog mit Heeresmacht heran. Orakelsprüche verkündeten, dass Eugenius siegreich sein, das Christentum aber sein Ende finden werde. Unter dem Schutze des Jupiter und des Hercules zogen die einen ins Feld, während die anderen das Kreuzesbanner hochhielten, das schon Konstantin zum Sieg geführt hatte. Die Entscheidungsschlacht an der Milvischen Brücke zwischen Konstantin und Maxentius vom Jahre 312 schien sich zu wiederholen. Sie fand am 5. und 6. September 394 am Fluss Frigidus (an der Wippach, einem linken Nebenfluss des Isonzo) statt, dort, wo sich der Pass der Julischen Alpen in die Ebene öffnet. Das Schlachtenglück war zuerst der heidnischen Seite günstig.

Doch am zweiten Tag – die Soldaten des Eugenius waren sich ihres Sieges schon sicher – kam urplötzlich ein Sturm mit einer unglaublichen Wucht und Geschwindigkeit durch die Schlucht gebraust, gerade auf das heidnische Heer zu. Es war eine Bora, wie sie in diesen Gegenden vorkommt, die den Gegnern des Theodosius den Staub ins Gesicht blies, ihnen die Sicht nahm und ihre Wurfgeschosse wirkungslos machte. Das Ereignis wirkte demoralisierend auf der einen und ermutigend auf der anderen Seite: Hatten nicht alle den Kaiser Theodosius betend auf einer Anhöhe knien sehen, bevor der Sturm losbrach? Theodosius errang den Sieg. Eugenius und Arbogast wurden gefangen genommen, den Schattenkaiser töteten die Soldaten, der Heermeister beging Selbstmord. Flavianus folgte Arbogasts Beispiel, als er seine Sache endgültig verloren sah.

Der Ausgang der Schlacht am Frigidus wurde allgemein als ein Gottesurteil hingenommen. Theodosius, später der Große genannt, wurde Alleinherrscher. Er machte das Christentum zur Staatsreligion und verbot alle heidnischen Kulte. Mit seinem Tode (395) endete die Reichseinheit. Unter seinen Söhnen Arcadius und Honorius wurde das Imperium endgültig in ein Ostreich und ein Westreich geteilt. Honorius, der in Ravenna residierte, ließ die Statue der Victoria – nicht aber den Altar – in die römische Kurie zurückbringen. Sie sollte als ein Kunstwerk an ihrem angestammten Platz bleiben dürfen, so wie auch die noch vorhandenen Tempel mit ihren Götterstatuen zum Schmuck der Stadt Rom erhalten bleiben sollten. Die Bronzetüren der Kurie aber wurden entfernt. Sie sind noch heute am Mittelportal der Lateransbasilika zu sehen, der Bischofskirche des Papstes, des ranghöchsten Gotteshauses der katholischen Welt.

Vierzehntes Kapitel

Römische Saturnalien – Roma aeterna
Das Reich ohne Ende und Grenzen

Auf dem Forum Romanum erheben sich an der Nordwestseite die Säulen des Saturntempels. Er ist das älteste Heiligtum des Forums und geht noch auf die Königszeit Roms zurück. Saturn war wohl ursprünglich ein etruskischer Gott, *Satres,* er wurde aber in römischer Interpretation mit dem griechischen Kronos gleichgesetzt. Es hieß, der Gott habe sich auf der Flucht vor seinem gewalttätigen Sohn Zeus nach Italien, nach Latium, zurückgezogen. Latium leitete man ab von *latere,* verborgen sein. Hier habe der Gott friedvoll über sein neues Land, die *Saturnia tellus,* geherrscht. Sein Name ließ sich auch mit *satus,* die Saat, verbinden, und so wurde Saturn zum Gott der Aussaat. Man beging ihm zu Ehren ein mehrtägiges Fest, und zwar nach Beendigung der Winteraussaat. Es begann am Gedenktag der Weihung des Saturntempels am 17. Dezember und dauerte in der Kaiserzeit bis zum 23. Dezember. Der Tempel war 497 erbaut und 42 v. Chr. prächtig erneuert worden; die erhaltene Ruine mit den acht Säulen der Vorhalle stammt aus dem 4. nachchristlichen Jahrhundert und trägt die Aufschrift: »*Senatus popu-*

Der Saturntempel auf dem Forum Romanum

lusque Romanus incendio consumptum restituit – Senat und Volk von Rom haben den durch Brand zerstörten Tempel wiedererrichtet.« Dass zu dieser Zeit noch ein so prächtiger heidnischer Tempelneubau möglich war, ist bemerkenswert. Sicher war die Senatsaristokratie, der Kreis um Symmachus, für den Neubau verantwortlich, denn die christlichen Kaiser finanzierten um diese Zeit keine heidnischen Bauten mehr. Das Fest der Saturnalien begann in Rom mit einem öffentlichen Gastmahl vor dem Tempel, bei dem man *pilei*, Filzkappen, aufsetzte, ausgelassen feierte und sich Geschenke machte, vor allem Kerzen und kleine Tonfigürchen. Für diese gab es einen eigenen Markt, *Sigillaria*, den Tonpuppenmarkt. Man konnte aber auch erlesenere Geschenke kaufen wie Schmuck oder wertvolle Gefäße, wovon Juvenal in seiner 6. Satire erzählt. Die Mitglieder des Symmachuskreises machten sich ihre speziellen Geschenke erst zu Neujahr: Gedenkmünzen mit den Köpfen berühmter Dichter und Denker oder Herrscher aus der »guten alten Zeit«. Es waren die sogenannten Kontorniaten, mit denen einem Zusammengehörigkeitsgefühl der traditionsbewussten heidnischen Kreise Ausdruck gegeben wurde.

Die Saturnalien waren nicht auf die freie Bevölkerung beschränkt; sie waren Festtage für alle, eine Art Karneval. In den Häusern herrschte »verkehrte Welt«: Zu Saturns Zeiten hatte es keine Trennung zwischen Freien und Unfreien gegeben, und so bedienten nun einmal die Herren die Sklaven. Diese hatten frei und durften ebenfalls feiern. Plinius der Jüngere berichtet, dass er sich, um die Stimmung nicht zu stören und selbst vom Trubel unbehelligt zu sein, in ein abgelegenes Studierstübchen zurückzog. Für ihn, den vielbeschäftigten Anwalt, galt es ja, die freien Tage für seine schöngeistigen Interessen zu nutzen. Ebenso taten es die Mitglieder der spätantiken Senatsaristokratie, die sich in geselliger Runde versammelten, um über das zu diskutie-

ren, was ihnen am Herzen lag, über religiöse und religions-
philosophische Fragen und über ihre geliebten Dichter und
Schriftsteller.

In den *Saturnalien* des Macrobius, die um 400 entstanden, wird der kultur- und traditionsbewussten Gesellschaft
um Symmachus ein Denkmal gesetzt. Ambrosius Theodosius Macrobius war nicht nur Gelehrter, sondern auch ein hoher römischer Beamter, wohl der *praefectus praetorio Italiae* des Jahres 430. Er hat neben grammatischen Schriften –
eine davon widmete er dem Sohn des Symmachus – einen
bedeutenden Kommentar zum *Somnium Scipionis* aus Ciceros Staatsschrift *De re publica* verfasst, die ihm noch voll-
ständig vorlag. Die *Saturnalien* sind ein literarisches Sym-
posion, in dem Macrobius mehrere Gesprächsteilnehmer
auftreten lässt. Diese Form lebendigen Diskutierens ging bis
auf das legendäre »Gastmahl der Sieben Weisen« zurück;
Platons und Xenophons *Gastmahl* sind die Glanzstücke der
Gattung, der später im Griechischen Athenaios mit seinen
Deipnosophistai, dem *Gelehrtengastmahl* (um 200 n. Chr.),
und im Lateinischen Aulus Gellius mit seinen *Noctes Atti-
cae*, den *Attischen Nächten* (um 170 n. Chr.), gefolgt waren.
Bei Athenaios wie bei Gellius stand das antiquarisch-litera-
rische Interesse im Vordergrund, das mit dem Bewusstsein
einer Spätzeit verbunden war. Es galt, wertvolles Kulturgut
zu sammeln und zu bewahren. Bei Gellius erscheint zum
ersten Mal das Wort »klassisch« für die großen, vorbildlichen Autoren, übertragen von der ersten Steuerklasse der
Römer: *classicus* – erstrangig. Auch bei Macrobius ist man
sich einig über die vorbildliche Bedeutung der früheren
Jahrhunderte, man hat an allem Überkommenen aus dieser
Zeit ein Schatzhaus des Wissens. Und Symmachus betont,
dass es sich um kein trockenes Bücherwissen handelt.
Durch die Lektüre der Alten (*veterum lectione*) kann man
sich gegen alle Geschosse der Fortuna wappnen.

In den *Saturnalien* des Macrobius trifft man sich an drei Tagen des Saturnalienfestes reihum in den Häusern der traditionsbewussten römischen Adligen, bei Vettius Agorius Praetextatus, bei Nicomachus Flavianus und bei Symmachus. Macrobius stellt sich Festtage etwa im Jahr 383 vor, als Praetextatus und Flavianus noch am Leben waren, vor der Auseinandersetzung um den Victoria-Altar und der Erhebung des Eugenius. Die Mitglieder des Symmachuskreises galten zur Zeit, als Macrobius sein Werk verfasste, also um 400, immer noch als geistige Autoritäten, obwohl sie im politischen Kampf unterlegen waren. Kaiser Theodosius selbst hatte dies bezeugt, indem er das Vermögen des Flavianus Nicomachus, der gegen ihn gekämpft hatte, der Familie des Toten beließ, und Symmachus behielt lebenslang seine führende Position im Senat. So kann Macrobius auch in einer inzwischen offiziell christlichen Umwelt die drei Männer als anerkannte Repräsentanten der altrömisch Gesinnten auftreten lassen. Er vergleicht sie an Würde, Tüchtigkeit und Gelehrsamkeit mit Männern wie Cotta, Laelius und Scipio, die bei Cicero als Gesprächspartner auftreten. Und er stellt damit gleichzeitig sein eigenes Werk in eine Reihe mit Ciceros Dialogen wie *De natura deorum, De amicitia* oder *De re publica.* Noch einmal erleben wir bei Macrobius die Situation des römischen *otium,* mit Feiertagsstimmung und Freude an Geselligkeit und Gelehrsamkeit. Aber ein neuer Ton wird hörbar:

Cur non religionis honor putetur dicare sacris diebus sacrum studium litterarum?

Warum soll man es nicht als eine religiöse Ehrenpflicht ansehen, die heiligen Festtage dem geheiligten – oder heiligmäßigen – Studium der Wissenschaften zu widmen? (*Sat.* 1,7,8)

Jüngling und Hetäre beim Gelage.
Pompeianische Wandmalerei

Zum Gastmahl kommen noch Gelehrte, Redner, Philosophen und Dichter, von denen uns der Grammatiker Servius
als Verfasser einer Vita und eines Kommentars zu Vergil
besonders bekannt ist. Mit Vergil befasst man sich in dieser Runde sehr ausführlich und mit besonderer Liebe. In
seiner *Aeneis* haben die Götter selbst Roms Herrschaft
ohne Grenzen und ohne Ende sanktioniert. Er ist der Ver-
künder der *Roma aeterna*. So erscheint sein Werk geradezu als »heilige Schrift der Gebildeten« (Karl Büchner).
Vergil war ein göttlich inspirierter großer Dichter, und da-

her findet man bei ihm auch ein umfassendes Wissen auf allen Gebieten, wie Philosophie, Astronomie, Kenntnis des Kultwesens, des göttlichen und menschlichen Rechts, was ausführlich dargelegt wird. Hier wird Vergil mit dem Nimbus des *poeta doctus et divinus* umkleidet, den er noch das gesamte Mittelalter über als höchste literarische und geistige Autorität besaß. Die Gesprächsteilnehmer breiten eine Fülle von Gelehrsamkeit aus; sie erwähnen oder zitieren vieles, das uns sonst nicht mehr erhalten wäre. Die großen Sammelwerke eines Polyhistors wie Varro scheinen freilich auch damals nicht mehr allgemein bekannt gewesen zu sein. So wird über die Bräuche beim Saturnalienfest diskutiert und dabei Varros Meinung referiert, die offenbar nicht jedem sofort in Erinnerung war. Man schenkt sich Kerzen und Tonpuppen, und das ist ein »Ersatzopfer«. In grauer Vorzeit seien nämlich die Pelasger nach Latium gekommen und hätten einem Orakelspruch gemäß »Häupter und einen Mann« dem Vater Saturn geopfert. Als Hercules mit den Herden des Geryon durch Italien kam, bekehrte er die Nachkommen der Pelasger aber von ihren Menschenopfern, indem er ihnen riet, dem Gott kleine Tonmasken als Häupter sowie Kerzen zu opfern. Denn »einen Mann« zu opfern, das könne ja auch bedeuten: »ein Licht« – beides hieße *phota* (*Sat.* 1,7,28–34). Es wird auch noch erklärt, warum der Staatsschatz gerade im Saturntempel aufbewahrt wurde. Vergil, der Pontifex allen religiösen Wissens, sagt, es habe vor Jupiter, also im Goldenen Zeitalter Saturns, noch kein Privateigentum gegeben. Ja es habe als Verbrechen gegolten, Grenzen zu ziehen, denn allen war alles gemeinsam (*Georg.* 1,125 ff.). Daher ist es durchaus angemessen, wenn später das Eigentum des Volkes bei Saturn deponiert wurde (*Sat.* 1,8). Und wenn es heißt, Saturn würde seine Kinder verschlingen, so ist dies in Anlehnung an den Mythos von Kronos gesagt, gleichzeitig aber

wird Kronos mit *chronos,* die Zeit, in eins gesetzt, und die
Zeit verschlingt in der Tat alles.

So manches, was hier an gelehrten Einzelheiten ange-
führt und erörtert wird, scheint uns heute nicht mehr so
wichtig, zum Beispiel die Bedeutung von *bidentes hostiae*
zu klären: zweizahnige – oder zweijährige – Opfertiere?
(*Sat.* 6,9,1–7.) Doch hatte dieses philologisch-antiquarische
Interesse höchst schätzenswerte Folgen für die Nachwelt.
Viele Schriften aus der Antike sind uns verloren, und die
Verluste wären sicher noch größer, wenn sich nicht die
Mitglieder des Symmachuskreises und die Gleichgesinnten
der nächsten Generation mit solchem Eifer auch im Kleinen und Einzelnen der Erhaltung der antiken Literatur gewidmet hätten. Horaz sowie das Geschichtswerk des Livius
wurden neu herausgegeben, man bemühte sich auch um
Persius, Martial und Juvenal. Tacitus wurde ins Bewusstsein gerufen, indem Ammianus Marcellinus sein Geschichtswerk an die *Historien* anschloss (dieser Teil ist uns
leider verloren). Nicomachus Flavianus schrieb selbst
(nicht erhaltene) Annalen, Macrobius widmete sich Cicero,
Servius dem Vergil. In seinen *Saturnalien* wollte Macrobius, jenseits aller christlich-heidnischen Streitpunkte, die
humane Atmosphäre des ciceronianischen Dialogs wieder-
beleben. So wie die Tage dieses Festes seit jeher eine Zeit
außerhalb der Normen sind, eine Insel inmitten der gesellschaftlichen Zwänge, so finden sich auch seine Gesprächsteilnehmer in einer freien geistigen Welt zusammen. Diese
deutet voraus auf die spätere »Gelehrtenrepublik«, in der
Menschen unterschiedlicher geistiger, religiöser und politischer Couleur miteinander disputieren.

Zum Kreis, der sich um Symmachus und seine Gesin-
nungsfreunde sammelte, gehörte auch der Dichter Claudius Claudianus. Wie Ammianus Marcellinus stammte er
aus dem griechischen Osten, schrieb aber statt seiner Mut-

tersprache Latein. Zu seinen Werken gehören Preisgedichte auf die Herrscher und die führenden Persönlichkeiten
des Reiches, wie auf Kaiser Honorius und den vandalischen
Reichsfeldherrn Stilicho. Ein unvollendetes Epos behandelt
den Raub der Proserpina. Das gesamte Werk lebt von antiker Mythologie und Formensprache. Nur das Gedicht *De
Salvatore, Der Erlöser,* beweist, dass Claudian Christ war.
Die Zeiten harter Konfrontation waren offenbar vorüber,
denn wie wäre es sonst vorstellbar, dass Claudian »Hof-
dichter« war und zur Vermählung des Kaisers Honorius
mit Maria, der Tochter Stilichos, ein Hochzeitsgedicht
schreiben konnte, in dem sich die heidnischen Liebesgötter
samt der Göttin Venus zur Festfeier einfanden. Man glaubt
sich in die Renaissance versetzt, in der Kaiser und selbst
Päpste in klassisch-mythologischer Form gepriesen wurden. Claudian, der Grieche aus Alexandria, hat mit besonderer Emphase der Romidee gehuldigt. Er, dessen Dichtung
man als Spätblüte, als klassizistisch, bezeichnet, bietet
überraschende Ausblicke in die Zukunft, so wenn er das
Konsulat des Vandalen Stilicho im Jahr 400 und zugleich
die erhabene Roma preist:

> *Proxime dis consul, tantae qui prospicis urbi,*
> *Qua nihil in terris complectitur altius aether,*
> *Cuius nec spatium visus nec corda decorem*
> *Nec laudem vox ulla capit; quae luce metalli*
> *Aemula vicinis fastigia conserit astris;*
> *Quae septem scopulis zonas imitatur Olympi;*
> *Armorum legumque parens quae fundit in omnes*
> *Imperium primique dedit cunabula iuris.*
> *Haec est exiguis quae finibus orta tetendit*
> *In geminos axes parvaque a sede profectas*
> *Dispersit cum sole manus. [...]*
> *Haec est in gremium victos quae sola recepit*

Humanumque genus communi nomine fovit
Matris, non dominae ritu civesque vocavit
Quos domuit nexuque pio longinqua revinxit.
Huius pacificis debemus moribus omnes
Quod veluti patriis regionibus utitur hospes;
Quod sedem mutare licet; quod cernere Thylen
Lusus et horrendos quondam penetrare recessus;
Quod bibimus passim Rhodanum, potamus Orontem;
Quod cuncti gens una sumus. Nec terminus umquam
Romanae dicionis erit.

Ganz nahe du den Göttern, Konsul, du sorgst für diese
                                    große Stadt,
das Höchste, was auf Erden der Äther umfängt!
Ihren Raum fasst der Blick nicht, noch das Herz die
                                    Schönheit,
noch irgendeine Stimme ihr Lob. Von goldenem Licht
gleichermaßen funkelnd streckt sie ihre Firste nahe zu
                                    den Sternen.
Mit sieben Hügeln tut sie es den sieben Zonen des
                                    Himmels gleich,
sie, Mutter der Waffen und Gesetze, die über alle
ihre Befehlsgewalt ausbreitet und die Wiege des jungen
                                    Rechts geschenkt hat.
Sie ist es, die, in engen Grenzen entsprungen, sich
                                    geweitet hat
zu beiden Polen und, von kleinem Wohnsitz
                                    ausgegangen,
mit ihren Armen weit wie die Sonne um sich gegriffen
                                    hat [...]
Sie ist es, die allein die Besiegten in ihrem Schoße
                                    aufgenommen
und das Menschengeschlecht mit gemeinsamem
                                    Namen gehegt,

nach Mutterart, nicht Herrinnenart, und Mitbürger
genannt,
die sie bezähmt, und mit dem Band der Liebe das weit
Auseinanderliegende verknüpft hat.
Ihrem friedebringenden Brauch verdanken wir es alle,
dass der Fremde wie in der Heimat ist,
dass einer seinen Wohnsitz wechseln kann, dass Thule
zu sehen
ein Spiel ist und einzudringen in einst grausige
Entlegenheit,
dass wir ohne Unterschied aus Rhône und Orontes
trinken,
dass wir alle ein einziges Volk sind. Und es wird nie
Grenze und Ende
der römischen Macht sein.

(Auf Stilichos Konsulat 3,130 ff., Übers. F. Klingner)

Für die Erfüllung der Vergilischen Prophezeiungen von
Roms ewiger Macht und Größe ist nun der Vandale Stilicho verantwortlich. Er soll kommen und als strahlender
Sieger, als Triumphator, in die erhabene Stadt einziehen,
die ihn mit Freude und Festesjubel erwartet. Der Glanz
und die Unvergänglichkeit der *aurea Roma,* des goldenen
Rom, wird von Claudian auf einem düsteren Hintergrund
beschworen. Seit der Schlacht von Adrianopel im Jahr
378, in der die Westgoten über die Römer gesiegt hatten
und Kaiser Valens gefallen war, schwebte ein Damokles-
schwert über dem Reich. Die Auseinandersetzungen zwischen Christen und Heiden, so einschneidend sie waren,
spielten sich doch gewissermaßen nur auf der Vorderbüh-
ne ab, während einer vom Schicksal gewährten Kampfpau-
se zwischen den Hauptgegnern, den Herrschern des West-
und Ostteils des römischen Reiches und den immer stärker werdenden Führern der jungen Völker. Seit dem Jahr

400 war im Westreich ein allgemeiner Auflösungsprozess im Gange. Der Druck auf die Grenzen durch Germanen, Goten, Vandalen, Sueben und Alanen, hinter denen die Hunnen standen, konnte kaum noch aufgefangen werden. 395 hatte der Reichsfeldherr Stilicho die eindringenden Stämme noch einmal über die Donau zurückgeworfen, ohne freilich die Grenzgebiete dauerhaft sichern zu können. Der Westgotenkönig Alarich hatte die Balkanländer und Griechenland verwüstet. Als er in Italien eindrang, gelang es Stilicho, ihn bei Pollentia zum Stehen zu bringen und bei Verona zurückzuwerfen, beides im Jahr 402. Im Reich atmete man auf und schöpfte neue Hoffnung.

Claudian ruft seiner Roma zu:

Ipsa quoque internis Furiis exercita plebis
Securas iam Roma leva tranquillior arces;
Surge, precor, veneranda parens, et certa secundis
Fide deis humilemque metum depone senectae.

Du auch, so lange versehrt von innerer Zwietracht des
Volkes,
sorglos nun, Roma, hebe empor und ruhiger jetzt deine
Hügel.
Erhebe dich doch, so bitte ich, ehrwürdige Mutter, und in
Gewissheit auf die günstig gesinnten
Götter vertraue; lege nun ab die niedrige Furcht deines
Alters.

(*Der Gotenkrieg* 50 ff., Übers. B. Kytzler)

Rom ist so alt wie die Pole der Erde, sagt Claudian, und es wird erst untergehen, wenn sich die Weltordnung gewandelt hat, wenn der Don in Ägypten fließt, heißer Südwind auf dem Kaukasus weht und frostiger Nordwind über Afrikas Wüsten. Claudian bietet alle dichterischen Kunstmittel auf, um seinem Glauben an die ewige Roma Nachdruck zu verleihen, und man hört gerne auf ihn. Eine Ehrenstatue wird ihm im Jahre 402 auf dem Trajansforum errichtet, und man rühmt den Dichter, dass er die Gaben Homers und Vergils auf sich vereine.

In diesen Jahren kommt ein Spanier nach Rom, um die Gräber der Märtyrer zu besuchen, Prudentius, der 348 in Caesaraugusta (Saragossa) geboren wurde und zum bedeutendsten christlichen Dichter seiner Zeit werden sollte. Er hat hohe Ämter bekleidet, sogar den Posten eines Statthalters. Rom ist für ihn zunächst die Stadt der Apostelfürsten, der *apostolorum principes*, die nun hier herrschen und die heidnischen Götter endgültig bannen. In seinen Gedichten auf die Heiligen und die Märtyrer erzählt Prudentius, wie nun in Rom neue Feste gefeiert werden, zu denen das Volk strömt. Am 29. Juni, am doppelten Festtag der beiden Heiligen, versammelt man sich in ihren Kirchen, in der Peterskirche und in Sankt Paul vor den Mauern, die der Überlieferung zufolge an den Orten des Martyriums erbaut wurden. Die Christen sind nicht länger ausgeschlossen vom Leben und Treiben in der Öffentlichkeit; sie feiern ihre Feste im Jahreskreis und erfreuen sich am Glanz der heiligen Stätten.

Prudentius fühlt sich veranlasst, noch einmal die Fehde gegen Symmachus aufzunehmen, die schon zwei Jahrzehnte zurücklag. Es ist ungewiss, ob Symmachus, der wohl 402 starb, das Gedicht des Prudentius mit dem Titel *Contra Symmachum* noch zu Gesicht bekam. Warum rollt dieser den Streitfall noch einmal auf und mahnt, man solle sich nicht von der Stimme des großen Redners bewegen lassen, der als Gesandter kam und *sacra mortua*, tote Götterfeiern, beklagte? Vielleicht zeigten ihm die *Saturnalien* des Macrobius, wie lebendig der Geist des Sym-

machus noch war, und er hielt es für nötig, alle diejenigen anzusprechen, die auf das Edikt des Theodosius hin
zwar die Taufe empfangen hatten, aber nur Namens-
christen waren. Angesichts der gefährdeten Lage im
Reich, in einem Augenblick, da man wieder hoffen konnte, hält es Prudentius für notwendig, alle unter einem
Banner zu sammeln. Deshalb will er noch einmal von
Rom sprechen, will Argumente bringen, die für Ambrosius in seiner Entgegnung keine Rolle spielten, die aber
nun von Bedeutung sind. So geht es Prudentius darum,
zu zeigen, dass die Christen ein ebenso enges Verhältnis
zur altehrwürdigen Roma haben wie die traditionsbewussten Altgläubigen. Der ewigen Stadt ist nämlich von
Gott eine heilsgeschichtliche Rolle zugewiesen worden,
der sie auch gerecht wurde.

Discordes linguis populos et dissona cultu
regna volens sociare deus subiungier uni
imperio, quidquid tractabile moribus esset,
concordique iugo retinacula mollia ferre
constituit, quo corda hominum coniuncta teneret
religionis amor; nec enim fit copula Christo
digna, nisi inplicitas societ mens unica gentes.

Sprachlich geschiedene Völker und kulturell
                        voneinander getrennte
Reiche wollte vereinigen Gott: Zu unterwerfen einer,
                        der einzigen,
Herrschaft, was immer sich fügen mochte edler
                        Gesittung,
unter einträchtigem Joch leichte Zügel nur tragen zu
                        lassen,
hat er beschlossen, auf dass die Herzen der Menschen
                        halte verbunden

Liebe zur Religion; kann sonst doch nicht werden der
Bund jemals Christi
würdig, wenn nicht verbindet ein einziger Geist die
zusammengeschlossenen Stämme.

(*Gegen Symmachus* 2,586 ff., Übers. B. Kytzler)

Rom hat große Erfolge und Triumphe gefeiert und damit
für Christus den Weg bereitet. So hat es erst jetzt, dank
Kaiser Theodosius, den Gipfel seiner Größe erreicht, hat
sein Greisentum abgelegt und sich wieder verjüngt.

Denique nec metas statuit nec tempora ponit,
imperium sine fine docet, ne Romula virtus
iam sit anus, norit ne gloria parta seneetam.

Endlich setzt er keine Grenzen und gibt keine zeitlichen
Schranken,
Herrschaft ohne Ende lehrt er, dass nimmer die
römische Tugend
werde zur Greisin, dass nimmer kenne ihr neu
erworbener Ruhm je ein Alter.

(*Gegen Symmachus* 1,541 ff., Übers. B. Kytzler)

In Vergils *Aeneis* hatte Jupiters Verheißung an die künftigen Römer gelautet:

His ego nec metas rerum nec tempora pono,
imperium sine fine dedi.

Ihnen setze ich weder Grenzen im Raum noch in der
Zeit,
ein Reich ohne Ende habe ich ihnen bestimmt.

(*Aen.* 1,277 f.)

Diese Prophezeiung, die bei Heiden wie bei Christen immer wieder anklingt, ist nun, zu günstiger Stunde, auf das christliche Rom übertragen.

Prudentius erklärt, er werde Roma selbst in seinem Gedicht auftreten lassen, ihr aber eine passendere Rede als einst Symmachus in den Mund legen. Seine Roma trauert nicht über tote Opfer, sie schaut hoffnungsvoll in die Zukunft und preist die jungen Herrscher, Theodosius' Söhne. Sie haben »den gotischen Tyrannen« Alarich aus Italien vertrieben, mit Christi Beistand und altbewährter römischer Tapferkeit. Höchster Preis gebührt dem Feldherrn Stilicho: Unter Christi Leitung wird er das Reich zum Himmel emporführen. Rom ist keineswegs, wie so oft behauptet, auf Gedeih und Verderb mit den alten Göttern verbunden; auch der Christengott verhilft Roms Waffen zum Sieg, kann Prudentius nach den Schlachten gegen Alarich verkünden. Und in seiner Sprache und Dichtkunst führt er den Beweis, dass die geistigen Besitztümer bei ihm, dem Christen, ebenfalls in guten Händen sind. Können ihm nicht alle zustimmen, wenn er seine christliche Roma sagen lässt:

Nunc, nunc iusta meis reverentia conpetit annis,
nunc merito dicor venerabilis et caput orbis.

Jetzt, ja jetzt wird zuteil meinen Jahren die rechte
Verehrung,
jetzt erst heiß ich zu Recht ehrwürdig und Haupt
auf dem Erdkreis.

(*Gegen Symmachus* 2,661 f., Übers. B. Kytzler)

»Es ist wahrhaftig nichts Geringes, seine Gegenwart so zu erleben, eine irdische Macht und ein Ereignis so in göttliches Licht zu stellen, wie es Prudentius getan hat« (Friedrich Klingner).

Die Sieges- und Hochstimmung nach den Schlachten von Pollentia und Verona im Jahre 402 sollte jedoch nicht andauern. 410 geschah das Unfassbare, das alle Bewohner des Reiches, ob in Afrika, Syrien oder Gallien, in tiefste Verzweiflung stürzte: Der Westgotenkönig Alarich eroberte Rom und plünderte und brandschatzte es drei Tage lang. Seit den Tagen des Galliersturms, fast vier Jahrhunderte vor Christi Geburt, hatte kein Feind mehr Rom betreten, selbst Hannibal nicht. Und gerade hatte man noch die *Roma aeterna* gepriesen, die sich sieghaft zu gottgewollter neuer Größe erhob. Christen wie Heiden waren verstört. Die einen sagten: »Ist dies nicht doch die Rache der alten Götter?« Und die Christen konnten den bangen Fragen nicht ausweichen: »Erleiden wir nun die Strafe dafür, dass wir den Glauben der Väter verlassen haben? Wo ist unser Gott, warum hilft er uns nicht?« Was sollte aus der altehrwürdigen Roma werden, ging mit ihr nicht auch alles zugrunde, an das man geglaubt hatte, die neuerworbene Synthese einer heidnisch-christlichen Romidee?

Die Antwort kam aus Afrika, von Augustinus. Flüchtlinge, die aus Spanien vor den Vandalen und aus Gallien und Italien vor den Westgoten geflohen waren, hatten schon vor Roms Katastrophe die Küsten Afrikas erreicht. Augustinus war nun Bischof von Hippo Regius (bei Annaba im heutigen Algerien). Es war der zweitgrößte Seehafen Afrikas, der, weit westlicher als Karthago gelegen, zur Auffangstelle aller aus Italien, Spanien und Gallien Geflüchteten wurde. Ihnen ließ Augustinus nach Kräften Hilfe zuteilwerden; er spürte aber, dass mehr von ihm gefordert wurde als Nahrung und Obdach. So versuchte er, Antworten zu finden auf die Fragen, mit denen man ihn bedrängte und die auch ihn selbst als Hirten seiner Gläubigen nicht zur Ruhe kommen ließen. Er bemühte sich, gültige Auskunft zu geben, als ob er schon geahnt hätte, dass eine vergleichbare Katastrophe wie Rom auch Hippo Regius treffen würde, dass er während einer jahrelangen Belagerung seiner Bischofsstadt durch die Vandalen sterben sollte. Augustinus zieht eine deutliche Grenze zwischen Weltgeschichte und Heilsgeschehen. Wer sich an die schöne Vorstellung von einer »ewigen Roma« hienieden klammert, ist im Irrtum befangen. Ewigkeit gibt es nur bei Gott; es ist Hochmut, auf Erden etwas Unwandelbares zu erwarten und sich im Vertrauen darauf einzurichten. »Die irdischen Reiche wandeln sich«, sagt Augustinus, »sie gehen sogar zugrunde.« Auch ist dem Christen kein sorglos-glückliches Leben im weltlichen Sinne verheißen worden, sondern »es sind Bitterkeiten unter das zeitliche Leben gemischt, damit das Ewige begehrt werde« und der Mensch sich läutere. Dies betont Augustinus nicht nur in seinem großen Werk *Vom Gottesstaat, De civitate Dei*, sondern auch in seinen Briefen und Predigten sowie in den Erklärungen zu den Psalmen, die er den Gläubigen immer wieder zur inneren Stärkung empfiehlt. Der Christ hat zwar teil an der irdischen Welt und ihren Geschehnissen, aber er durchwandert sie als ein Pilger, dessen Ziel die ewige Stadt, das himmlische Jerusalem, ist. Augustinus wendet sich an all jene, die sich als Nachfahren der Römer verstehen und immer noch meinen, dass der Götterkult das Heil garantiere: »Wenn dir, du preiswürdige römische Nachkommenschaft eines Regulus und Scipio, noch etwas von deiner lobenswerten Veranlagung geblieben ist, dann wird es allein durch wahre Frömmigkeit geläutert und vollendet werden. Entscheide dich also für den rechten Weg, damit du nicht in dir, sondern im wahren Gott, ohne zu irren, deinen Ruhm findest. Er war ja einst deinem Volk zu eigen, nur fehlte dir noch die wahre Religion. Nun aber laden wir dich in das wahre Vaterland ein und ermahnen dich, dass du dich seinen Bürgern anschließt. Jetzt greife nach dem himmlischen Vaterland, für das du nur ein weniges leiden musst, in dem du aber in Wahrheit und auf immer herrschen wirst. Denn dort wird dir der eine und wahre Gott das Reich ohne Ende und ohne Grenzen verleihen:

> *nec metas rerum nec tempora ponit,*
> *Imperium sine fine dabit.*
>
> (*Civ. Dei* 2,29)

Vergils Prophezeiung (*Aen.* 1,277 f.) hat nun ihre endgültige Deutung gefunden: in einem Bereich, wo sie nicht mehr durch den Schrecken der Geschichte widerlegt werden kann.

Dies war eine Botschaft für die Zeiten der Drangsal, die nun angebrochen waren und zum Untergang des weströmischen Reiches führen sollten. Rom ging jedoch nicht unter. Trotz aller Wunden und Zerstörungen überlebte es die Katastrophe des weströmischen Reiches und die folgenden »dunklen Jahrhunderte«. Die Kirche wahrte – trotz Augustinus' Verdikt – die Idee der *Roma aeterna,* und sie hütete, seinem Wort getreu, die goldenen und silbernen Gefäße, mit denen er die geistigen und kulturellen Schätze des Heidentums gemeint hatte. Päpste sorgten für Glanz und Ansehen der heiligen Stadt, auch die Reichsidee erstand von neuem, als Karl der Große im Jahr 800 in Rom das Zepter eines wiedererstehenden *Imperium Romanum* und dazu den Titel eines Augustus erhielt. In der Folgezeit wechselten Kaiserkrönungen und Katastrophen; es gab die Krönung Karls IV. und den fürchterlichen *Sacco di Roma,* die Plünderung und Verwüstung durch die Landsknechte Karls V.

Petrarca, der leidenschaftliche Liebhaber Roms, wurde 1341 auf dem Kapitol zum Dichter gekrönt. In bewegenden Versen beklagte er den Verfall der antiken Monumente. Wie so viele Dichter vor ihm ließ er die Gestalt der Roma auftreten. Seine Roma ruft ihren Gatten, den Papst, aus dem Exil von Avignon zur Hilfe herbei. Er soll heimkommen und sie, die in den Staub gesunkene edle Gemahlin, retten und wieder aufrichten (»An Papst Clemens VI.«, *Epistulae metricae* 2,3). Petrarca verbindet heidnisches und christliches, kaiserliches und päpstliches Rom, indem er an die Geschichte erinnert, die zum Bau der Kirche S. Maria in Aracoeli führte, die auf den Grundmauern des Tempels der Juno Moneta errichtet wurde. Eine der Sibyllen, der gotterfüllten wahrsagenden Frauen, kam, wie es heißt, einst zu Augustus und verkündete ihm die Geburt des göttlichen Kindes. Sie zeigte zum Himmel hinauf, und der Kaiser erblickte dort das Christuskind. Darauf nannte er die Stätte, an der er sich befand, *ara coeli*, Altar des Himmels, und ließ einen Altar aufstellen mit der Inschrift: »*Ecce Ara Primogeniti Dei* – Hier steht der Altar des Erstgeborenen Gottes.« Diese Inschrift ist heute noch in der Kirche Aracoeli zu lesen, in der Santo Bambino, eine wundertätige Statue des Jesuskindes, verehrt wird. Neben der großen Freitreppe, der »Himmelsleiter«, führt eine weitere Treppe zum Seitenportal. Sie stammt aus der Zeit, als die Kirche auch weltlicher Versammlungsort war, eine Art Kurie, und verband die Kirche mit dem Kapitolsplatz, der auch im Mittelalter und in der frühen Neuzeit seine Bedeutung als geschichtliche Stätte behielt.

Das Kapitol, das Herz von Rom, zieht auch die heutigen Besucher an, die auf den Spuren der antiken Dichter und Denker die Stadt durchwandern. Nur in Gedanken finden sie Catull noch auf dem Palatin, zu Besuch bei seiner geliebten Lesbia, oder Vergil und Horaz bei Maecenas in dessen Gärten auf dem Esquilin, oder Juvenal in der Subura, Cicero in der Kurie, Petron und Seneca bei Nero in seinem Goldenen Haus, Ovid am Circus Maximus zum Rendezvous mit einer Schönen, oder den jüngeren Plinius bei einem glänzenden Plädoyer in der Basilica Julia, den älteren Plinius im Auftrag Vespasians die Bauarbeiten am Kolosseum überwachend. Marc Aurel aber konnte man auf dem Kapitol Auge in Auge gegenübertreten und hatte in seiner herrscherlichen Segensgeste das imperiale Rom und in seinem verinnerlichten Antlitz das geistige Rom vor sich. Der leere Kapitolsplatz und die Verbannung des Kaisers hinter Glas schienen seinen Worten von der Vergänglichkeit alles Irdischen recht zu geben. Aber der Nachruhm ist doch nicht Lethe, Vergessen, wie Marc Aurel gesagt hatte. Eine Euromünze zeigt die Statue, die auf ihren Platz zurückgekehrt ist – als Kopie: ein Sinnbild für unser Zeitalter, das zerstörend und bewahrend zugleich das Seine beiträgt zur Geschichte der einstmals goldenen und vielleicht auch ewigen Roma.

Anhang

Zeittafel

schlusses aller staatstreu Gesinnten (*consensus omnium bonorum*). Erneuerung des Triumvirats von Caesar, Pompeius und Crassus auf der Konferenz von Luca

55   Zweites Konsulat des Pompeius und Crassus. Ciceros erste schriftstellerische Periode: *De oratore – Vom Redner; De re publica – Vom Staatswesen; De legibus – Von den Gesetzen*

54   Catull gestorben

53   Niederlage und Tod des Crassus in der Schlacht von Carrhae gegen die Parther. Beginnende Entfremdung zwischen Pompeius und Caesar

52   Ermordung des Clodius, Unruhen in Rom. Ciceros *Rede für Milo*. Pompeius alleiniger Konsul

51   Veröffentlichung von Ciceros *De re publica*. Cicero Statthalter in Kilikien (Kleinasien)

49   Verhandlungen über Caesars Ablösung in Gallien, Zuspitzung des Konflikts zwischen ihm und dem Senat
10. Januar: Caesar überschreitet den Rubikon und nimmt Rom und Italien ein. Pompeius als Oberbefehlshaber der Truppen des Senats zieht sich nach Griechenland zurück

48   9. August: Niederlage des Pompeius bei Pharsalus. Pompeius auf der Flucht in Ägypten ermordet

48–47   Alexandrinischer Krieg. Caesar setzt Kleopatra als Königin ein

46   Sieg Caesars bei Thapsus über die Pompeianer. Freitod Catos des Jüngeren in Utica. Caesar als Diktator in Rom

45   Sieg Caesars bei Munda in Spanien über die Söhne des Pompeius.
Caesar Diktator auf Lebenszeit. Neuordnung des Staates. Tod von Ciceros Tochter Tullia. Zweite schriftstellerische Periode Ciceros während erzwungener politischer Untätigkeit: *Hortensius* (Hinführung zur Philosophie), *Academici libri* (Darstellung der philosophischen Schule der Akademiker), *De finibus bonorum et malorum – Über das höchste Gut und das größte Übel* (über die Ziele menschlichen Handelns); *Tuskulanische Gespräche; Orator – Vom Redner; Brutus de claris oratoribus – Über die berühmten Redner*. Cicero im Kreise von Freunden und Schülern auf dem Tusculanum

45–44   Ciceros Reden vor Caesar für ehemalige Pompeianer: *Für Marcellus, Für Ligarius, Für den König Deiotarus.* Philosophische Werke *De natura deorum* – *Vom Wesen der Götter; Cato Maior de senectute* – *Vom Alter; De fato* – *Vom Schicksal; Laelius de amicitia* – *Von der Freundschaft; De officiis* – *Von den Pflichten*

44   15. März: Ermordung Caesars. Testamentarische Adoption seines Großneffen Gaius Octavius (Octavian). Caesars General Marcus Antonius gewinnt die Oberhand, die Caesarmörder Marcus Brutus und Gaius Cassius müssen Rom verlassen, sammeln Heere in den Ostprovinzen

44–42   Bürgerkrieg zwischen Caesars Nachfolgern und den Exponenten der Senatsregierung. Cicero hält die *Philippischen Reden* gegen Antonius

43   21. April: Schlacht von Mutina: Sieg der Konsuln Hirtius und Pansa gemeinsam mit Octavian über Antonius

43   20. März: Publius Ovidius Naso in Sulmona geboren
Octavian wendet sich vom Senat ab, marschiert auf Rom, erzwingt sich das Konsulat
11. November: Triumvirat zwischen Antonius, Octavian und Lepidus. Schreckensherrschaft in Rom durch die Proskriptionen: Ächtung der Caesarmörder und aller Sympathisanten
7. Dezember: Cicero bei Formiae ermordet

42   Schlacht von Philippi: Sieg des Antonius und Octavian, Niederlage und Tod des Brutus und Cassius. Horaz Militärtribun im geschlagenen Heer. Antonius geht in den Osten. Veteranenansiedlungen und Landenteignungen unter Octavian in Italien. Vergil beginnt seine *Hirtengedichte* – *Eklogen*

40   Abkommen von Brundisium. Antonius erhält den Osten des Reiches, Octavian den Westen, Lepidus Afrika

39   Vergil im Kreis des Maecenas. Er führt Horaz ein, der mit der Dichtung der *Satiren* und *Epoden* beginnt

38   Erneuerung des Triumvirats auf fünf Jahre

37   Vertrag von Tarent (für Octavian von Maecenas vorbereitet). Antonius überlässt Octavian seine Flotte

36   Seesieg von Octavians Heerführer Agrippa über Sextus Pompeius, den Sohn des Pompeius, bei Mylae und Naulochos. Vergil arbeitet an den *Georgica* – *Vom Landbau*

Antonius vermählt sich mit Kleopatra und macht ihr römische Gebiete zum Geschenk. Octavian rüstet zum Krieg

31   2. September: Schlacht von Actium: Seesieg des Octavian über Antonius und Kleopatra

30   3. August: Einnahme von Alexandria, Selbstmord des Antonius und der Kleopatra. Ägypten wird römische Provinz

29   Rückkehr des Octavian. Vergil liest ihm die *Georgica* vor

27   13. Januar: Octavian gibt seine Vollmachten zurück, erhält den Ehrennamen Augustus, begründet die Regierungsform des Prinzipats. Vergil arbeitet an der *Aeneis*

23   Horaz gibt die ersten drei Odenbücher heraus

nach 20   Ovid veröffentlicht die *Amores – Liebesgedichte*

19   Vergil stirbt in Brundisium. Die *Aeneis* wird aus seinem Nachlass herausgegeben

17   Säkularfeier in Rom, Horaz verfasst das Festgedicht, das *carmen saeculare*

9   Einweihung der Ara Pacis in Rom

8   Ende September: Tod des Maecenas
     27. November: Tod des Horaz

4 (?)   Lucius Annaeus Seneca in Corduba (Spanien) geboren

2   Augustus erhält den Titel *Vater des Vaterlandes*, verbannt seine Tochter Julia

nach Chr.

1/2   Ovid verfasst die *Ars amatoria – Liebeskunst*, beginnt die *Fasten* und die *Metamorphosen*

4   Augustus adoptiert seinen Stiefsohn Tiberius, dieser ist als Feldherr in Germanien und im Donauraum

8   Julia die Jüngere, Enkelin des Augustus, verbannt. Ovid wird nach Tomi am Schwarzen Meer relegiert

8–17/18   Ovid schreibt die *Tristien – Klagelieder*, die *Epistulae ex Ponto – Briefe vom Schwarzen Meer*, bearbeitet die *Fasten* (6 Bücher)

14   Tod des Augustus, Regierungsantritt des Tiberius

14–37   Kaiser Tiberius

37–41   Kaiser Caligula

37   15. Dezember: Geburt des Lucius Domitius Ahenobarbus, des späteren Kaisers Nero, in Antium

39	Verschwörung gegen Caligula, Verbannung Agrippinas der Jüngeren und Julia Livillas, der Schwestern des Caligula
41	24. Januar: Ermordung des Caligula. Regierungsantritt seines Onkels Claudius. Rückberufung der Agrippina und Julia Livilla aus dem Exil. Geburt des Britannicus, Sohn des Claudius und der Messalina, Bruder der Octavia
	Seneca verfasst seine Schrift *De ira – Vom Zorn*
41–49	Seneca nach Korsika relegiert, Julia Livilla erneut verbannt
49	Vermählung des Claudius mit seiner Nichte Agrippina, Rückberufung Senecas aus dem Exil. Er verfasst *De brevitate vitae – Von der Kürze des Lebens*
50	Adoption Neros durch Claudius, Seneca ist Neros Lehrer und Erzieher
51	Sextus Afranius Burrus wird Präfekt der Prätorianergarde
54	Tod des Claudius, Regierungsantritt Neros, Seneca sein Ratgeber
54–59	Das »glückliche Jahrfünft« Roms. Nero unter der Leitung des Burrus und des Seneca
56	Seneca verfasst seinen Fürstenspiegel *De clementia – Über die Milde*
58	Seneca schreibt *De beata vita – Vom glücklichen Leben*
59	Ermordung Agrippinas durch Nero
61/62	Gaius Plinius Caecilius Secundus (d. J.) in Como geboren
62	Tod des Burrus, Tigellinus Präfekt der Prätorianergarde, Verstoßung Octavias, Vermählung Neros mit Poppaea, Seneca zieht sich zurück, beginnt die philosophischen *Briefe an Lucilius*
64	Brand Roms, Christenverfolgungen. Bau des Goldenen Hauses
65	19. April: Die Pisonische Verschwörung wird aufgedeckt
	Senecas Tod
66	Tod des Gaius Petronius Arbiter
67/68	Aufstand gegen Nero, der Selbstmord begeht
68/69	Vierkaiserjahr; Galba, Vitellius, Otho und Vespasian
69–79	Titus Flavius Vespasianus begründet die Flavische Dy-

nastie. Er erbaut auf dem Gelände des Goldenen Hauses Thermen und das Kolosseum

70   Eroberung von Jerusalem durch Vespasians Sohn Titus

79–81   Kaiser Titus

79   24. August: Ausbruch des Vesuvs, Tod Plinius' des Älteren

81–96   Kaiser Domitian

96–192   Die Wahl- oder Adoptivkaiser

96–98   Kaiser Nerva, adoptiert den Spanier Trajan, dieser ist Mitregent und Heerführer

98–109   Plinius der Jüngere verfasst seine Briefe Buch 1–9, Adressaten u. a. der Geschichtsschreiber Tacitus und der Kaiserbiograph Sueton

98–117   Kaiser Trajan. Das römische Weltreich erreicht seine größte Ausdehnung

100   Plinius hält anlässlich seines Konsulatsantritts seinen *Panegyricus*, die Lobrede auf Kaiser Trajan

um 100–130 Juvenal verfasst seine *Satiren*

111   Plinius Statthalter in Bithynien, Briefwechsel mit Trajan (Buch 10)

117–138   Kaiser Hadrian

138–161   Kaiser Antoninus Pius. Frieden und wirtschaftliche Blüte im römischen Reich

161–180   Kaiser Marc Aurel, regiert zuerst zusammen mit seinem Adoptivbruder Lucius Verus

162–165   Krieg gegen die Parther, Verus Befehlshaber, römische Siege. Das heimkehrende Heer schleppt die Pest ein

167–175   1. Markomannenkrieg. Marc Aurel sichert die Donaugrenze. Er beginnt in Carnuntum seine *Selbstbetrachtungen*

169   Aufbruch des Marc Aurel und Lucius Verus in den Norden zur Sicherung der Grenzen. Tod des Lucius Verus

175   Aufstand des Avidius Cassius im Osten, wird niedergeschlagen, Tod des Cassius

176   Triumph des Marc Aurel in Rom, zusammen mit seinem Sohn Commodus, den er zum Mitregenten ernennt

178–180   2. Markomannenkrieg, Marc Aurel und Commodus operieren erfolgreich gegen Quaden und Markomannen

180	Marc Aurel stirbt in Vindobona (Wien), wohl an der Pest
180–192	Kaiser Commodus, Ende des Adoptivkaisertums. Errichtung der Marc-Aurel-Säule in Rom, Commodus wegen seiner Exzesse im Caesarenwahn ermordet
193–235	Severische Dynastie
nach 200	Entstehung des Dialogs *Octavius* des Christen Minucius Felix
212	*Constitutio Antoniniana*: Verleihung des vollen römischen Bürgerrechts an alle freien Einwohner des Reiches unter Kaiser Caracalla (M. Aurelius Antoninus)
235–284	Soldatenkaiser
249–250	Christenverfolgung unter Kaiser Decius
284–305	Kaiser Diokletian dezentralisiert die Reichsverwaltung. Einführung der Tetrarchie: Zwei Herrscher als *Augusti*, ihnen beigeordnet zwei *Caesares* (»Juniorkaiser«). Dies führt in der Folge zu Rivalenkämpfen, aus denen Konstantin der Große als alleiniger Sieger hervorgeht
312	Sieg des Konstantin über Maxentius an der Milvischen Brücke: »*in hoc signo vinces* – In diesem Zeichen wirst du siegen«. Konstantin nimmt das Christentum an
313	Toleranzedikt von Mailand: Anerkennung des Christentums
324–337	Konstantin Alleinherrscher, residiert in der neuen christlichen Hauptstadt Konstantinopel (Byzanz). Neuordnung des Reiches
325	Konzil von Nicaea: Der Arianismus wird als Irrlehre verurteilt. Das sog. nicaenische oder athanasische Glaubensbekenntnis (nach seinem Verfechter, Bischof Athanasius) definiert Christus als wesensgleich mit Gottvater: *homousios, unius substantiae*
337	Nach Konstantins Tod Thronstreitigkeiten unter seinen Söhnen
337–361	Konstantins Sohn Constantius II. regiert als Alleinherrscher und christlicher Kaiser
357	Schlacht bei Argentoratum (Straßburg): Sicherung der Rheingrenze gegen Franken und Alemannen durch Constantius' Vetter Julian als Caesar
361–363	Kaiser Julian, wegen seiner Rückkehr zum Heidentum Apostata, der Abtrünnige, genannt. Julian stirbt auf dem Perserfeldzug, das Reich wird wieder christlich

364–375	Kaiser Valentinian I. Sein Bruder Valens kämpft als Mitregent gegen die Goten, Valentinian gegen die Alemannen. Dieser ernennt seinen Sohn Gratian 375 zum Herrscher über den westlichen Reichsteil
367–383	Gratian, Sohn Valentinians I., mit acht Jahren bereits zum Augustus ernannt, bestimmt den Feldherrn Theodosius zum Mitkaiser im Osten, wendet sich unter dem Einfluss des Mailänder Bischofs Ambrosius (um 340–397) gegen die Heiden, lässt den Victoria-Altar aus der römischen Kurie entfernen
375	Beginn der Völkerwanderung durch den Aufbruch der Hunnen, die das Ostgotenreich in Südrussland zerschlagen und die Goten vertreiben
375–392	Valentinian II., geb. 371, Sohn Valentinians I., regiert zuerst neben seinem Stiefbruder Gratian, tritt dann dessen Nachfolge im Westen an. Im Osten regiert Theodosius I. mit Regierungssitz Konstantinopel
378	Schlacht bei Adrianopel gegen die Westgoten. Kaiser Valens fällt. Krisendatum der römischen Geschichte
383	Gratian im Verlauf der Kämpfe gegen den Usurpator Maximus getötet
384	Vettius Agorius Praetextatus, zum *Praefectus praetorio* Italiens ernannt, stirbt
	Quintus Aurelius Symmachus (um 345 – nach 402) bittet Kaiser Valentinian II. um die Wiederaufstellung des Victoria-Altars in der Kurie in Rom und die Aufhebung der Restriktionen gegen den Götterdienst. Auf Betreiben des Ambrosius lehnt der Kaiser ab. Aurelius Augustinus (354–430), Rhetorikprofessor in Mailand, wird von Ambrosius für das Christentum gewonnen
386/387	Augustinus mit Monica und seinen Freunden in Cassiciacum: Dialog *De beata vita – Vom glücklichen Leben*
387	Augustinus erhält an Ostern in Mailand die Taufe
	Im Herbst Aufenthalt Augustins in Ostia, Tod Monicas
um 390	Ammianus Marcellinus verfasst sein Geschichtswerk
391	Edikt des Theodosius: Verbot aller heidnischen Kulte, das Christentum wird Staatsreligion
	Augustinus wird Bischof in Hippo Regius (Numidien)
392	Tod Valentinians II.

Der Franke Arbogast inthronisiert den heidenfreundlichen Schattenkaiser Eugenius

394   Niederlage und Tod des Eugenius in der Schlacht am Frigidus gegen Theodosius

394–395   Theodosius der Große Alleinherrscher

395   Mit dem Tod des Theodosius endet die Reichseinheit. Seine Söhne herrschen über ein Westreich (Honorius), Sitz seit 404 in Ravenna, und ein Ostreich (Arcadius), Sitz Konstantinopel

395–408   Der Vandale Stilicho als Reichsfeldherr im Westreich

395–423   Kaiser Honorius

um 400   Macrobius verfasst seine *Saturnalien*

400   Claudians Gedicht auf das Konsulat des Stilicho

401   Der Westgotenkönig Alarich fällt in Italien ein

402   Schlacht bei Pollentia, Sieg Stilichos über Alarich bei Verona

Prudentius (348 – nach 405) bedeutendster christlicher Dichter. Gedicht *Gegen Symmachus*: Widerlegung der Argumente des Symmachus zugunsten einer christlichen Romidee

410   Alarich nimmt Rom ein. Augustinus beginnt *De civitate Dei – Vom Gottesstaat*

430   Augustinus stirbt während der Belagerung seiner Bischofsstadt Hippo Regius durch die Vandalen

476   4. September: Der Germanenkönig Odoaker stürzt den letzten weströmischen Kaiser Romulus Augustulus (475–476). Ende des weströmischen Reiches

493–526   Der Ostgotenkönig Theoderich herrscht in Italien

524/526   Boethius (geb. um 480) verfasst im Kerker (wohl in Pavia) vor seiner Hinrichtung durch Theoderich die *Consolatio philosophiae – Der Trost der Philosophie*, eine Zusammenfassung antiken und Vorbereitung mittelalterlichen Denkens

Fotonachweise

Fratelli Alinari, Florenz   188
Ashmolean Museum, Oxford   221
Deutsches Archäologisches Institut, Rom   230
Stefan Freund   124
Christian Gartmayr   199
Gunter Giebel   34, 36, 50, 57, 116, 155, 177, 254, 266, 272, 276, 292
Ernst Haidle   90
Eva Haidle   108, 210
Stefanie Michl   76, 79
Angelika Mugler   14, 17, 70, 74, 95
Musei Vaticani, Rom   52, 150
Giuseppe Papponetti   104
Monika Peschken   212

Alle anderen Fotos sind dem Reclam-Verlagsarchiv entnommen.

Weiterführende Literatur

Zur römischen Geschichte, Kulturgeschichte und Literatur

Albrecht, Michael von: Die römische Literatur in Text und Darstellung. 5 Bde. Stuttgart 1985–91. (Reclams Universalbibliothek [RUB]. 8066–8070.)

Albrecht, Michael von: Geschichte der römischen Literatur von Andronicus bis Boethius. Mit Berücksichtigung ihrer Bedeutung für die Neuzeit. München 1994 [u. ö.].

André, Jean-Marie: Griechische Feste, römische Spiele. Die Freizeitkultur der Antike. Übers. von Katharina Schmidt. Stuttgart 1994/2006. (Reclam-Bibliothek Leipzig. 20034.)

Bringmann: Klaus: Römische Geschichte. Von den Anfängen bis zur Spätantike. 9., durchges. Aufl. München 2006.

Christ, Karl: Die römische Kaiserzeit. Von Augustus bis Diokletian. München 2001.

Deißmann, Marieluise (Hrsg.): Daten zur antiken Chronologie und Geschichte. Stuttgart 1990. (RUB 8628.)

Fantham, Elaine: Literarisches Leben im antiken Rom: Sozialgeschichte der römischen Literatur von Cicero bis Apuleius. Stuttgart/Weimar 1998.

Fuhrmann, Manfred: Geschichte der römischen Literatur. Stuttgart 1999/2005. (RUB 17658.)

Giebel, Marion: Reisen in der Antike. Düsseldorf/Zürich 2000.

Held, Klaus: Treffpunkt Platon. Philosophischer Reiseführer durch die Länder des Mittelmeers. 3., erw. Aufl. Stuttgart 2001.

König, Ingemar: Kleine römische Geschichte. Stuttgart 2004. (RUB 17044.)

König, Ingemar: Der römische Staat. Ein Handbuch. Stuttgart 2007.

Neumeister, Christoff: Das antike Rom. Ein literarischer Stadtführer. 3., durchges. Aufl. München 1997.

Neumeister, Christoff: Der Golf von Neapel in der Antike. Ein literarischer Reiseführer. München 2005.

Reclams Lexikon der Antike. Hrsg. von M. C. Howatson. Bibliogr. erg. Ausg. Stuttgart 2006.

Schuller, Wolfgang: Das Römische Weltreich. Von der Entstehung der Republik bis zum Ausgang der Antike. Mit Beiträgen von Peter Schreiner und Gerhard Wirth. Stuttgart 2002 / Darmstadt 2006.

Zu Kapitel 1 (Catull)

Catull: Sämtliche Gedichte. Lat./Dt. Hrsg. von Michael von Albrecht. Stuttgart 1995. (RUB 9395.)

Cicero: Rede für Caelius. Mit einem Anhang ausgewählter Briefe des Caelius an Cicero. Lat./Dt. Hrsg. von Marion Giebel. Stuttgart 1994. (RUB 1237.)

Holzberg, Niklas: Catull. Der Dichter und sein erotisches Werk. Darmstadt ²2002.

Schmidt, Ernst August: Catull. Heidelberg 1985.

Stroh, Wilfried: Lesbia und Juventius. Ein erotisches Liederbuch im Corpus Catullianum. In: W. St.: Apocrypha. Entlegene Schriften. Hrsg. von Jürgen Leonhardt und Georg Ott. Stuttgart 2000. S. 79–99.

Syndikus, Hans Peter: Catull – eine Interpretation (Teil 1–3). Sonderausgabe Darmstadt 2001.

Wiseman, Timothy P.: Catullus and his World. A Reappraisal. Cambridge 1985.

Wiseman, Timothy P.: The Masters of Sirmio. In: T. W.: Roman Studies. Liverpool 1987. S. 308–370.

Zu Kapitel 2 (Cicero)

Cicero: Werke in Einzelausgaben in Reclams Universal-Bibliothek.

Cicero: Tusculanae disputationes – Gespräche in Tusculum. Lat.-Dt. Hrsg. von E. A. Kirfel. Stuttgart 1997. (RUB 5028.)

Büchner, Karl: Cicero. Bestand und Wandel seiner geistigen Welt. Heidelberg 1964.

Büchner, Karl (Hrsg.): Das neue Cicerobild. Darmstadt 1971.

Fuhrmann, Manfred: Cicero und die römische Republik. München/ Zürich ⁴1997.

Gelzer, Matthias: Cicero. Ein biographischer Versuch. Wiesbaden 1969.

Giebel, Marion: Cicero. Reinbek ¹⁶2006. (Rowohlts Monographien.)

Habicht, Christian: Cicero der Politiker. München 1988.

Meier, Christian: Cicero. Das erfolgreiche Scheitern des Neulings in der alten Republik. In: Ch. M.: Die Ohnmacht des allmächtigen Dictators Caesar. Drei biographische Skizzen. Frankfurt a. M. 1980. S. 103–113.

Schmidt, Otto Eduard: Ciceros Villen. Darmstadt 1972.

Seel, Otto: Cicero. Wort, Staat, Welt. Stuttgart ²1961.

Stroh, Wilfried: Taxis und Taktik. Ciceros Gerichtsreden. Stuttgart 1975.

Stroh, Wilfried: Worauf beruht die Wirkung ciceronischer Reden? In: W. St.: Apocrypha. Entlegene Schriften. Hrsg. von Jürgen Leonhardt und Georg Ott. Stuttgart 2000. S. 43–63.

Zu Kapitel 3 (Vergil)

Vergil: Bucolica – Hirtengedichte. Lat./Dt. Hrsg. von Michael von Albrecht. Stuttgart 2001. (RUB 18133.)

Vergil: Georgica – Vom Landbau. Lat./Dt. Hrsg. von Otto Schönberger. Stuttgart 1994. (RUB 638.)

Vergil: Aeneis. Prosaübersetzung von Volker Ebersbach. Stuttgart 1982, 2007. (RT 20150.)

Vergil: Aeneis. Lat./Dt. 6 Bde. Hrsg. von Edith und Gerhard Binder. Stuttgart 1994–2005. (RUB 9680–9685.)

Binder, Gerhard: Lied der Parzen zur Geburt Octavians. Vergils vierte Ekloge. In: Gymnasium 90 (1983) S. 102–122.

Giebel, Marion: Vergil. Reinbek ⁶2004. (Rowohlts Monographien.)

Glei, Reinhold F.: Der Vater der Dinge. Interpretationen zur politischen, literarischen und kulturellen Dimension des Krieges bei Vergil. Trier 1991.

Heinze, Richard: Virgils epische Technik. Leipzig/Berlin ³1915. Nachdr. Stuttgart/Leipzig ⁸1995.

Holzberg, Niklas: Vergil. Der Dichter und sein Werk. München 2006.

Kofler, Wolfgang: Aeneas und Vergil. Untersuchungen zur poetologischen Dimension der *Aeneis*. Heidelberg 2003.

Schmidt, Ernst August: Poetische Reflexion. Vergils Bukolik. München 1972.

Suerbaum, Werner: Der Aeneas Vergils – Mann zwischen Vergangenheit und Zukunft. In: Gymnasium 100 (1993) S. 419–447.

Suerbaum, Werner: Vergils *Aeneis*. Epos zwischen Geschichte und Gegenwart. Stuttgart 1999. (RUB 17618.)

Zu Kapitel 4 (Horaz)

Horaz: Sämtliche Werke. Lat./Dt. Hrsg. von Bernhard Kytzler. Stuttgart 2006. (RUB 18466.)

Albrecht, Michael von: Horaz. In: Die römische Satire. Hrsg. von Joachim Adamietz. Darmstadt 1986.

Büchner, Karl: Studien zur römischen Literatur. Bd. 3: Horaz. Wiesbaden 1962.

Fränkel, Eduard: Horaz. Darmstadt ⁴1974. [Dt. Ausgabe von: Horace. Oxford 1957.]

Gall, Dorothee: Die Literatur in der Zeit des Augustus. Darmstadt 2005.

Kytzler, Bernhard: Horaz. Eine Einführung. München/Zürich 1985.

Lefèvre, Eckard: Horaz. Dichter im augusteischen Rom. München 1993.

Pöschl, Viktor: Horazische Lyrik: Interpretationen. Heidelberg 1991.

Schmidt, Ernst August: Sabinum. Horaz und sein Landgut im Licenzatal. Heidelberg 1997.

Syndikus, Hans Peter: Die Lyrik des Horaz. Eine Interpretation der Oden. 2 Bde. Darmstadt ³2001.

Zu Kapitel 5 (Ovid)

Ovid: Amores – Liebesgedichte. Lat./Dt. Hrsg. von Michael von Albrecht. Stuttgart 1997. (RUB 1361.)

Ovid: Liebesgedichte. Lat./Dt. Hrsg. von Niklas Holzberg. Düsseldorf/Zürich 1999.

Ovid: Ars amatoria – Liebeskunst. Lat./Dt. Hrsg. von Michael von Albrecht. Stuttgart 1992. (RUB 357.)

Ovid: Heroides – Briefe der Heroinen. Lat./Dt. Hrsg. von Detlev Hoffmann, Christoph Schliebitz und Hermann Stocker. Stuttgart 2000. (RUB 1359.)

Ovid: Fasti – Festkalender. Lat./Dt. Hrsg. von Niklas Holzberg. 2., verb. Aufl. Düsseldorf/Zürich 2001.

Ovid: Metamorphosen. Lat./Dt. Hrsg. von Michael von Albrecht. Stuttgart 1994. (RUB 1360.)

Ovid: Metamorphosen. Das Buch der Mythen und Verwandlungen. In Prosa übers. von Gerhard Fink. Zürich/München 1989.

Ovid: Gedichte aus der Verbannung. Eine Auswahl aus Tristia und Epistulae ex Ponto. Lat./Dt. Übers. von Wilhelm Willige. Hrsg. von Niklas Holzberg. Stuttgart 2001. (RUB 18151.)

Albrecht, Michael von: Das Buch der Verwandlungen. Ovid-Interpretationen. Düsseldorf/Zürich 2000.

Albrecht, Michael von: Ovid. Eine Einführung. Stuttgart 2003. (RUB 17641.)

Doblhofer, Ernst: Exil und Emigration. Zum Erlebnis der Heimat-
ferne in der römischen Literatur. Darmstadt 1987.
Fränkel, Hermann: Ovid. Ein Dichter zwischen zwei Welten. Darm-
stadt 1970. [Dt. Ausgabe von: Ovid. A Poet between two worlds.
Berkeley / Los Angeles 1945.]
Giebel, Marion: Ovid. Reinbek ⁶2007. (Rowohlts Monographien.)
Holzberg, Niklas: Die römische Liebeselegie. Eine Einführung. 2.,
überarb. Aufl. Darmstadt 2001.
Holzberg, Niklas: Ovid. Dichter und Werk. München 1997.
Holzberg, Niklas: Ovids Metamorphosen. München 2007.
Munari, Franco: Ovid im Mittelalter. Zürich 1960.
Schmidt, Ernst August: Ovids poetische Menschenwelt. Die *Meta-
morphosen* als Metapher und Symphonie. Heidelberg 1991.
Schmitzer, Ulrich: Zeitgeschichte in Ovids *Metamorphosen*: Mytho-
logische Dichtung unter politischem Anspruch. Stuttgart 1990.
Schmitzer, Ulrich: Ovid. Hildesheim [u. a.] 2001.
Stroh, Wilfried: Ovid im Urteil der Nachwelt. Eine Testimonien-
sammlung. Darmstadt 1969.
Schubert, Werner (Hrsg.): Ovid. Werk und Wirkung. Festgabe für
Michael von Albrecht. Frankfurt a. M. [u. a.] 1998.

Zu Kapitel 6 (Seneca)

Seneca: Werke in Einzelausgaben in Reclams Universal-Bibliothek.

Sueton: Nero. Lat./Dt. Hrsg. von Marion Giebel, Stuttgart 1978
[u. ö.]. (RUB 6692.)
Albrecht, Michael von: Wort und Wandlung. Senecas Lebenskunst.
Leiden 2004.
Fuhrmann, Manfred: Seneca und Kaiser Nero. Berlin 1997.
Giebel, Marion: Seneca. Reinbek ⁵2006. (Rowohlts Monographien.)
Hadot, Ilsetraut: Seneca und die griechisch-römische Tradition der
Seelenleitung. Berlin 1991.
Maurach, Gregor: Seneca. Leben und Werk. 4., durchges. Aufl.
Darmstadt 2005.
Reitz, Christiane: Die Literatur im Zeitalter Neros. Darmstadt 2006.
Sørensen, Villy: Seneca. Ein Humanist an Neros Hof. München 1984.
Veyne, Paul: Weisheit und Altruismus. Eine Einführung in die Philo-
sophie Senecas. Aus dem Frz. von Holger Fliessbach. Frankfurt
a. M. 1993.

Zu Kapitel 7 (Petron)

Petronius: Schelmenszenen – Satyrica. Lat./Dt. Hrsg. von Konrad
Müller und Wilhelm Ehlers. Nachw. von Niklas Holzberg. Düs-
seldorf/Zürich ⁵2004.
Petron. Satyricon. Ein römischer Schelmenroman. Übers. und erl.
von Harry C. Schnur. Stuttgart 1968 [u. ö.]. (RUB 8533.)
Petron: Cena Trimalchionis – Gastmahl bei Trimalchio. Lat./Dt.
Hrsg. von Konrad Müller und Wilhelm Ehlers. München 1979
[u. ö.].

Fellini, Federico: Satyricon. In Zusammenarbeit mit Bernadino Zap-
poni. Dt. von Dieter Schwarz. Zürich 1983.
Hägg, Thomas: Eros und Tyche. Der Roman in der antiken Welt.
Übers. von Kai Brodersen. Mainz 1987.
Holzberg, Niklas: Der antike Roman. Eine Einführung. 3., überarb.
Aufl. München/Zürich 2006.
Petersmann, Hubert: Petrons *Satyrica*. In: Joachim Adamietz (Hrsg.):
Die römische Satire. Darmstadt 1986. S. 383–426.
Petroniana. Gedenkschrift für Hubert Petersmann. Hrsg. von József
Herman und Hannah Rosén. Heidelberg 2003.

Zu Kapitel 8 (Juvenal)

Juvenal: Die Satiren. Lat./Dt. Hrsg. von Joachim Adamietz. Düssel-
dorf/Zürich 1993.
Juvenal: Satiren. Übers. und hrsg. von Harry C. Schnur. Stuttgart
1969 [u. ö.]. (RUB 8598.)

Adamietz, Joachim: Untersuchungen zu Juvenal. Wiesbaden 1972.
Adamietz, Joachim (Hrsg.): Die römische Satire. Darmstadt 1986.

Zu Kapitel 9 (Plinius der Ältere)

Plinius der Ältere: Naturalis historia – Naturkunde. Lat./Dt. In 37
Bdn. hrsg. von Roderich König und Gerhard Winkler [u. a.]. Düs-
seldorf/Zürich 1973–96. [Mit Registerband von Karl Bayer und
Kai Brodersen 2004.]
Plinius der Ältere: Naturalis historia – Naturgeschichte. Lat./Dt.
Ausgew., übers. und hrsg. von Marion Giebel. Stuttgart 2005.
(RUB 18335.)

Borst, Arno: Das Buch der Naturgeschichte. Plinius und seine Leser im Zeitalter des Pergaments. Heidelberg 1994.

Giebel, Marion: Plinius und seine Tierkunde. In: M. G.: Tiere in der Antike. Darmstadt/Stuttgart 2003. S. 82–88 u. passim.

Grüninger, Gerhard: Untersuchungen zur Persönlichkeit des älteren Plinius. Die Bedeutung wissenschaftlicher Arbeit in seinem Denken. Freiburg i. Br. 1976.

König, Roderich / Gerhard Winkler: Plinius der Ältere. Leben und Werk eines antiken Naturforschers. München 1979.

Sallmann, Klaus: Gaius Plinius Secundus – Die alternative Bildung. In: Bernhard Kytzler / Joachim Latacz (Hrsg.): Klassische Autoren der Antike. Frankfurt a. M. 1992. S. 397–405.

Zu Kapitel 10 (Plinius der Jüngere)

Gesamtausgabe der Briefe. Lat./Dt. Hrsg. von Heribert Philips. Nachw. von Wilhelm Kierdorf. Stuttgart 1998. [Auch in Einzelausgaben: RUB 6979–6988.]

Plinius: Briefe. Buch 10: Der Briefwechsel mit Kaiser Trajan. Lat./Dt. Hrsg. von Marion Giebel. Stuttgart 1985 [u. ö.]. (RUB 6988.)

Antike Briefe: Cicero – Seneca – Plinius. Bearb. von Kurt Benedicter. Antike und Gegenwart. Bamberg 1999. [Darin u. a.: Der Vesuv-Ausbruch (Ep. VI 16), S. 68–75.]

Binder, Gerhard / Konrad Ehlich (Hrsg.): Stätten und Formen der Kommunikation im Altertum IV: Öffentliche Autorenlesungen 7: Plinius im Literaturbetrieb der Kaiserzeit. Trier 1995. S. 292–307.

Bütler, Hans-Peter: Die geistige Welt des jüngeren Plinius. Studien zur Thematik seiner Briefe. Heidelberg 1970.

Castagna, Luigi / Eckard Lefèvre [u. a.] (Hrsg.): Plinius der Jüngere und seine Zeit. München/Leipzig 2003.

Seelentag, Gunnar: Taten und Tugenden Traians. Herrschaftsdarstellung im Prinzipat. Stuttgart 2004. (Hermes Einzelschriften. 91.)

Ludolph, Matthias: Epistolographie und Selbstdarstellung. Untersuchungen zu den ›Paradebriefen‹ Plinius' des Jüngeren. Tübingen 1997.

Nünnerich-Asmus, Annette (Hrsg.): Traian. Ein Kaiser der Superlative am Beginn einer Umbruchzeit? Mainz 2002.

Zu Kapitel 11 (Marc Aurel)

Marc Aurel: Wege zu sich selbst. Griech./Dt. Hrsg. von Rainer Nickel. München/Zürich 1990.
Marc Aurel: Selbstbetrachtungen. Übers. und hrsg. von Albert Wittstock. Stuttgart 1956 [u. ö]. (RUB 1241.)
Epiktet: Handbüchlein der Moral. Griech./Dt. Hrsg. von Kurt Steinmann. Stuttgart 1992 [u. ö.]. (RUB 8788.)

Birley, Anthony: Mark Aurel. Kaiser und Philosoph. München ²1977.
Grant, Michael: Das Römische Reich am Wendepunkt. Die Zeit von Marc Aurel bis Konstantin. München 1972.
Hadot, Pierre: Philosophie als Lebensform. Geistige Übungen in der Antike. Aus dem Frz. von Ilsetraut Hadot und Christiane Marsch. Berlin 1991.
Hadot, Pierre: Die innere Burg. Anleitung zu einer Lektüre Marc Aurels. Aus dem Frz. von Makoto Ozaki und Beate von der Osten. Frankfurt a. M. 1997.
Klein, Richard (Hrsg.): Marc Aurel. Darmstadt 1979.
Rosen, Klaus: Marc Aurel. Reinbek 1997. (Rowohlts Monographien.)

Zu Kapitel 12 (Augustinus)

M. Minucius Felix: Octavius. Lat./Dt. Hrsg. von Bernhard Kytzler. Stuttgart 1977 [u. ö.]. (RUB 9860.)
Augustinus: Confessiones – Bekenntnisse. Lat./Dt. Übers. von Wilhelm Thimme, Einf. von Norbert Fischer. München/Zürich 2004.
Augustinus: Bekenntnisse. Übers. und hrsg. von Kurt Flasch und Burkhard Mojsisch. Stuttgart 1989. (RUB 2792.)

Flasch, Kurt: Augustin. Eine Einführung in sein Denken. Stuttgart 1980 [u. ö.]. (RUB 9962.)
Fuhrer, Therese: Augustinus. Darmstadt 2004.
Neumann, Uwe: Augustinus. Reinbek 1998. (Rowohlts Monographien.)

Zu Kapitel 13 (Symmachus und der Victoria-Altar) und 14 (Römische Saturnalien – Roma aeterna)

Cameron, Averil: Das späte Rom 284–430. Übers. von Kai Brodersen. München 1994.

Colpe, Carsten [u. a.] (Hrsg.): Spätantike und frühes Christentum. Beiträge zur Religions- und Geistesgeschichte der griechisch-römischen Kultur und Zivilisation der Kaiserzeit. Berlin 1992.

Demandt, Alexander: Geschichte der Spätantike. München 1998.

Fuhrmann, Manfred: Rom in der Spätantike. Porträt einer Epoche. München/Zürich 1994 / Reinbek 1996.

Giebel, Marion: Kaiser Julian Apostata. Die Wiederkehr der alten Götter. Düsseldorf/Zürich 2002/2006.

Giebel, Marion: Das Geheimnis der Mysterien. Düsseldorf/Zürich 1990/2000.

Klein, Richard: Die dritte Relatio des Symmachus. Ein denkwürdiges Zeugnis des untergehenden Heidentums. In: Ulrich Schmitzer (Hrsg.): Suus cuique mos. Studien zur paganen Kultur des lateinischen Westens im 4. Jahrhundert n. Chr. Göttingen 2006. S. 25–58.

Kytzler, Bernhard (Hrsg.): Rom als Idee. Darmstadt 1993.

Markschies, Christoph: Das antike Christentum. Frömmigkeit, Lebensformen, Institutionen. München 2006.

Wytzes, Jan: Der letzte Kampf des Heidentums in Rom. Leiden 1977. [Enthält den lat.-dt. Text der 3. Relatio des Symmachus sowie den 17., 18. und 57. Brief des Ambrosius.]

Die Übersetzungen im Text stammen, soweit nicht anders angegeben, von der Autorin.

Register der Orts- und Eigennamen

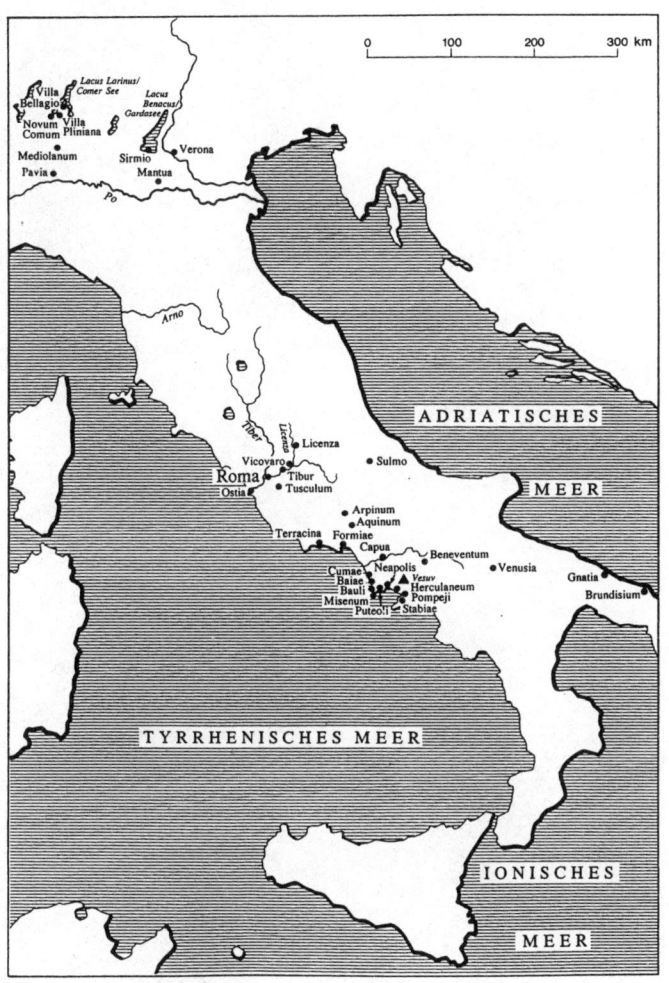

ADRIATISCHES

MEER

TYRRHENISCHES MEER

IONISCHES

MEER

0 100 200 300 km

Villa
Bellagio
Novum Villa
Comum Pliniana
Lacus Larinus/
Comer See
Lacus
Benacus/
Gardasee
Mediolanum
Pavia
Sirmio
Verona
Mantua
Po
Arno
Tiber
Licenza
Vicovaro Licenza
Roma Tibur
Ostia Tusculum
Sulmo
Arpinum
Aquinum
Terracina Formiae
Capua
Beneventum Venusia
Cumae Neapolis
Baiae Vesuv
Bauli Herculaneum
Misenum Pompeji
Puteoli Stabiae
Gnatia
Brundisium

Klassiker im *Taschenbuch*

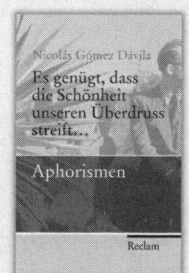

Antike Mythen –

Sirenen – die großen Verführerinnen – haben im Mythos wie in der literarischen, bildnerischen und musikalischen Rezeption im Lauf der Geschichte sehr unterschiedliche Deutungen erfahren.

Mythos Sirenen
Texte von Homer bis Dieter Wellershoff
220 Seiten
RT 20153

Reclam